国語科教育に求められる
ヴィジュアル・リテラシーの探究

奥泉香 著

ひつじ書房

目次

凡例 ... ix

序章　研究の目的と概要 ... 1

第 1 節　研究課題と目的 ... 1
第 2 節　研究の背景 ... 2
第 3 節　研究の方法と本論の構成 ... 4
第 4 節　研究の理論的背景と基盤 ... 7

第 1 章　ヴィジュアル・リテラシー概念の変遷と日本への紹介・導入 ... 9

第 1 節　ヴィジュアル・リテラシー概念の登場とその変遷 ... 9
第 2 節　我が国への紹介・導入と、訳語や内容の経緯 ... 15
  2.1.　我が国へのヴィジュアル・リテラシー概念の導入時期と影響要因 ... 16
  2.2.　我が国における図像・映画を用いた教育の経緯 ... 18
  2.3.　テレビ放送の発展に対応させた「映像教育(screen education)」 ... 25
  2.4.　「グルンバルト宣言」以降の概念の再整理 ... 30
第 3 節　国語科教育で議論されてきた視覚的なリテラシーの変遷 ... 32
  3.1.　国語科における映像教材の位置付けとことばとの関係の認識 ... 33
  3.2.　メディア・リテラシー育成としての視覚的なリテラシーの教育 ... 36
  3.3.　国語科教育における史的検討を経た課題 ... 44
第 1 章小括 ... 46

第2章　英語圏の母語教育課程に見られるヴィジュアル・リテラシーの検討とマルチリテラシーズの影響　51

第1節　母語教育におけるヴィジュアル・リテラシーの導入　51

- 1.1. 英語圏におけるヴィジュアル・リテラシー導入時の動向　52
- 1.2. 各国や州の導入時における当該内容の組み込み方とその意味　55
- 1.3. 教育課程における記述内容から見えるヴィジュアル・リテラシー
  ―西オーストラリア州の例―　59
- 1.4. カナダ・オンタリオ州における導入時の記述内容　69
- 1.5. オンタリオ州における導入時の記述内容と
  西オーストラリア州の記述内容との共通性　72
- 1.6. 教育課程の記述内容から見えるヴィジュアル・リテラシーの系統性と共通性　73
- 1.7. 英語圏の教育課程における検討から見えた課題　77

第2節　教育課程に影響を与えた3種類の研究分野の知見と導入時の課題　80

- 2.1. 映像言語に関わる研究からの影響　80
- 2.2. イコノロジー研究からの影響　86
- 2.3. 絵本の文法研究からの影響　88
- 2.4. 関連研究分野からの知見と課題　89

第3節　リテラシー観の変遷に焦点化した
マルチリテラシーズ研究からの検討　93

- 3.1. リテラシー観の変遷とマルチリテラシーズ理論　93
- 3.2. ニューロンドン・グループの提示する意味生成におけるモード概念　95
- 3.3. ニューロンドン・グループの教育学的提案とメタ言語の必要性　97
- 3.4. 選択体系機能理論を背景としたマルチモーダル研究　99
- 3.5. SF-MDA研究で提示された新たな観点　103

第2章小括　105

第3章　図像テクストの特徴と分析の単位・枠組み　109

第1節　図像テクストの特徴　109

- 1.1. 国語科の教科書で使用されている図像テクストとその学習　109
- 1.2. 図像テクストの意識すべき特徴　114

第2節	図像テクストにおける記号過程の種類	116
2.1.	記号過程とその種類	116
2.2.	図像テクストにおける構成上の特徴	120
第3節	図像テクストにおける構成要素と単位	122
3.1.	「二重分節」の枠組みを援用した図像テクストの構成要素の整理	122
3.2.	図像テクストにおける形態素・形成素の性質と意味構築	124
3.3.	配置(レイアウト)	128
第3章小括		129

第4章 図像テクストから意味を構築する枠組み
―選択体系機能理論の枠組みの援用― … 133

第1節	図像テクストから意味を構築する「単位」と「枠組み」	133
1.1.	輪郭線と、意味を構築していくための「単位」	134
1.2.	選択体系機能理論と、意味構築の「単位」	137
第2節	「過程構成」の枠組みを用いた図像テクストからの意味構築	142
2.1.	「過程構成」の枠組みを用いた意味単位の切り出し	143
2.2.	3種類の「メタ機能」から構築する図像テクストにおける意味	145
2.3.	3種類の「メタ機能」の図像テクストへの援用	147
第3節	関係過程における「登場人物の造型」の検討	157
3.1.	「属性的」な特徴と「同定的」な特徴を分けて分析・検討する枠組み	158
3.2.	「状況的」な特徴との関係で「同定的」な特徴を分析・検討する枠組み	161
3.3.	「シンボリック」な属性的特徴を分析・検討する枠組み	163
第4節	学習者の意味構築の状態を捉えるための枠組みの活用	167
4.1.	図像テクストからの学習者による意味構築の状況	167
4.2.	分析の観点と枠組み	167
4.3.	結果とその分析	168
4.4.	考察	176
第4章小括		181

第5章 「過程」と「過程」との関係を意味構築する枠組み　　183

第1節　図像テクストにおける「過程」と「過程」との関係の構築　　183
- 1.1. 語りや筋を構成する構造　　184
- 1.2. ベクトルの種類と添加的意味の構築　　185
- 1.3. 概念的な構造　　188
- 1.4. 概念的な構造における下位分類　　190

第2節　テクストの種類を超えた「過程」と「過程」との関係の学習　　198
- 2.1. 転換構造　　198
- 2.2. 双方向構造　　200
- 2.3. 上記の枠組みが見られる教科書の例示　　201

第3節　図像テクストと文章テクストとの関係における構造を捉える枠組み　　202
- 3.1. 前提となる理論的基盤　　203
- 3.2. 図像テクストと文章テクストとの関係に関する先行研究からの知見　　203

第4節　国語科学習で活用できるバイモーダル・テクストの分析枠組みの提案　　210

第5章小括　　213

第6章　図像テクストから意味を構築する枠組みの活用と、学習の要点　　215

第1節　図像テクストからの意味構築における枠組みの活用　　216
- 1.1. 検討対象のテクストとその粗筋　　217
- 1.2. 分析に用いる場面　　218
- 1.3. 3種類のメタ機能からの意味構築　　218
- 1.4. 「語りや筋を構成する構造」と「概念的な構造」による意味構築　　221

第2節　図像テクストと文章テクストとの関係からの意味構築　　223
- 2.1. 「相補性」からの意味構築　　223
- 2.2. 「投射」による相補的な意味構築　　225
- 2.3. インスタンス化の観点からの検討　　225

第3節　選択されなかった要素との関係による意味構築　　228

第6章小括　　230

第7章　ヴィジュアル・リテラシーを育む学習の発展　233

第1節　文字で記されたテクストの視覚的側面に焦点化させた意味構築　234
- 1.1. 文字テクストから視覚的に意味構築を行う学習の意義　234
- 1.2. 書記テクストにおける変遷と学習の必要性　234
- 1.3. マルチモーダルテクストとしての学習材案　236
- 1.4. 学習を支え・構想するための枠組み　237
- 1.5. 3種類のデザイン概念と、ディスコースにおける三つの次元を意識した意味構築　242
- 1.6. 国語科の学習への応用可能性　249

第2節　図像テクストと文章テクストとの関係からの意味構築
―広告における新たなタイプの写真と文章との関係―　250
- 2.1. バイモーダル・テクストとしての学習材案　250
- 2.2. 分析例　251

第7章小括　256

終章　研究の成果と課題　259

第1節　本研究における成果　259
- 1.1. 「ヴィジュアル・リテラシー(Visual Literacy)」概念の明確化　259
- 1.2. 英語圏における教育課程の検討から析出した
　　　ヴィジュアル・リテラシーに求められる4段階　260
- 1.3. 前提とされてきた図像テクストの特徴の修正　261
- 1.4. 稠密性という特徴をもった図像テクストからの意味構築の方法の確立　261
- 1.5. 「過程」と「過程」との関係を意味構築する枠組みの提案　262
- 1.6. ヴィジュアル・リテラシーを育むための有効な学習材案や発問の方策　263

第2節　まとめと今後への課題　264

あとがき　267
文献　273
巻末資料　289
索引　313

凡　例

1. 用語及び人名の表記は、以下の原則に基づいて記載した。
   - 海外の研究者の氏名は、初出のみカタカナで表記した後（　）内に原語の表記を付した。また、邦訳版を出典に用いた場合には原著者名をカタカナ、原著を用いた場合には原語で表示した。
   - visual literacy に対する日本語表記は、当該分野の専門書の翻訳版における表記や、日本国内の大学における当該分野を冠した学部名、学科名の表記に準じてヴィジュアル・リテラシーと記した。また、この語が日本に初めて紹介された際にあてられた訳語「映像リテラシー」については、screen education の訳語「映像教育」との混同を避けるため、文脈に応じて（　）で原語を併記した。
   さらに、拙論中の定義に沿った厳密な意味での使用ではなく、当該用語をその周辺概念も含む形で用いる場合には、「視覚的なリテラシー」という語で包括的に対応した。
   - 「制作」や「製作」等の漢字の使い分けは、原則的にその章で参照している文献中の使用法に準じた。
   - 「映像教育」のように、訳語は一つでも原語が複数ある場合には、訳語の後に（　）で原語を付してある。

2. 注は、片括弧によって番号を付し、章末にまとめて示した。

3. 本文に関連する資料は、巻末にまとめて示してある。

4. 引用、参考文献についても、巻末にまとめて示した。

序章　研究の目的と概要

第1節　研究課題と目的

　本研究の目的は、絵や写真、図のような図像テクストからの意味構築の学習を、日本の国語科教育において行うための基礎的な枠組みを、整理・提示することである。そしてそのことによって、それらと同じテクスト内に記された文字や文章と図像との関係から、統合的に意味を構築する学習を、国語科に明示的に位置づけたいと考えている。また、この一連の学習において、文字や文章についても、視覚的側面に焦点化した意味構築の学習を位置づけたいと考えている。

　こういった取り組みや研究の意義は、学習者を取り巻くテクスト環境がより複雑に多モード化してきていることを受け、それらから意味を構築する枠組みの学習や、テクストに編み込まれている価値や社会的態度等を吟味する学習を、より明示的・計画的に国語科に取り入れることに貢献できることである。ここで言うテクストの多モード化とは、テクスト中の情報の形態が、これまでの文字によるものだけでなく、視覚的・聴覚的等多用な感覚器官に訴える形態で表現されるようになってきているという意味である。その中でも本研究は、視覚的なモード、その中でも静止画に焦点を当て、そこからの意味構築の方法や検討の方法を探究する。これまでも、本書の第1章において検討しているように、実践としては図像テクストを用いた優れた取り組みは行われてきた。しかし、それらの多くは散発的に行われざるを得なく、これまでは、それらの取り組みを束ね、より明示的・計画的に学習を進めるための枠組みは整理・提示されてはいない。

　また、これまではこういった学習の多くは、メディア・リテラシー教育において行われてきた。しかし、メディア・リテラシー教育の目標は、私たちが日々関わる新旧の媒体の特質や、それらを通した社会的、経済的、政治的

なイデオロギーや価値、社会的な態度を吟味できる力を育成することにある。本研究で整理・提示する枠組みや内容は、勿論これらと切り離せるものではないが、本研究で焦点化するのは情報の形態やモードの違いによる意味構築の学習である。情報技術が日々発展する中で、学習者も私たちもこれまでに出遇ったことのない新たな形態やデザインのテクストと接し、意味を構築し、その意味構築の過程をも含めた省察を行える力をつけていく必要がある。そしてそのために、国語科という教科では何ができるのかを検討する必要がある。

　本書では、以上述べてきたような学習やそのための枠組みの整備を行う。またこのために、本書では、以上述べたような図像テクストから意味を構築する力、あるいはそれらと文章との関連から意味を構築したり、文字から成るテクストを視覚的側面から意味構築したりする力のことを、ヴィジュアル・リテラシーと呼び論を進める。

第2節　研究の背景

　このヴィジュアル・リテラシーの学習を、国語科に位置づけたいと考えた背景には、昨今の学習者を取り巻くテクスト環境の変化が起因している。この変化について、ロンドン大学の社会記号学者ギュンター・クレスは、次のような指摘をしている。現代社会は、あらゆる場面において「情報駆動(information-driven)」、「知識基盤(knowledge-based)」の影響力が増大しており、情報や情報技術は、多様な背景を持つ人々の思考や感情をより効果的に駆り立てるよう、「視覚化(visualization)という現象」を起こしている(Kress, 2000: 183)と。クレスの指摘する視覚化とは、文字だけで記されていたテクストが、単に絵や図、写真等を組み合わせて提示されるようになったことだけを指しているのではない。絵や図、写真等も「人々の思考や感情をより効果的に駆り立てるよう」変化しているが、第7章でも詳述するように、文字で記されたテクストにおいても、その表現・提示の仕方が視覚に訴える方向に変化してきていることを含んでいる。

　また、上記の指摘中で用いられている「知識基盤」とは、現学習指導要領の鍵概念ともなっている、産業社会・工業社会からの転換としての社会・経済的構造や枠組みを表した語である。この語は、ブダペスト宣言を発端と

し、「新しい知識・情報・技術が政治・経済・文化をはじめ社会のあらゆる領域での活動の基盤として飛躍的に重要性を増す社会」という、現代の学習者が対応していくべき社会の枠組みを示している。そして、その枠組みの中で、知識や情報は上掲のクレスの指摘にもあるように、より「視覚化」しつつある。したがって、この「多様な背景を持つ人々の思考や感情をより効果的に駆り立てるよう」「視覚化」したテクストの学習は、現代の知識基盤社会を背景とした国語科教育において、取り組むべき重要な学習であると見ることができる。学習者はこういったテクストを、本や雑誌、テレビ、映画だけでなく、コンピュータやタブレット端末、スマートフォンの画面上で日々やり取りしている。教師もかつて経験したことのない種類や質のテクストのやり取りである。

そこで、こういった状況を受け、本研究では、このような社会の変化の中で必要となってきているヴィジュアル・リテラシーに焦点化して検討や提示を行う。そして、特に国語科の学習においてこういったリテラシーを学習するための、基盤となる枠組みを整理・提示する。

このため、本書において使用する関連用語を、次のように使い分け検討を行う。本書において、主な対象とする絵や写真、図のような静止画は、以後「図像テクスト」と称する。また、映画やアニメーションのような動画は「動画テクスト」、これら「動画テクスト」と「図像テクスト」を統合して称する場合には「映像テクスト」という語を用いる。さらに、この「映像テクスト」に、キャプションやタイトル等の言葉で書かれたテクストを統合して扱う場合には、包括的に「マルチモーダル・テクスト」と称することとする。そしてマルチモーダル・テクストの内、本書で特に焦点化して扱う静止画である図像テクストと文章との統合的なテクストには、生徒の学習到達度調査（PISA）で用いられたテクスト分類の名称を用いて、「混成型」テクストと称する。さらに一部、Web上の画面やテレビの映像テクストを、他の媒体と区別して論じたい場合にのみ「画像テクスト」という語を用いる。これら用語の関係を、以下に図示する。

なお、本書では研究対象の範囲を、小学校1年生から高等学校3年生までとし、特定の学齢に焦点化する場合以外は、「学習者」という語を用いて述べる。また、本書では画像の制作については扱わない。

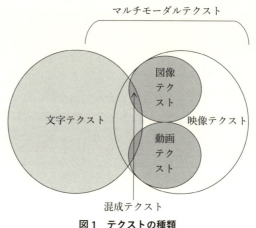

図1　テクストの種類

第3節　研究の方法と本論の構成

　上で述べてきたような、社会の変化に伴う学習者のテクスト環境における変化の中で、学習者のヴィジュアル・リテラシーに関心が集まり、そのリテラシーの質や学習について議論がされたのは、実は初めてではない。50年近く前、テレビが一般家庭に普及した時期に、欧米でもそして日本においても、多方面の教育関係者が似た問題を議論している。

　そこで本書では、まずその時期に提示されたヴィジュアル・リテラシーという概念の検討から始め、その概念がどういった経緯を経て、どのように日本の教育の文脈で議論されるようになったのかを検討する。このヴィジュアル・リテラシーという概念は、公的には1968年にアメリカ人の映像教育研究者ディブズ（Debes, J. L.）によって、「ヴィジュアル・リテラシー（visual literacy）」という語を用いて語られたのが、初めてであるとされている（Sinatra, 1986; Russel & Cohn, 2012；小笠原，2003）。

　本書の第1章では、この概念を巡り、次の三つの節を設けて検討を行う。第1節では、この概念が登場した際のディブズの定義の検討と、その後の英語圏でのこの概念の変遷を、国語科のような母語教育の観点に焦点化させて検討を行う。また第2節では、この概念が日本に紹介された時期の状況や、その後この概念がどのような状況の中で、どのように扱われてきたのかを検討する。さらに第3節では、日本の国語科教育に焦点化し、第2節で

検討した時期に、国語科教育ではどのような取り組みがなされ、またどういった議論が行われてきたのかを検討する。特に第3節の後半では、1990年代後半から国語科において、主にヴィジュアル・リテラシーを扱ってきたメディア・リテラシー教育について、その中で扱われてきたヴィジュアル・リテラシーの内容や、充分扱われてこなかった内容を検討する。

次に第2章では、英語圏における母語教育としての英語教育に目を向け、第1章の1節において検討した、「ヴィジュアル・リテラシー（visual literacy）」概念の変遷を経て、英語圏の母語教育に、どういったヴィジュアル・リテラシーの内容が、組み入れられてきたのかを検討する。これを、英語圏における五つの国や州、地域において、母語教育の教育課程に選択され記述されてきた内容や、それらの共通項を抽出して整理する形で検討する。このことによって、英語圏における母語教育で、必要と考えられてきたヴィジュアル・リテラシーの要素を検討する。

また、これらの要素と関連させ、同教育課程の記述や、記載されている参考文献から、どういった周辺学問の研究成果が、教育課程に記述された内容の基盤とされてきたのかについても検討する。さらに、第3節では、リテラシー概念の観点から、その変遷を概観し、2000年前後から議論されてきたマルチリテラシーズ研究の枠組みを紹介する。このマルチリテラシーズとは、第2章3節でも詳述するが、ニューロンドン・グループと呼ばれるイギリス、アメリカ、オーストラリア、南アフリカの言語教育に携わる研究者グループによって、研究・提案されてきたリテラシー観及びその教育方法である。同グループは、上でも言及したポスト産業社会・工業社会と称される社会の変化を背景に、多様なコミュニケーション様式の変化に対応すべく、「デザイン（design）」という語をキーワードに新たなリテラシー観の提案を行っている（Cope, Kalantzis & New London Group, 2000: 9–29）。第3節では、これらの提案の内、特に同グループが提示する「意味生成モード」という概念に着目し、その中で言語教育におけるヴィジュアル・リテラシーを再度捉え直す検討を行う。

次の第3章では、ここまでのヴィジュアル・リテラシー観を踏まえ、その主な対象としてきた図像テクストに焦点を当てて、この種のテクストの特徴について再考する。そして国語科教育において、この種のテクストを扱う場合に意識しておくべき特徴を、整理して提示する。またこの中で、第1章

3節のメディア・リテラシー教育や、第2章で言及してきた、記号過程における「コード」についても、具体的に整理して提示する。

第4章からは、第1章〜第3章までの検討を基盤として、新たなSF-MDA (systemic functional multimodal discourse analysis)アプローチの知見を援用し、国語科学習に必要なヴィジュアル・リテラシーの具体的な内容や、実際の意味構築の仕方について論じる。具体的には、第3章で検討した「稠密性」という特徴をもった図像テクストから、意味を構築する単位や方法について、SF-MDAの基盤である選択体系機能理論の枠組みを援用して提示する。さらに、この枠組みを用いて、学習者の意味構築の過程における「過程型」の使用状況について、中学生に調査も行っている。これは、本研究で整理・提示する視覚的な意味構築のための枠組みが、学習者の意味構築の実情や変化の様相を捉えるためにも活用できるのではないかと考えたからである。そして第4章では、こういった視覚的意味構築の枠組みの活用法についても検討する。

第5章では、第4章で提示した、図像テクストから意味を構築する単位や方法を前提として、構築した各意味の単位相互を統合する枠組みや、その方法を、絵本の見開きを例に具体的に提示する。また、この中で第1章から国語科学習の課題として挙げていた、図像テクストと文章テクストとの関係からの意味構築のための枠組みや、その具体的な意味構築の方法について提案する。

第6章では、第4章・第5章において提示した意味構築の基本的な枠組みを用いて、視覚的テクストから感情を含む対人的な意味を構築するための枠組みや、テクスト中に描かれ写されている人物や対象の、人物造型 (characterization)の具体的な方法について論ずる。また、第2章において課題として析出した、視覚的なテクストから社会・文化的な意味や価値を意味構築するための枠組みを、具体的なテクストを例示して示す。このことによって、第2章で検討した視覚的な意味構築の多層性、あるいはその4段階の各段階相互をつなぐ枠組みを示すことができることになる。

第7章では、前章までに提示した枠組みを発展的に使い、冒頭で言及した文字で記されたテクストを、視覚的側面から意味構築する方法や、その具体的な分析過程を示す。そしてそのことによって、同じく冒頭で言及した「人々の思考や感情をより効果的に駆り立てる」「視覚化」したテクストの検

討例を、具体的に示す。またそのために、こういった過程をクリティカルに検討するための批判的談話分析の枠組みも提示する。こういった枠組みや実際の検討方法が提示されることによって、社会の変化を背景とした視覚化したテクストの吟味や、その学習への道筋を示す。さらに第2節においては、第1節の視覚化した文字によるテクストの観点を活用しながら、さらに本論において中心的な枠組みとして位置付けている「テクスト形成的」な意味構築の方法や、その意味構築過程の実際を示す。そしてこういった分析法を組み合わせることによって、テクストに編み込まれている社会・文化的な価値やアイデンティティーまでをも分析できることを示す。

　終章では、第1章から第7章までで検討した内容を基に、本研究の目的である、日本の国語科学習に必要とされるヴィジュアル・リテラシーを整理して提示する。また、その過程で充分検討しきれなかった、今後への課題も明らかにする。

　なお本書では、例示するテクストとして、絵本の見開き、新聞広告、教科書中の絵・図、写真、雑誌記事を主に用いるが、これは次の二つの理由による。一つ目は、こういったテクスト、特に絵本や雑誌では、図像が挿絵のように文章の補助的な存在を越え、対等に扱われているものが多いからである。また二つ目は、上述のニューロンドン・グループ (2000) において、絵本 (特に現代の絵本) や広告では、第2章第7章で詳述するデザイン概念の観点から見た場合、社会的なコードや約束事をズラした使用によって、新たな意味や価値の提示が試みられているものが多いことが指摘されているからである。このため、こういったテクストを国語科の学習材として使用することや、そのための枠組みの整理・探究を目指して、この種のテクストを用いる。また、選定・使用する絵本の見開きに関しては、室内を描いた場面だけでなく、野外での場面を含むもの、またそこに描かれている登場人物も、一人のものや複数のものといった要素の偏りに配慮した選定を行い使用している。

第4節　研究の理論的背景と基盤

　上述のような研究を展開させるために、本書では、マイケル・アレクサンダー・カークウッド・ハリディ (Michael Alexander Kirkwood Halliday) の選

択体系機能理論を援用する。この理論は、1970年代にオーストラリアで始まった社会記号論の研究を基盤としており、従来からの統語論的な文法に対して、社会的文脈における言語機能の解明を目指して提唱された文法理論である。この理論は言語を中心とした対話や文章等における意味構築の解明に取り組んだものであるが、当初より言語以外の音楽やダンスといった広範囲なテクストをもその対象範囲に含んできた。そして、このハリデーの機能理論を、図像テクストや動画テクストといった視覚的なコミュニケーションに援用・発展させたのが、ギュンター・クレスら（Kress & van Leeuwen, 1996）の視覚社会記号論である。したがって、本書ではこのクレスらの知見も併せて参照する。今世紀に展開された記号論の内、言語における枠組みを言語以外の領域に援用・発展させた研究は3種類あると言われているが、本研究で援用するクレスらの研究は、この内の一つとして欧米のマルチモーダル研究の重要な基盤とされている。また、その研究方法の特徴は、ハリデーの研究同様、テクストの生成プロセスへの着目にある。

さらに、リテラシー研究の観点からは、2000年以降英語圏を中心に言語教育に影響力を持つニューロンドン・グループ（New London Group）のマルチリテラシーズ研究にも、このハリデーの機能理論やクレスらの視覚社会記号論の枠組みが用いられている点を指摘することができる。このマルチリテラシーズ研究の枠組みについては、第2章で詳述するが、急速な社会やテクスト環境の変化の中で、教師も経験したことのない初めて遭遇するタイプのテクストの学習に対し、同グループは新たな枠組みを提案している。そして、その教育方法の提案の中で、基盤として用いられているのが、上掲の選択体系機能理論である。

図像テクストは、一見理解しやすいように見える。しかし、特に言語という異なるモードを介した意味構築においては、その単位や方法に留意すべき点がある。また、そこに編み込まれている価値やイデオロギー、社会・文化的な態度等を意識することは難しく、吟味・検討する力は学習を必要とする。このため、本書では、上掲の選択体系機能理論、及びクレスらを中心とする視覚社会記号論を基に、2009年以降発展しつつあるSF-MDA（systemic functional multimodal discourse analysis）アプローチの知見も援用して、国語科学習に必要なヴィジュアル・リテラシーを探究する。

第1章　ヴィジュアル・リテラシー概念の変遷と日本への紹介・導入

　第1章では、まず本書における中核的な概念であるヴィジュアル・リテラシー（visual literacy）に焦点を当て、この概念が登場した背景や包含してきた内容について、関連する先行研究に言及しながら整理・検討を行う。またこの中で、紹介・導入される側であった日本において、それまでどういった視覚に纏わる使用や教育がなされてきていたのかといった背景も併せて整理する。このことによって、ヴィジュアル・リテラシーという概念がどういった状況の中、どういった内容を包含して日本に入ってきたことになるのかを検討する。さらに、その後この概念が、日本においてどういった文脈の中でどのように扱われてきたのかや、国語科教育において関連する内容がどのように扱われてきたのかといった変遷を概観する。このことによって、本書で検討・提案する「現代の国語科教育に必要なヴィジュアル・リテラシー」が、どういった先行研究を基盤としてきたのか、また今後に向けどういった新たな整理や改良が必要とされているのかを検討するためである。

第1節　ヴィジュアル・リテラシー概念の登場とその変遷

　第1節では、前述のように、まずヴィジュアル・リテラシーという概念が、いつ頃どういった背景の中で、どういった内容として登場してきたのかについて検討する。そしてこの語が、その後どういった内容を包含してきたのかといった変遷を、関連する先行研究に言及しながら整理・検討する。

　ヴィジュアル・リテラシーという語は、1968年にアメリカ人の映像教育研究者ディブズ（Debes, J. L.）が、彼の論文「ヴィジュアル・リテラシーのための幾つかの基礎（Some foundations for visual literacy）」の中で用いたのが、公的には初めてであるとされている（Sinatra, 1986; Russel & Cohn, 2012；小笠原, 2003）。そしてその数か月後、米国のニューヨークで開催された国際

ヴィジュアル・リテラシー学会 (International Association of Visual Literacy) において、ディブズはこの概念の定義を発表する[1]。それまで必ずしも当時の一般市民にとって、日常的に必要視されていたとは言えなかった視覚的な見る力は、1960年代に入り「テレビが一般家庭に普及するようになったことを契機」に、急速に「一般市民に求められる資質の一つ」として用語をあてがわれ、議論されるようになる (Sinatra, 1986: 45)。

しかし、このディブズの定義は必ずしも明確ではなく、その後複数の研究者から批判を受けることになる (Sinatra, 1986；小笠原, 2003)。そこで、まずその定義を紹介・提示し、特に国語科教育におけるヴィジュアル・リテラシー概念を考える際に関連する点に焦点化させて、この定義について検討する。

ディブズが国際ヴィジュアル・リテラシー学会において発表した定義を、同年「視聴覚教育 (Audiovisual Instruction)」誌にまとめた論考から以下に引用する (Debes, 1969b: 26)。また、その直後に稿者による和訳を示す。

> Visual literacy refers to a group of vision competences a human being can develop by seeing at the same time having and integrating other sensory experiences. The development of these competencies is fundamental to normal human learning. When developed, they enable a visually literate person to discriminate and interpret the visible actions, objects and symbols natural or man-made, that he encounters in his environment. Through the creative use of these competencies, he is able to communicate with others. Through the appreciative use of these competencies, he is able to comprehend and enjoy the masterworks of visual communication.
> ヴィジュアル・リテラシーとは、人類が他の知覚経験と共にあるいは統合しながら、見ることによって発達させることのできる視覚能力群[2]である。これらの能力の発達は、通常の人の学習において基盤となるものである。これが発達することによって、人は自分の周りで出くわす可視的な行為や、自然なあるいは人工的な対象やシンボルを識別したり解釈したりすることができるようになる。こういった能力を創造的に用いることによって、人は他の人々とコミュニケーションをとることができるようになる。そしてこういった能力を鑑賞的に用いることによって、人

は視覚的なコミュニケーションにおける（芸術作品のような）名作の意味を理解し味わえるようになる。

　この定義から確認できることを、国語科教育におけるヴィジュアル・リテラシー概念を考える際に関連する以下の(1)～(3)の3点に焦点化させて検討する。

(1) ヴィジュアル・リテラシー概念の対象

　まず1点目として、上記の定義から確認できるヴィジュアル・リテラシー概念の対象について検討する。上記定義では、「自分の周りで出くわす可視的な行為や、自然なあるいは人工的な対象やシンボル」を「識別したり解釈したりする」と記されている (Debes, 1969b: 26)。このことから、ディブズの定義では、直接視できる人の行為も、自然界に存在する物や生物も、人工物やシンボルも、全てこの能力の対象として考えられているということがわかる。

　しかしこの点について、ヴィジュアル・リテラシー概念の研究における日本の第一人者である小笠原喜康は、次のような指摘を行っている。上記定義中のこの対象についての部分は、総括的で「要するに、ある物、例えば何かの記号や物体・行為を見て、その意味を理解する力であると述べているにすぎない。そのためこれは、単に人の視覚的識別能力について一般的に述べているだけ」にとれるという指摘である（小笠原, 2003: 211）。同様の指摘は、この定義がなされた米国においても、例えばシィナトラ (Sinatra, 1986) によって、定義の対象が「拡張的過ぎる (too expansive)」という表現で指摘されている。そして、このシィナトラや小笠原の指摘に代表されるように、上記の定義はこの能力の対象とする範囲を、広範な一般的な記述としてしまっているために、その後のヴィジュアル・リテラシー概念の拡張を招く一因となってしまった。

　しかし上記のディブズの定義における文言を、改めて国語科教育の観点から検討し直してみると、本書におけるヴィジュアル・リテラシー概念を検討するために重要な、次の基盤的な①～③の3点を確認することができる。①この概念は、テレビや映画の観方といった限定された媒体におけるリテラシーについて論じようとした概念ではないという点である。つまり、ディブ

ズが列挙したような対象を見る際に、通底する視覚的なリテラシーを表す概念として提示されたという点である。そして②は、これらに通底する「識別したり解釈したりする」能力群 (competencies) について論じられているという点である。後述するように、同じこの語を用いた書籍の中には、グラフィック・デザインや撮影技法に関する書籍も刊行されるようになるが、元々のディズブズの定義では視覚的な表現や製作の側面には言及されていない。最後に③として確認しておきたいのは、ディブズの定義では、直接視による行為や対象と、他者の意図の下に編集されたテクスト中における行為や対象、あるいはシンボル[3]とが区別されずに定義されているという点である。この点については、本研究の全体的な枠組みに関わるため、次節でまた詳しく論ずる。

(2) ヴィジュアル・リテラシーと芸術鑑賞の領域

2点目は、上記(1)で述べた対象の範囲に関連する次の点である。ディブズは定義の最後の文で、「こういった能力を鑑賞的に用いることによって、人は視覚的なコミュニケーションにおける(芸術作品のような)名作の意味を理解し味わえるようになる」と述べている。この文言からもうかがえるように、ディブズの定義するヴィジュアル・リテラシー概念は、芸術鑑賞の領域にも関わる能力として記述されている。しかし、ブレイデゥンとホーテゥン (Braden & Hortin, 1981) においても批判されているように、芸術鑑賞も含んだ広範な視覚的なリテラシーを論じようとすれば、多くの分野の共通項を焦点の定まらない論じ方で論じざるを得なくなる。冒頭でも述べたように、1960年代末から新たなリテラシーとして教育の必要性が議論されるようになったヴィジュアル・リテラシーと、芸術の鑑賞力とは目標も質も異なるからである。もしもその先に芸術の鑑賞力との関係を検討するにしても、最初から一緒にして定義してしまうのは精度を落とすことにつながる。ブレイデゥンとホーテゥン (1981) は、この点について次のように述べている。その指摘の部分を、稿者の和訳の形で引用する。

> ヴィジュアル・リテラシーは、全ての分野に手を出したり、無理に他の学問分野に入っていかなくてもいい。むしろ我々の研究分野をきちんと確立して、他の分野との関係性を明らかにすべきなのである。例えば、

ヴィジュアル・リテラシーは、芸術の分野に「踏み込んで行く」べきなのだろうか(Braden & Hortin, 1981: 7)。

　このブレイデゥンとホーテゥンの指摘からも確認できるように、1960年代のこの時期に、「視聴覚教育」誌にヴィジュアル・リテラシー概念の定義を発表する意義を考えれば、この能力の範囲をいたずらに拡げることなく、目的に沿った定義をしておく必要があったと考えられる。

(3) ヴィジュアル・リテラシーの育成方法

　3点目は、上記定義中の次の部分についてである。定義の中で、ヴィジュアル・リテラシーとは「見ることによって発達させることのできる視覚能力群」であると書かれている(Debes, 1969b: 26)。この部分についても、キャシディとノゥルトン(Cassidy & Knowlton)によって「見ることで身につくものであるなら、そもそも問題に採り上げる必要などないのではないか」という指摘がなされている(Cassidy & Knowlton, 1983: 88)。

　同様に、シィナトラ(1986)においても、次のような指摘がなされている。もしもヴィジュアル・リテラシーが目に映るものを識別できるという意味であるならば、「人は生まれた直後から、既に視覚的にリテラシーの潜在性を持っている」(Sinatra, 1986: 55)。しかしヴィジュアル・リテラシーとは、「表象的なコミュニケーション(representational communication)」の力であり、「創造的な洞察力(creative insights)」や「能動的な再構築(active reconstruction)」の力を必要とする(Sinatra, 1986: 57–59)。したがって、こういった能力の育成には、継続的な教育や研究が必要であると。この問題は、リテラシー観の変遷にも関わる重要なポイントであるため、国語科教育においてはこの問題をどう捉えておくべきか、これについても後の節で詳しく検討する。

　以上(1)～(3)に示したように、国語科教育に関わる観点から、ディブズの定義を改めて検討してきた。このように見てくると、このヴィジュアル・リテラシーという概念は、当初からその定義が必ずしも明確ではなく、そのために指し示す範囲が拡張されてしまうことを留めることが難しかったと見ることができる。この間の拡張の過程や様子については、小笠原(2003)の

研究に詳しいが、この語が登場してから 15 年ほど経った 1980 年代以降の関連文献を見ても、この概念の定義は「今日でも、研究者間でまだ十分な一致をみていない」と述べられている (三宅ほか, 1984)。例えば、上掲の定義が掲載された論文と前後して、ディブズ (Debes 1969a) においてヴィジュアル・リテラシーの要素が例示されているが、そこでは「明暗の識別」や「形の違いと類似性の認識」「距離や高さや深さの知覚」といった視知覚の能力に近い内容が多く含まれている。しかし上で検討したような原因によって、ディブズが定義したこの概念は、その後絵画や彫刻等の芸術や映画、建築、テレビ、漫画やアニメーション、グラフィック・デザイン、絵本、地図、図表、広告等様々な領域に拡張し使用されるようになる。勿論この概念や語が登場する以前にも、例えば映画の都とも言われるフランス共和国のパリでは、映画を子どもに教育するためのシネマテークが 1926 年に設立されている。しかし、そこでの映画教育は、当初から良い映画を選定して観せることによる鑑賞教育が主となっていたため (岩崎・遠藤, 2005: 16–17, 24–25)、他の視覚的テクストにも共通するようなヴィジュアル・リテラシーを育成する観点は、この概念が登場して以降のこととなる。

　このように、時代の要請を得て登場した新たな概念が、その先多くの異なる領域において使用されるようになること自体は、勿論あり得ることである。しかし、例えば上記の文献からさらに 10 年経過した時期に刊行された、メッサリスの著書『ヴィジュアル・リテラシー (Visual Literacy)』(Messaris, 1994) では、広告の技法やカメラアングルに代表されるような映像技法と呼ばれる内容が主に取り上げられている。つまり、同書において論じられているヴィジュアル・リテラシーは、もはやかつてディブズが例示していたような内容とは趣を異にしており、同じ語を使用しながら、別の内容を伝える書となっている。そしてこういった変遷は、同じこのヴィジュアル・リテラシーという語を用いて書かれた論文や、書籍で扱っている項目を検討してみると、変遷の様相として捉えることができる。かつてテレビが一般家庭に普及したことを契機に登場したこの概念は、1970 年代には例えばエミー (Amey, 1972) に見られるように、子どものテレビ番組に関するリテラシーを扱っている。そして 1980 年前後になると、教育への構造主義の応用か、カーティス (Curtiss, 1986) やディビス (Davies, 1989) に見られるように、子どもの絵や建築物、絵画のような芸術についての記号論的な分析やそのリ

テラシーについて論じている書籍が見られるようになる。さらにインターネットの普及・拡大や Web サイトやそのリンク機能が開発されると、1990年代にはワイルド (Wilde, 1991) やボウチェンプ (Beauchamp, 1994) 等に見られるように、グラフィック・デザインやディジタル時代を意識した視覚的なリテラシーについて論ずる書籍が登場する。2000 年前後からはスマートフォンによる Web サイトへの接続やソーシャル・メディアの普及によって、手元で見るディジタル画像に焦点化した視覚的なリテラシーが扱われるようになっている。さらにエルキンス (Elkins, 2007) では、視覚的テクストに編み込まれたイデオロギーや政治性を検討する授業を、大学初年次教育に導入する提案が著されている。

　以上のように、ヴィジュアル・リテラシーという概念は、時代の要請を受けて登場し、その定義の仕方や社会の変化によって、包含する内容を拡張したり変容したりしながら現在に至っていると捉えることができる。そして、現在国際ヴィジュアル・リテラシー学会 (International Visual Literacy Association) のホームページでは、この概念の定義は、今や様々な領域において多数の定義がなされており、どれも理解可能で共存可能な定義であるため、学会としては折衷主義でいく旨が書かれている (http://www.ivla.org/org-what_vis_lit.htm, 2017.6.20 参照)。

　それでは、この概念はどういった経緯の中で、どういった内容を包含した語として、いつ頃日本の教育界に紹介・導入されてきたのだろうか。また、受け入れる側の日本には、それまでどういった視覚的なリテラシーに関連した状況があったのだろうか。次節ではこういった状況について整理・検討する。

第 2 節　我が国への紹介・導入と、訳語や内容の経緯

　それでは、このヴィジュアル・リテラシーという概念は、いつ頃どういった状況の中で我が国に紹介・導入され、その後その包含内容はどのような変遷を辿ってきたのだろうか。またそれまで、我が国では視覚的なリテラシーに関して、どのような状況があったのだろうか。これらのことを、世界的な動向に沿いながら同様の時期の日本における研究を参照・検討して、この概念の紹介・導入の経緯や変遷を整理・概観する。

この導入時期の同状況をめぐる国内の研究は、かなり海外の動向を積極的に、しかも時間的な差を介さずに報告・発表されている。しかし、映画やテレビの普及の状況や、教育の基盤的状況が海外、特に当時のアメリカの状況と日本とでは異なるため、日本国内のそれまでの状況や議論も整理しておく必要があると考えられる。

　そこで、このヴィジュアル・リテラシーという語の日本への紹介・導入の過程を 2.1 で、そしてその受容過程やそこに影響を与えた国内の図像や映像を用いた教育に纏わる状況を、以下の 4 つの方向から見ておく。2.2 では、この語が紹介される以前から取り組まれ、この語の包含内容にも影響を与えてきた図像を用いた教育や、映画教育の経緯を概観する。映画は動画であるため、本研究が対象とする範囲には一見直接的には関わらないように思われる。しかし瀧口(2009)において、1930 年代の日本の映画教育史に関する研究がなされているが、その中で瀧口は、「フィルム通信」等当時の資料を丹念に調べ、当時の「映画教育」という語は絵画や写真等も含めた「コミュニケーション媒体を利用した教育の総称」であったことを報告している(瀧口, 2009: 19)。また川上(1968)の『映像教育論』においても、映画やテレビについてだけでなく、挿絵や漫画、ポスター等についても章を設けて映像教育として論じられている。このため、本節ではヴィジュアル・リテラシー概念が紹介・導入される以前の日本における視覚的な教育の状況を概観する目的から、先ずは動画や静止画といった明確な区別は設けずに、これらの教育利用の状況や経緯を概観する。

　そして 2.3 では、テレビ放送の発展に対応させた「映像教育(screen education)」にまつわる経緯を、2.4 では「グルンバルト宣言」を経た「映像教育(screen education)」[4]の能力観の変容をまとめる。さらに 2.5 では、2.1 から 2.4 までの視聴覚教育や放送教育を中心とした経緯とは異なる、国語科教育における視覚的なリテラシーに関する取り組みの経緯を概観する。

2.1. 我が国へのヴィジュアル・リテラシー概念の導入時期と影響要因

　我が国において、「日本放送教育学会・日本視聴覚教育学会(当時の名称のママ)」でヴィジュアル・リテラシー(visual literacy)という語が紹介され議論されるようになったのは、この分野の草分け的な研究者吉田貞介によると、1970 年代後半からであるという(吉田, 1985a: 22)。勿論それ以前にも、

1950年頃には視聴覚教育という語は日本の学校教育や社会教育において使用されていた。また、1946年には成城学園小学部において映画や幻燈等を用いた映像教育も始まっていた(川上, 1968: 52–61, 146)。しかし川上(1968)でも述べられているように、当時の視聴覚教育は、視覚的なリテラシー自体を議論するというよりは、教育工学等の影響によって「教育手段としての視聴覚教育理論に偏して」(川上, 1968: 77)いたという指摘がある。同様の指摘は宇川(1980)においてもなされており、映像教育についても、当時は「映像についての教育」と「映像による教育」との2種類が存在していたと述べ、成城学園小学部における実践のような一部を除いて、当時の趨勢は「映像による教育」の方にあったと述べている(宇川, 1980: 62)。そしてその成城学園小学部における取組み[5]も、次の2.2で詳述するように、最終的に「創造的表現力の陶冶」や「映画のもつ人間形成性」を目標とした、前節で検討したヴィジュアル・リテラシー概念とは少々異なる力を目指して行われていた。

　このような状況の中、ヴィジュアル・リテラシーという概念は日本に紹介され議論されるようになった。この時期は、世界的には次の二つの重要な国際会議や国際シンポジウムの間に位置づけることのできる時期でもあった。それは、1973年に開催された「国際映画・テレビ協議会(International Film and Television Council)」から、1982年に「マスメディアの利用における公衆の教育に関する国際会議」において、「グルンバルト宣言(GRUNWALD DECLARATION ON MEDIA EDUCATION)」が決議された年にかけての時期であるということである。前者の「国際映画・テレビ協議会」は、佐賀(2002)の整理によると、「メディア教育」が「数学や科学、地理のような他の知識領域の教授学習のための補助具としてのメディア利用から区分」された記念碑的な国際会議である(佐賀, 2002: 63–75)。そして「グルンバルト宣言」(UNESCO, 1982)は、テレビ等のメディアを批判的に見て、それに対抗できるような能力をつけなければいけないこと等が盛り込まれた、重要な節目となる国際会議における宣言である。まさに、ヴィジュアル・リテラシーという概念が日本に紹介・導入されたのは、映像や図像が教科の学習を促進する補助的な教具の領域から、それらを読み解く学習が必要視され独立した能力として着目された時期であり、読み解くだけでなく批判的に吟味できる力をも包含する必要性が議論された重要な時期ということになる。

そしてこの時期に、本章の1節において検討したヴィジュアル・リテラシーという概念は、日本では「映像リテラシー」という訳語[6]をあてられ紹介・議論されるようになる（宇川, 1980）。宇川勝美は、この訳語における「映像」とは、この場合映画や挿絵等も含むが、多分にテレビを強く意識したものとなっていると述べている（宇川, 1980: 67）。そしてこの訳語は、欧米においてもその包含内容が議論され変遷を辿ったように、前節で検討した概念定義の幅の広さに加え、我が国におけるそれまでの視覚的な教育の状況による影響を受けて、その内容は議論・再整理されていく。そこで、それまでの日本における視覚に纏わる教育の状況を概観しながら、この語やこの語に関連する周辺的な用語がどのように使われ、どのような内容を包含してきたのかを、次の3種類に整理してもう少し詳しく見ていく。

(1) 我が国で行われてきた図像を用いた教育や、映画教育の経緯とその内容。また、これらに影響を与えた背景。特に映画教育については、戦前戦後における学校教育との関係。
(2) 1950年代半ば以降のテレビ放送の発展や、学校現場における番組利用に対応させた「映像教育（screen education：大内茂男訳）」と、関連する用語内容。
(3) 「グルンバルト宣言」を受けた、映像の批判的な検討能力と、作文指導の延長としての表現能力といった諸能力との関係からみた関連用語の内容。

これら(1)～(3)を、後の検討のために、ヴィジュアル・リテラシー（特に日本における訳語としての「映像リテラシー」）に焦点化しながら概観しその変遷を見ていく。

2.2. 我が国における図像・映画を用いた教育の経緯

それではまず、我が国における図像を用いた教育から概観し、その後、特に戦前戦後の映画教育についての経緯を概観する。

2.2.1. 我が国における図像を用いた教育の経緯

我が国における図像の教育利用は、大きく分けて掛図と、幻灯及びその原型としての写し絵、そしてその発展形としてのスライドに焦点を当てて辿っていくことができる。そこで、①で掛図について述べ、その後②において幻

灯や写し絵、スライドについて概観する。

①掛図の教育利用

　掛図は古くから使用されてきた記録があるが、特に教育の文脈で注目すべきは、明治5年の学制の頒布後からであろう。アメリカのカリキュラムを翻訳した教科である「綴字、習字、単語、会話、読本、修身、書牘（しょとく）、文法、算術、養生法、地学大意、理学大意、体術、唱歌（ただし唱歌は当分これを欠く）」が下等小学で、上等小学ではこれに加えて「史学大意、幾何学罫画大意、博物学大意、化学大意」が学ばれることになり、これらの授業で教育用掛図が活躍するようになる((海後, 1979: 34-37), 2007: 127)。

　国語科に関連する科目では、府川 (2016) で詳細に研究・整理されているように、明治6年に田中義廉が中心に編集を行った『小学読本』が刊行され、その翌年には榊原芳野らによって編集された『学小読本』が刊行されている。前者の『小学読本』は、アメリカのウィルソンリーダーという教科書をほぼ翻訳したものであり、後者の『学小読本』は「江戸期の教育をかなり引き継いだ、伝統的な内容」の教科書となっている (府川, 2016: 2.3)。府川 (2016) によれば、明治初期に海外の子ども向けに書かれた読本や教科書に類する書物の翻訳本は、当時の日本において39点は刊行されていたことが確認でき、それらは日本の近代教育における道徳等を含む「啓蒙書」として、また「日本の近代児童文学の出発点として」機能した (府川, 2016: 3)。しかし、学制を契機に子どもたちが学校に通うようにはなっていくが、その人数は俄かには増加せず、そういった状況の中で言葉の教育では、低学年の子どもを中心として、一緒に掛図を見る形態で授業は行われた。また当時刊行された教科書を印刷して全員に配布することは経済的にも限界があったとの指摘もあり、教科書は高学年を中心に使用された (橋本, 2007)。こういった状況の中で、単語図や連語図、九九図、博物図などの掛図は、教室で活用されるようになっていった。

　また当時掛図が広く使用された背景には、ペスタロッチ主義による直観教授の影響も指摘されている (田中, 2011, 橋本, 2007)。ペスタロッチ主義とは、コメニウスに端を発した直観教授がルソー、ペスタロッチを経てアメリカに渡り再構成された考え方で、概念や言葉からでなく、感覚器官を通した「数」(Zahl)、「形」(Form)、「語」(Sprache) といった具体的で単純な要素

の直観から、より複雑な次元へと高めて子どもの諸能力を「合自然的」に陶冶する教授法及びその考え方である(田中、2011)。明治以降このペスタロッチ主義及び直観教授の考え方が日本にも影響を与え、こういった観点からも多種類の掛図が、低学年の子どもを中心に授業で使用された。つまり、日本の近代教育は、スタート時点から視覚的なテクストを活用した感覚器官を意識した形で行われていたと見ることができる。

しかし、こういった掛図を用いた授業では、海後(1979: 48–64)で述べられているように、「鞭である単語を指しながら一人ずつ指名してこれを読ませ」、「そして全員で復唱」させるといった活用の仕方が主で、絵図は言葉や単語の理解への入り口としての役割が大きかったと考えられる。また、多くの場合掛図は、子どもが主体的に読み解くというよりは、教師の演示によって解説されて活用されることが多かった。さらに、作製された掛図の方も、対象を精密に描いた絵や図が多く、そこに添えられた言葉もその絵図と一致性の高い情報が組み合わされ、それらが順序立てて並示された汎知主義的な構成原理で表現されているものが多かった。このことからも、絵や図は概念や言葉の学習への入り口としての役割が大きかったことが推測できる。そして、こういった文脈では、絵図とそれらが指し示す実物との対応関係における複写性・複製性に価値がおかれていたと考えられる(岩本、2002: 228)。したがって、掛図を用いた教育で必要とされていた視覚的なリテラシーがあるとすれば、それは絵図を見て対応する実物や概念を想起したり、それらを表す言葉を考えたりする力であったとみることができる。

斯くして掛図は、現在でもこういった機能を保持したまま、教科書会社等によって教育用に作製・販売され続けている。そして1970年代以降は、視聴覚機器の発展に伴いディジタル化されたものも増えてきており、ディジタル教科書等の開発に伴い様々な工夫も考案されている。

②幻灯や写し絵の教育利用

17世紀半ばにヨーロッパで発明された幻灯は、18世紀半ばには日本に渡来し、彩色影絵の見世物として興行されていた(岩本、2002)。江戸では「写し絵」と呼ばれ、上方では「錦影絵」と称されていた(岩本、2002: 89–97)。これが明治期に入り、日本の近代教育において活用されるようになり、その後幻灯やスライド映写機と呼ばれる機器へと改良されて1990年代まで

教室で使用されることとなる。岩本（2002）によると、光源は現在のものよりも暗いものの、彩色され動く工夫が凝らされた幻灯は、近代化を進める明治政府によって国産化され、師範学校に配布されて教師教育にも活用された（岩本，2002）。

　幻灯の内容は、世界各地の風景や、科学、修身、衛生教育用など多岐にわたる教材が作製された（岩本，2002）。これら作製された教材を見ても、幻灯の教育利用は、掛図同様汎知主義やペスタロッチ主義、直観教授の考え方を背景に、日本の近代教育の中で概念的、言語偏重的な教授法を越えるものとして効率性も含め活用されていたと見ることができる。

　その後、幻灯は「活動ポンチ」と呼ばれる二枚組みで絵を動かす工夫や、「磐梯山噴火」や「家庭教育」等、十数枚のセットに解説を付けて観る娯楽や広報目的でも広く多用され続け、日露戦争やその後の軍国化の波の中でも、戦意昂揚の手段として用いられていった（岩本，2002）。

　大正期に入ると、ドルトン・プランの先駆的な導入等で大正新教育の中心的存在とされた成城学園小学部が、澤柳政太郎によって1917年に創立され、幻灯を用いた教育は1946年に特設された「映画科」において行われるようになる。川上（1968）では、その後「映画の時間」と称されたこの学習において、どういった教育目標や教育方法がとられていたかが詳細にまとめられている。それによると、「映画の時間」の教育内容は、①鑑賞指導②技術指導③表現指導の三つによって構成されており、その中で「映画・幻灯・写真・テレビ」を教材とした学習が行われていた（川上，1968: 147–149）。しかし、この「映画の時間」では、製作する過程を経験することによってテクストの理解を促すといった先駆的な教育方法に重点が置かれており、また①の鑑賞指導においても、以下のような「近代教育の人間形成」「国民教育としての人間形成」に重きが置かれていた（川上，1968: 143）。その鑑賞指導では、「映画の本質」を「ア　娯楽性　イ　教育性　ウ　芸術性　エ　社会性」の四つに分類し、教材の選定や次のような4種類の発問に基づく指導がなされていた（川上，1968: 159–160）。

　　ア　娯楽性⇒おもしろかったか、つまらなかったか。どんなところがおもしろかったか。
　　イ　教育性⇒勉強のためになると思ったことはなかったか。あればどんなことが勉強になったと思ったか。

ウ　芸術性⇒どんなところがとくにうまくできていると思ったか。
　エ　社会性⇒世の中とのつながりを考えられないか。
　こういった発問やその構成原理をみても、図像の読み解き方を学習するというよりは、興味をもって能動的に観、勉強できる点を吸収し社会につなげていくといった「近代教育の人間形成」という教育目標とのつながりがうかがえる。
　このように見てくると、幻灯やスライドは、直観教授や汎知主義の考え方を背景に、日本の近代教育において新しい事物の理解を助ける重要な役割を果たしてきたことがわかる。そして本研究課題との関係で考えてみると、教育用掛図や幻灯・スライドは、新しく学習する事物の例示であり代用として、ことばや概念の学習への橋渡しの役割を果たしてきたと見ることができる。しかし、そこでは実物に対する複写性・複製性に価値が置かれていたため、例示と実物との選択的な関係や、その具体的な読み解き方、テクスト化する際の再構成の問題は、ほとんど言及されてはいない。
　また、これらの経緯と併せて戦後の経験主義教育のカリキュラムを参照してみると、例えば坂口（2009）において報告されているように、「全教育課程における学習活動」として「読むこと」だけでなく「見ること」や「聴くこと」がカリキュラムにおいて設定されている例を見つけることができる。このことから戦後の教育においても、実物や標本・地図・絵画等の観察活動に基づく言語偏重でない教育が模索されていたことがわかる。しかし、戦後経験主義における図像の役割も、資料で見る限り、語彙を増やす手段や、学習者の興味や思考の手段としての役割が強かったと考えられる。したがって、この場合にも、図像の扱いはテクスト化された図像自体の分析的な読み方に関心が向けられていたわけではなかったとみることができる。

2.2.2.　我が国における映画教育の経緯

　我が国における映画教育の歴史は、1901年（明治34年）に「教育活動写真会」という映画普及のための催しの記録[7]にまで遡ることができる（田中, 1979: 28）。しかし村山（2006）の整理によると、1911年に当時の文部省が「通俗教育調査委員会」を設置してから、1945年までは、見る立場の学習者のリテラシーに関する取り組みはほとんど無く、「何を見せるか」という大人の論理によって映画教育は展開されたという（村山, 2006: 22）。そこで、

この時期を、村山（2006）の論考を手がかりに、以下の三つの時期に区分・整理して示す（村山，2006: 22–26）。
① 「児童から映画を遠ざける」時期…1910年代が主にその時期に当たる。この時期に入ると、官民共に映画の社会的影響を自覚するようになり、特に当時の文部省は映画や幻燈会などの管理に着手をし始める。1917年には「帝国教育会」が児童に対する映画の影響の調査を始める。これらは犯罪や社会的不安の誘発因子となりそうな映画を、児童から遠ざけることが最終目標として行われていた。
② 「児童に『良い映画』を見せる」時期…1920年代が主にこの時期に当たる。1920年に、戦前戦後を通し現在にもつながる「社会教育調査委員会」が設立され、児童に見せることが薦められる映画の審査・推奨認定を行うようになる。1921年の皇太子裕仁のヨーロッパ訪問等が契機となり、それまでの映画への否定的な見方からの転換が図られる。娯楽として無視し得なくなってきた映画の利用を、例えば「皇太子殿下御外遊実況」等を全国で巡回上映するなどして、積極的に利用する傾向が現れる。
③ 「国策としての教育映画」の時期…1930年代〜1945年がこの時期に当たる。この時期になると、それまで主流だったドラマ映画だけでなく、ニュース映画や文化映画が興隆してくる。この時期には、例えば大阪毎日新聞社とその東京支社である東京日々新聞の「東日フィルムライブラリー」による「小学校地理映画大系」の製作等、教材映画の製作が興隆するが、戦雲立ちこめる時局から、国策としての映画選定・映画製作が主流となっていく。

以上、村山の整理に沿って①〜③の3期に分けて、戦前の映画教育を概観してきたが、この時期は、大人が選択した映画を、時には国策として利用しながら視聴させていた時代と見ることができる。つまり、まだこの時期には、観る側の学習者の視覚的なリテラシーやその育成といった視点はほとんど見られない。

それでは、次に戦後の状況を、同じく村山（2006: 25–28）や佐賀（2002: 12–16）の論考を参考に、40年代を④、50年代以降を⑤に分けて見てみよう。
④ 終戦を迎える1945年、映画教育は「教育と啓蒙の道具」として新たな時代を迎える。民間情報教育局（CIE）の指導の下、1946年には「日

本映画教育協会」が設立され、連合軍から貸与された軍用16ミリ映画映写機(ナトコ映写機)とCIE映画によるナトコ映写機事業が開始された(佐賀, 2002: 12-13)。同協会は、後に『視聴覚教育』と改名する機関誌『映画教室』を創刊し、ここから戦後の映画教育が始まっていく。1948年には「日本学校映画教育連盟」も発足し、全国の学校への映写設備やフィルムライブラリーの拡充を行っていった(田中, 1979: 58)。この時期に行われた映画教育とは、「民主化教育」の運動と相まった「教育映画」の選定と、それを鑑賞させる機会の提供が主であった。したがって、この時期にも映画に関する視覚的なリテラシーを問題にする教育は、極一部を除いて確認することはできない。この時期には、学習指導における映画利用の仕方を巡って「動く掛図」[8]論争もあったが、これとても映画利用に関する論争で、映画に関する観る側の視覚的なリテラシーを問題にするものではなかった。

⑤　その後1950年代に入ると、国内で製作された映画の需要は低下し、「日本映画教育協会」はその組織の目的等を見直すべく改組する。そして1952年には、文部省社会教育局に視聴覚教育課が設置され、映画教育として行われてきたこれまでの教育は、学校教育の場面では、視聴覚教育として映像利用の範囲を拡大し、転換を図っていく(田中, 1979: 170)。この時期の1953年には、日本放送協会(NHK)のテレビも本放送を開始する。こういった流れの中で、学校教育における映画教育は、学習指導における映画利用教育や映像活用教育へと移行していく。例えば、日本映画教育協会発行の『視聴覚教育ハンドブック』(1960)では、前年の1959年における愛知県の「碧海郡小中学校フィルムライブラリー」の活動の様子が記されている。そしてそこには、それまでの「巡回映画会方式を切り離して」、「現場教師の最も重視する学習指導法の今日的課題を解決するために」、「地域学校ライブラリー」を設立した様子が報告されている(愛知県碧海郡視聴覚ライブラリー, 1960: 4-5)。しかし、翌年の『視聴覚教育ハンドブック』(1961: 3-15, 51-53)では、依然として教材映画の「配給や製作の計画化」に議論が集中しており、「指導理論の確立」が望まれるという指摘がなされている。

その後も、映画教育については、地域の公民館あるいは映画製作関係者な

どによる取組みとして継続される。その様子は、「視聴覚的方法による公民館活動の実態」(1960)等において、公民館での上映作品の年間計画や、助言者や指導者のリストといった資料からもうかがい知ることができる(藤岡，1960: 20–27)。これらの資料では、映画会の場合でも、「ただ映写するだけでなく、ロールプレイングを加えたり前後に説明を加えたりして、映画のもつ意味を徹底させる手段方法を」工夫する様子も記されている(藤岡，1960: 55)。そしてこの後も、こういった取組みは公民館活動等によって継続され、後のコミュニティシネマと呼ばれる美術館や公民館における取組みへも引き継がれていく。2003年には、産官学による総合施設として「川口スキップシティー」の「映像ミュージアム」が開設され、そこではワークショップも行われるようになる。

このように見てくると、日本における映画教育は、例えば英国における英国映画協会(BFI)が公教育と連携して、教材や指導案を教師に提供し、「鑑賞能力」の育成に腐心してきたのに対して、先述の成城学園小学部における「映画科」のような取り組みを除いては、コミュニティーを中心として、芸術や記録としての作品選定や、鑑賞の機会の提供という形で取組まれてきたことがわかる。また1950年代以降の学校教育の場面では、映像を用いた教育は、映画教育というよりも、視聴覚教育としての映像利用が行われるようになっていったこともわかる。こういった経緯の中で、日本の映画教育は、鑑賞後感想を述べ合うことはしても、分析的な観方を教育する取り組みは少なく、子ども向けのワークショップにおいても、その多くが映像製作を体験的に学ぶものとなっている。

2.3. テレビ放送の発展に対応させた「**映像教育**(screen education)」

上述のような経緯によって始まった視聴覚教育は、その後テレビやラジオによる放送教育や教育機器の利用を、その範疇に含め展開されていく。特にこの時期には、1953年2月にNHKテレビが、同年8月には日本テレビが開局し、1959年の皇太子御成婚や1964年の東京オリンピックを契機として、テレビ視聴が国民の間に普及する。テレビによる教育放送も、1959年のこの時期に開始されている。こういった流れの中で、学習者側の視覚的な能力が、「日本放送教育学会・日本視聴覚教育学会」等を中心として、議論されるようになっていく(吉田，1985a)。そして大内(1963)において、これ

らの視覚的な能力の育成を語る語として、「screen」を映画とテレビの総称と捉えた「映像教育 (screen education)」という訳語が提示され使用されるようになる。この時期から、我が国では「映像教育」という語が、主に映画とテレビといった「screen」上の動画を対象とした教育について使用されるようになる。

　しかしこのような背景の中で議論されるようになった映像を視聴する能力は、その内実を検討してみると、ディブズが提起しようとした能力群や、国語力とのつながりで考えることのできるような能力とは少々距離のあるものとなっていく。例えば、水越敏行は映像の視聴能力を、「映像再認」能力、「順序の再生」能力、「時間（現在と過去）、空間（全体と部分）の識別」能力、「番組主題の把握」能力等 12 の構成要素から成る能力として、測定を試みている（水越, 1979: 21–64）。勿論これら測定された「映像再認」能力や「順序の再生」能力等は、映像を視聴する能力の基底を成す重要な能力ではある。しかし、これらをもってディブズが提起しようとした能力群と直接繋げて考えることは難しい。それは、1 節において検討したように、そもそもディブズが提起しようとした能力群は、「可視的な行為」や、「人工的な対象やシンボル」を「再認」や「再生」する能力ではなく、「識別したり解釈したりする」能動的な能力だからである。「再認」や「再生」という語には、映像の側に、誰が観ても同一の意味や要素が存在するということを、暗黙裡に前提としてしまう危険性がある。また、国語科の観点から検討すると、「再認」や「再生」する際にどういった言葉にするのかといった重要な点が問題にされていない。つまり、同じものを観て同じように再生できたとしても、再生で用いる言葉が同じとは限らない。

　水越が上記の測定を行った時期には、現在のメディア・リテラシー教育の基盤として度々目にするエドガー・デール (1957) の「経験の円錐」が、既に翻訳され紹介されている。そして、デールは次頁の図を示して、人間の認知が直接的・具体的な経験から種々の抽象化を経て、最後に最も抽象的な言語的象徴に達するという説明を行っている。この図は、写真や映画、テレビ等の多様なメディアを活用することによって、この円錐の上方向への抽象化と、下方向への具体化という両方向の動きが活発に行われることで、受信した内容は豊かな経験になるということを説明している。つまり、デールの論から考えても、水越が測定を試みた視覚的な再認・再生能力は、視覚的なリ

テラシーの極一部分でしかないと捉えることができる。

　そしてこの図の普及によって、「テレビ」や「映画」、「写真」を見ることと、「言語的象徴」とを関連させて捉えようとする観点や、言語を介した映像の理解といった観点が、日本の研究者間でも広く議論されるようになっていく（川上，1968: 88–92）。以下にデールの「経験の円錐」を、西本（1957）の和訳の形で提示する。

図1　経験の円錐（エドガー・デール；訳は西本三十二，1957: 35）

　以上のような流れの中で、上述した1960年代〜1970年代の時期から、視覚的なリテラシーは、テレビの視聴能力を意識したテレビや映画といったスクリーン上に映し出される映像を主な対象として研究されていくようになる。ちなみに、この1960年代には、前項で検討した日本の映画産業は低迷し、代わりに文化映画や教育映画と呼ばれる、劇場での鑑賞とは別の目的の映画が製作されるようになる（村山，2006: 27）。例えば、『女王蜂の秘密』（桜映画社，1962）や『ある機関助士』（岩波映画，1963）等がそれである。また

この時期には、東映動画を始めとしたアニメーション映画も製作されるようになる (村山、2006: 26-27)。さらに1960年代末にはビデオが登場し、1970年代〜80年代に一般家庭に普及する。こういった動向によって、映像は劇場から家庭や教室へ、また内容も鑑賞を目的とする作品だけでなく、多様な種類が製作・視聴されるようになっていった (吉田、1985b: 38-43)。

　本章の冒頭で提示したディブズのヴィジュアル・リテラシーという概念は、こういった状況の中で1970年代後半に、前項でも言及した宇川 (1980) による「映像リテラシー (visual literacy)」という訳語を当てられ、我が国に紹介された。そして紹介・導入された日本側の状況は、上で史的概観を通して見てきたように、学校教育においては掛図やスライドが部分的には使用されながらも、その多くがビデオやNHK教育テレビの学校放送にとって代わられ、授業との関係で多くの番組が提供される状況となっていた。また、映画教育については、日本の映画産業が劇場での鑑賞目的とは別の文化映画や教育映画も製作するようになっており、学校教育の場面では、こういった映像も含めたテレビを主な対象とした「映像教育 (screen education)」が、視聴覚教育として行われていた。そしてこういった映像教育では、ビデオの普及が相まって、そういった文化映画や教育映画、テレビ番組を繰り返し見られるような状況も整ってきていた。

　ここで、先の2.2から検討してきた日本の近代教育の創成期から、このヴィジュアル・リテラシーという概念が日本に紹介・導入された時期までを通して振り返り、この概念が紹介・導入された側の日本の視覚的な教育に纏わる状況を、通時的な観点からまとめておきたい。ここまでを通して概観してきてみると、日本の視覚に纏わる教育では、一点目として、視覚的なテクストが、近代教育を推し進める動因の一つとされてきた直観教授や汎知主義の下で、先に検討してきたように、当初から言語偏重主義との対比として意識されてきたということを確認することができる。また掛図や幻燈、スライドは、日本の近代化の中で、欧米の新たな情報を日本の学習者に、興味をもって効率的に教授する方法の助けとなってきたという点も確認することができる。そして二点目は、こういった文脈で使用されてきた図像や映像は、学習者が見たことのない欧米の事物や現地を伝えるものとしての複写性・複製性に価値がおかれてきたと考えることができる。またそれらの図像や映像は、同時に欧米の事物や現地が、確かにそこに存在していたという実証性を

も示す役割を同時に備えていた。したがって、時代と共に技術革新によってより複写性・複製性の高い動画が映画やテレビで提供できるようになると、掛図や幻燈、スライドはその役割を教育映画やテレビ番組、ビデオに譲る形となり、特別な目的での使用に限定されて使用されるようになっていった。この傾向は、明治の近代教育以降時を経て、高度経済成長期、そして70年代のこのヴィジュアル・リテラシーという概念が日本に紹介・導入された時期まで、通底してきたと考えられる。例えば、教育番組ではないが、1970年には日本万国博覧会開会式が、史上初の全国民放78局（当時）の同時ネットで放送され、72年には連合赤軍浅間山荘事件が現場から約10時間にわたって生中継され、78年には全国規模として初のテレソン番組「24時間テレビ・愛は地球を救う」が放送されている。つまり、この時期には日本社会でも、現地で起きていることを画面を通じて、同時性をもって知ったり確認したりするということが、さらに技術的な発展にも支えられ長時間可能になり定着しつつあったと見ることができる。

　以上見てきたように、勿論技術的な違いは圧倒的にありながらも、日本の教育における視覚的なテクストに求められてきた役割や価値は、近代教育において珍重されてきた複写性や複製性、あるいは実証性であり、それらがその後の日本社会の通信状況の中で増幅され通底・継続されてきたと捉えることができる。さらに、この70年代には、72年にNHK総合テレビの全番組がカラー化され、78年には音声多重放送が開始され、さらに複製性や実況性とでもいうべき性質が向上する。そしてこのために、ディブズのこの概念を日本に導入する際に、テレビや文化映画・教育映画といった「screen」上の動画を対象とした映像教育（screen education）や、同様にテレビを強く意識した映像リテラシーという訳語が、それまで併用されてきた図像テクストも包括する形で選択されてきたのではないだろうか。この時点で、日本におけるヴィジュアル・リテラシーの意味合いは、「screen」上の動画に焦点化され、図像に関するリテラシーは、日常的な教育場面では使用され続けながらも、この後1990年代にメディア・リテラシー教育が導入されるまで、視聴覚教育関連の研究や実践論文のレベルでは積極的には語られなくなる。そして、映像教育（screen education）やディブズのヴィジュアル・リテラシー（当時の訳語は「映像リテラシー」）という概念は、上述の教育番組の提供に携わっていた当時の研究者や放送関係者の多くによって、中心的に議論される

ようになる。

　それでは、こういった複写性・複製性、実証性に価値がおかれ、「screen」上の動画について中心的に語られるようになったヴィジュアル・リテラシーは、この後どのような経緯をたどることになるのだろうか。

2.4. 「グルンバルト宣言」以降の概念の再整理

　上述のように、ビデオが一般家庭に普及し、学校教育においても多様な映像が活用されるようになった1980年代、ヴィジュアル・リテラシー（訳語は「映像リテラシー」）は「グルンバルト宣言」の影響を取り入れて、日本では以下の二つの能力を加えてさらに再整理・提示されていく。「グルンバルト宣言」については上で述べたが、その影響によって加えられた視覚的な能力の一つは、テクストを「批判的に眺め真実を見抜く力」としての批判的な吟味能力であり、もう一つは、作文教育の拡張としての「映像制作能力」である（吉田, 1985b: 62–65）。そこで、吉田（1985b）は、それまで日本で議論されてきたヴィジュアル・リテラシー（訳語は「映像リテラシー」）の概念を、水越らの前掲の整理を修正・再整理する形で、以下の三つの内容に整理して提示する（吉田, 1985b: 32–33）。そしてその中で、それまで「映像リテラシー」という訳語によって、語られてきた中核的な「映像の理解」に関わる能力は、「映像視聴能力」という語として改めて提示され直された。その吉田の3種類の整理を、以下に示す（吉田, 1985b: 32–33）。

（１）　映像視聴能力（受け手としての能力）
　　　a　内容を理解しとらえる力
　　　b　状況や心情に反応し感じ取る力
　　　c　情報を把握し表現する力
（２）　映像制作能力（送り手としての能力）
　　　d　現状をつかみ問題を見つける力
　　　e　情報を構成し組み立てる力
　　　f　自分の考えを効果的に伝達する力
（３）　映像活用能力（使い手としての能力）
　　　g　自分に必要な情報を選択する力
　　　h　目的に合わせて情報を利用し生活に役立てる力

i 情報を批判的に眺め真実を見抜く力

　上記九つの能力は、従来からのテレビを中心とした視聴覚教育等で論じられてきた映像リテラシーの能力に比べると、受信能力から活用、発信へとその範囲を拡げて整理されていることがわかる。例えば、上記aやcのような情報や内容の把握・理解に留まらず、dやh、iのような主体的な情報活用に関わる観点が含まれている。また、eやfのような発信に関わる能力についても言及されている。さらに「映像視聴能力」の中に、bの「状況や心情に反応し感じ取る力」も明記し、育成しようとしている点も特徴的である。特徴的であると述べたのは、前節で、ディブズの定義以降刊行された英語圏の文献を検討した際、この種の内容を明記して扱っている文献は、ほとんど見られなかったからである。吉田ら金沢市小学校放送教育研究会は、この「状況や心情に反応し感じ取る力」を育成するために、「感情」に関する指導目標を16の下位項目にさらに整理し、各項目に対して「放送場面や人物に自分なりに感じたことを、ことばや表情に表して視聴する」（小学校2年生）や、「自分の感情をもとに逆の立場も考えてみる」（小学校6年生）といった「スキル要素」の整理も行っている（吉田，1985b: 65-70）。

　かくして、かつてディブズがヴィジュアル・リテラシーという語で定義した「識別したり解釈したりする」視覚能力群は、この吉田(1985b)の再整理によって「a内容を理解しとらえる力」「b状況や心情に反応し感じ取る力」「c情報を把握し表現する力」という視覚能力群を束ねた「映像視聴能力」として研究されるようになる。宇川(1980)によって「映像リテラシー」と翻訳され、テレビや映画を主な対象として議論されてきたリテラシーは、この吉田の再整理によって、日本ではさらにテレビと結びついた「視聴能力」として研究・議論されるようになっていく。勿論吉田らは他の媒体も視野に入れて議論を行ってはいるが、吉田らの研究グループによって、上に掲げた再整理に基づく(1)〜(3)の学習のために、テレビの学校放送を活用した教育実践のパッケージが開発されていることからも、この「視聴能力」とテレビとのつながりをうかがうことができる。そのパッケージの中には、物語のような国語科に近い内容から、「ホタルのくる川」や「観光に生きる」のような理科的社会科的な内容までが含まれている。

　しかし、これら「映像視聴能力」や「映像制作能力」育成の流れの中で研

究されてきた内容は、一時期は各教科における既存の教科内容との関係における整理・編入が検討・模索されたが、その後各教科、特に国語科の教科の枠組みに組み込まれることはほとんどなく、我が国ではメディア・リテラシー教育の文脈の中で論じられるようになっていく。メディア・リテラシーの教育は、後でも詳述するが、1983年に初めて日本の文献上にその理論が登場し、1990年代から各教科において教育実践が行われるようになる。そして視覚的なリテラシーは、その文脈の中で、前述したような映像を「識別したり解釈したりする」視覚能力群というよりは、これらを前提とした広告やテレビといった媒体による特徴や映像技法、さらにはそれらと産業や社会との関係、文化や価値の吟味を含んだものとして学習されるようになる。また特にデールの「経験の円錐」以降議論されていた、言語を介した映像の理解についても、後の項で詳述するように、メディア・リテラシー教育の流れの中で、映像言語[9]という比喩を用いて語られる映像技法や映像文法と、その効果の学習へと中心が移っていく。ちょうどこの時期は、DVDやインターネットが普及し、映像が氾濫し始める時期でもある。

第3節　国語科教育で議論されてきた視覚的なリテラシーの変遷

　前節まで、ヴィジュアル・リテラシーという語が「映像リテラシー」という訳語に翻訳され、日本に紹介された時期やそこまでの経緯、日本におけるこの語の包含内容の変遷を、図像を用いた教育や映画教育、視聴覚教育、放送教育等の流れの中で見てきた。そしてその中で、「映像リテラシー」に関わる研究分野の先行研究も検討してきた。これらの検討の中で、ヴィジュアル・リテラシー（当時の日本では「映像リテラシー」という訳語で表現されたこの概念）は、日本に紹介・導入された時点では、ディブズの定義中でも、また訳語を考案した宇川の論文中でも（宇川, 1980: 67）、絵等の図像や映画も包含された形で、それらを見る際に通底するリテラシーを考えるための概念であったことが確認できた。また同時に、時代的背景の中で、それらはテレビの発展を意識したものであったことも確認できた。さらに、同様の時期にテレビ視聴を強く意識した「映像教育 (screen education)」という語も欧米から紹介され、その概念にも「映像教育」という類似した訳語が使用さ

れるようになったこともわかった。こういった流れの中で、本来はテレビを中心としたスクリーン上の映像以外にも通底する、図像も包含するリテラシーを論じていたはずの概念が、前節で提示したような「映像視聴能力」を含む 3 種類の能力の総称としてほぼ同義に扱われながら、定義し直されていった経緯を見てきた。

　以上こういった前節の流れの中で、我が国の国語科教育においても、視覚的なテクストを用いた実践の試みや、それに関連する論考が時間的な重なりをもって著されてきた。そこで次の 3.1 では、戦後を中心とした国語科教育における視覚的なテクストに言及した先行研究を整理・検討する。

3.1.　国語科における映像教材の位置付けとことばとの関係の認識

　「日本映画教育協会」がその組織の目的等を見直すべく改組して、文部省社会教育局に視聴覚教育課が設置された 1950 年代、学校教育の場面では、上で見てきたように映画教育として行われてきた教育が、映像教育、あるいは視聴覚教育として転換が図られた（佐賀、2002: 12–16）。学習指導要領国語科編の昭和 22 年度版（試案）、昭和 26 年度版（試案）においても、視覚的なテクストに言及している箇所を幾つか見つけることができる。例えば、戦後教育の出発点となった学習指導要領の 22 年度版（試案）における国語科編の低学年では、「(四) 読書に対する要求と興味とを起こさせる」の箇所に、「2　児童に、カード・絵本・お話の本などを与えて、自由につかわせる」、「4　絵本やお話の本を見ながら話をして、読むことによって、話が楽しめることを知っていく」という記述が見られる。また、(五) でも、「1　美しい絵を見て、それについて本が読みたくなったり、おもしろい話をして、さらに読書がしたくなるようにする」等の記述が見受けられる。絵本や絵を見ることは、この時期にはまだ「本が読みたくなったり」、「読書がしたくなるようにする」ための契機や手段としての色合いが濃いが、こういった視覚的テクストの活用が国語科の学習に明記されていることは確認できる。また、この時期に増田（1950）は、国語科でも「映画やラジオの普及や藝術性」の進展を受けて、「聴視゛゛覚的文学」の「鑑賞、批評の力を養わねばならない」と提言している。さらに興水（1962）においても、「メディア」という語を用いた映画教育への目配りが示されている。

　さらに 1970 年代に入ると、滑川（1979）が、1970 年代を「文字言語を読む

時代から、文字言語と映像言語との共存を読む時代にさしかかってきている」として、そういった時代に応じた国語科教育の必要性を提言している（滑川，1979: 141）。そして滑川は、「映像を『よむ』」という活動を、「受け手（よみ手）である『わたし』における意味発見」であるとした研究を行っている（滑川，1979: 145-147）。滑川のこれら先駆的な提案においては、特に絵本等を例にした、視覚的テクストと文字テクストとの相補関係、相乗関係の学習の必要性に言及している点が注目に値する。絵本は、数あるテクストの中でも、絵と言葉とが対等な関係として構成され記されているテクストとして、国語科での活用が期待されるテクストだからである。まだこの時点では、滑川は具体的な方法にまでは言及していないが、これは後の章でも詳述するように、近年までその具体的な指導法が開発されてこなかった現代の国語科教育における課題の一つである。また滑川の提案では、以下に述べる大河原の提案が主に文学的認識の教育に焦点化されていたのに対して、科学的なテクストや漫画、図表への言及もなされていたことも注目すべきである。

　これらの流れを受けつぐ形で、1986年7月、第72回全国大学国語教育学会において、「国語科教育における映像の位置—読みの指導の場合—」と題するシンポジウムが行われた。このシンポジウムでは、浮橋康彦、大河原忠蔵、渋谷孝の各氏から、滑川（1979）や草部（1970）らの論をふまえた国語科教育における「映像」の位置づけが議論され、映像を学習させるための基礎理論の整備に向けた、「イメージ」概念の明確化や「映像の虚構」性に関しての議論がなされた。

　後にこのシンポジウムでの提案をまとめた大河原（1970）を読むと、挿絵といった「いわゆる補助手段」を越えた、「映像の国語科教育への役割」の重要性を提言したことが記されている。大河原忠蔵は、それまでも写真や組写真の構造を持ったスライドを用いて、文学的な認識過程の指導を行っている。その指導や教材開発の評価については、府川（1990）や幸田（2003）において精緻な検討がなされている。例えば幸田（2003）では、大河原が提案する「状況認識」[10]に着目し、「作品の思想に触れ、その眼でものをとらえる認識ができるところにまで行かなくては文学教育としては意味がない」と考えた大河原（1970）の指導や教材開発を、もはや「文学作品に従属するのではなく、それと対等もしくは、相互に影響しあいながら読み手に働きかける」ものであると評価している。また、浮橋（1988）においても、このシンポジ

ウムにおいてロラン・バルト（Roland Barthes）の論考を引用し、「写真のキャプション」によって「映像ははるかに確かな意味を伝え得る」として、その学習の必要性を提案したことが記されている（浮橋，1988: 5）。

　以上のように、このシンポジウムにおいて、浮橋や渋谷、大河原から「映像」を「言語情報からのイメージ化と同じレベルで扱」うことに対する「限界認識の必要性」が提言され、視覚的テクストを文字テクストの補助的役割を越えた対象として、国語科教育に組み込んでいく必要性が論議された。そして浜本（1987）は、学習者のテクスト環境における変化を受けて、国語科におけるこれまでの学習内容を通時的に整理し、文字や音声の学習が順次国語科の学習内容として定位されてきたように、視覚的テクストの読み解き・発信の学習も、今後新たな国語科学習の内容としてますますとり組まれる必要があることを指摘している（浜本，1987: 23）。

　このように、ヴィジュアル・リテラシーという概念が日本に紹介・導入された1970年代から80年代に焦点化させながら、戦後の国語科における映像や図像を用いた教育に関連する論考を検討してみると、「映像リテラシー（visual literacy）」や「映像教育（screen education）」といった訳語やその概念は、視聴覚教育の文脈から国語科教育へはあまり伝わっていたようには見えない。しかし、国語科においても映像や図像を用いた教育は戦後から意識され、1970年代から80年代の同時期には、国語科においても視覚的なリテラシーについての議論が起きていたことが確認できる。しかし、上記のシンポジウムやその前後の論考を検討すると、視覚的なテクストを補助的役割を越えた対象として国語科教育に組み込んでいく必要性や、その学習の重要性は「提言」されていたが、それらの論考の多くは「提言」の段階に留まっていたものが多い。また、先に言及した大河原のように、教材開発や実践を具体的に展開していた場合でも、それらは視覚的なリテラシー自体を目指していたというよりは、文学教育という大きな範疇の中で考えられていたことが確認できる。さらに、当時この分野の研究に影響力を持っていたと考えられる滑川（1979）や浮橋（1988）においては、「『映像文法』とよばれる基本的な表現技法を理解することによって、映像をよりふかくよむことに役立てることができる」と書かれていることから（滑川，1979: 143–144）、当時のこの種の学習では「映像文法」を学ぶことが、映像や図像の学習で重視され始めていたということもうかがうことができる。

しかしこれに対して、国語科の学習指導要領のレベルでは、昭和33年度版以降昭和52年度版まで、視覚的なテクストやその媒体についての記述は減少傾向にあったとの報告がある（中村，2003: 186）。このことからも、上述のように関連論文や学会のシンポジウムのレベルでは、テレビの普及や学習者のテクスト環境の変化は議論され、視覚的なテクストの学習を国語科に明示的に組み込んでいく必要性や、バルトの研究を援用した「映像文法」への言及も見られたが、それらを学習指導要領の記述にまで具体的に落とし込み、学齢を追って記述するところまでは、学習の枠組みが具体的に整理されなかったことが推察できる。そしてこの後平成元年度版からは、視覚的なテクストやその媒体についての記述が増加していく。例えば平成10年度版の低学年では、次のような記述が見られるようになる。「3 内容の取扱い」の「B 書くこと」では、「絵に言葉を入れること，伝えたい事を簡単な手紙などに書くこと」が、「C 読むこと」では「昔話や童話などの読み聞かせを聞くこと，絵や写真などを見て想像を膨らませながら読むこと，自分の読みたい本を探して読むことなど」が記述されている。また (2) では、「(1) の言語活動のうち，尋ねたり応答したりすること，絵に言葉を入れること，昔話や童話などの読み聞かせを聞くこと，絵や写真などを見て想像を膨らませながら読むことなどを主として取り上げるよう配慮すること」といった記述が見られる。「B 書くこと」に、上記のシンポジウムで浮橋が言及していた「絵に言葉を入れること」が入り、「C 読むこと」には、「絵や写真などを見て想像を膨らませながら読むこと」が入っている。しかし、この段階でも、「絵や写真など」を「読むこと」の方策は、「想像を膨らませながら」という記述に留まっている。

3.2. メディア・リテラシー育成としての視覚的なリテラシーの教育

1990年代に入ると、鈴木 (1997) の指摘にもあるように、我が国でもメディア・リテラシー育成の教育に関心が高まってくる。そして国語科では、主としてその文脈の中で視覚的なリテラシーを扱った授業実践が行われたり、語られたりするようになる。これまで「読むこと」や「話すこと」「書くこと」といった活動の一部分として写真や絵等を用いて行われてきた授業実践は、メディア・リテラシーという枠組みを得て、視覚的なリテラシーを前面に出して扱う授業として数多く報告されるようになる。文献上、ヴィ

ジュアル・リテラシーという語が国語科教育で登場するのは 2005 年であるため、この時点では「映像の読み解き能力」あるいは「映像の読み解き・発信の力」といった表現が用いられている。しかしこの枠組みを得て、国語科の多くの教師が視覚的なリテラシーに興味を持ち、挑戦を始めたことは、メディア・リテラシー教育に関する実践論文の多くが映像を使った実践に言及していることからも見て取ることができる。そこで、この時期以降に発表された国語科の実践論文の中で、どういった学習が行われたのかを見ていこう。また逆に、どういった学習は行われてこなかったのだろうか。

奥泉（2015）では、この 1990 年から 2014 年までに国語科で刊行されたメディア・リテラシー教育実践に関する論文全 186 本を、次の方法で収集・整理し、三つの時期に分けて考察を行っている。上述のように、1990 年代に入ると我が国でもメディア・リテラシー育成の授業実践が行われるようになるので、上記期間の関連する全文献を検討することによって、日本の国語科において初めて報告された実践から系統的に検討することができるからである。そこで、この整理や実践論文の検討に沿いながら、国語科におけるその後の視覚的なリテラシー（当時の文献中では「映像の読み解き・発信能力」）の状況を見ていく。論文の収集方法は以下の通りである。3 種類のキーワード「メディア・リテラシー」「メディアリテラシー」「メディア教育」に各々「国語（科）」をかけ、以下の検索エンジンを用いて全文検索をし収集を行った[11]。

① 国立国会図書館蔵書検索（書誌・雑誌記事索引）データベース（NDL-OPAC）
② 国立情報学研究所データベース（CiNii）
③ 国立教育政策研究所教育情報研究データベース（NIER）
④ 「国語科教育」全国大学国語教育学会編の 1990 年（3 月）～ 2014 年（9 月）の掲載論文
⑤ 「月刊 国語教育研究」日本国語教育学会編の 1990 年（1 月）～ 2014 年（12 月）の掲載論文

これらの手続きで取集した実践論文を、さらに次の方法で 2 種類に分類・整理した。まず収集した全論文を、（1）視覚的なリテラシー育成に向けた教材や授業方法の提案に関するものと、（2）実際に視覚的なテクストやそのテクストが発信された媒体を用いて国語科の授業実践を行っているものの 2 種

類に分類した。そしてこの段階でも、視覚的なテクストを絵や写真といった図像と、映画やテレビ、ビデオといった動画とには厳密に分けずに検討を行った。それは、一つの実践中で双方のテクストを組み合わせて授業を行っているものも報告されており、本節の段階ではこれらを区別して検討する必要性がなかったからである。

　この分類・整理の結果、国語科においては、広告や映画、ビデオ、インターネット等の媒体を用いて発信されたり受信されたりした視覚的なテクストを用いた授業実践は、2000年を境に盛んに開発され発表されていることがわかった。このことは、厳密にはその数年前から実践開発や工夫を重ね、2000年前後から実践論文として発表し始めたことを意味すると考えられる。そして、この(2)の実践論文に分類された論考を、さらに次の2種類に分類した。a.教材開発に特に特色のある論文、b.学習内容・学習方法に特に特色のある論文の2種類である。それぞれの分類に特色がわかるようなタイトルをつけてみると、以下のようになる。

（1）　1990年〜1999年…学習者の言語生活における変容に対峙した論文
（2）　2000年〜2014年…　a. 教材の変容と拡張が顕著な実践論文
　　　　　　　　　　　　b. 学習内容・学習方法の受容と発展が顕著な実践論文

　これらの論考を、上記の分類に沿って視覚的なリテラシーに焦点化して検討してみる。

(1)1990年〜1999年…学習者の言語生活における変容に対峙した論文
　まず、(1)1990年〜1999年の間に発表された論文を検討してみる。実践論文が盛んに発表されるようになる以前の論文である。この間に発表された論文を検討すると、その後発表されるようになる教育実践の基盤を形作っていると捉えられる論文が、数多く提案されている。例えば、1996年8月に全国大学国語教育学会は、「現代の言語環境と国語教育」と題するシンポジウムを開催しているが、このシンポジウムを受け桑原(1997)は、学習者のより「広い言語生活」、「既成の読書観」からの「解放」の重要性を論じ、「漫画と読書」、「印刷のリテラシーと映像のリテラシー」との相互補完性に

ついて言及している。また松山（1996）は、「ドラえもん」を例に「テレビ・アニメーション享受」において「受け手に起こりうる知的・情的、生理的」作用や、仕掛けの分析における重要性を提起している。この年は総務省がインターネット普及率の調査を開始し、ディジタル・ビデオカメラが普及し始めた年でもある。

　そして 1999 年には、町田守弘がサブカルチャーを戦略的に国語科に導入する提案を行い、その中で教材として成立し得るものを「境界線上の教材」と位置づけている（町田，1999）。漫画、歌謡、アニメーション、広告、映画、テレビゲーム等、これまで学校文化において必ずしも扱われてこなかった素材を、教材観を拡張させて開発し、学習者にとって興味が持て、かつ価値のある学習へと実践化する試みの提案である。さらにこの時期には、ヴィジュアル・リテラシーの観点から注目すべき、浜本（1996）における「映像を言葉化する表現活動」の重要性が提案されている。この提案は、ソシュールの「ランガージュ」という概念を「言語活動を可能にする能力」と捉えて「言語化能力」という訳語を当て、この能力を活性化するためには、「言葉の生まれる場所に学習者を立たせ、言語化能力を目ざめさせ、豊かにしていくこと」が必要であるという提案である。浜本は、国語科教育は「言語体系」「言語生活」「言語文化」を「生み出していく根底にある言語化能力に働きかけ、その能力を活性化し、より強力化していくことを目標とすべきである」という考えに立脚して、「言葉の生まれる場所」として「絵画・写真・テレビ・ビデオなどの映像を言葉化する表現活動」を重視している。以上のように、この時期に発表された論文は、学習者の言語生活の変容を捉え、その中で教材概念を拡張し、その変容に対峙していくために視覚的なテクストやそのリテラシーの教育を提言している。

(2) 2000 年〜 2014 年…a. 教材の変容と拡張が顕著な実践論文

　次に (2) の 2000 年〜 2014 年に発表された論文の内、a. の「教材の変容と拡張が顕著な実践論文」に焦点を当てて見てみよう。上掲の論文における提案を背景に、この時期には多様な媒体や内容の教材が開発され実践されるようになる。例えば横田（2000）では、小学校 6 年生にホームページ作りを通して郷土を見つめ直す実践が行われている。前掲の総務省によるインターネット普及率の調査結果が、急速に高まり過去最高を記録した年である。ま

た京野(2001)は、ディジタル・ビデオカメラを使い、シナリオ作成を通して映像が構成される様を小学校6年に実践している。そして鈴木(2003)では、中学2年生が興味を持ったり欲しいと思ったりした商品の「テレビコマーシャル」を使い、「生きる力」との関係で主体的な吟味力を目指した実践が行われている。これらの実践は、ディジタル・ビデオカメラの普及やその軽量化、操作や編集の簡易化を、メディア・リテラシー教育に柔軟に活かしてきた教師の取り組みを物語っている。

この他にも、「チラシ広告」を用いた水野(2001)の中学校2年での実践では、複数の祭の広告を中心に、約3300年前のエジプトの広告から現代の自動車や食料品等の広告まで、幅広い分析を行っている。テレビCMを用いた品川(2003)の小学校4年での実践では、アニメーション番組の時間帯に放映された新型ゲーム機のCMを分析させ、自分たちでもゲーム機のCMを製作させている。また、絵本を用いた由井と浜本(2002)の実践では、高校2年生と「竹取物語」、「かぐや姫」の比較を行っている。さらに、雑誌広告のキャッチコピーと写真を中学1年生に用いた左近(2002)の実践や、ディジタルカメラを用いて高校2年生と学校紹介パンフレットを作成した鏡(2003)の実践等、様々な媒体や内容を教材化し実践した報告がなされている。

以上見てきたように、メディア・リテラシー教育を契機として国語科で扱われる教材は、紙媒体や静止画、動画と多様な媒体による視覚的テクストが積極的に使用されるようになったことがわかる。またその学習内容としては、作ることによってテクストの構成やその効果を理解する内容が多く発表されている。

(3) 2000年～2014年…b. 学習内容・学習方法の受容と発展が顕著な実践論文

上述のような教材の変容や拡張と相まって、国語科の実践では、視覚的なテクストを用いた新たな学習内容や学習方法が受容され開発されている。勿論その多くは、上で述べた教材の変容と不可分な部分も多いが、bに分類された論文は、内容によってさらに以下の2種類に分けることができる。一つはb-1「分析的な映像言語の学習」、もう一つはb-2「批判的な理解とその枠組みの学習」である。bに分類された論文を、この二つのグループに分けてさらに検討してみよう。

b-1. 分析的な映像言語の学習

　上で述べた教材の拡張過程において、社会的実践の場における様々なテクストが、教材として開発されるようになる。そしてその中で、意味は文字や言葉だけから構築されるのではなく、映像やその対象の位置関係、撮影や編集技法等によっても構築できるという映像言語の学習が行われ、その学習方法が工夫・開発されるようになる。例えば中村（2003）では、カメラの「ポジション、アングル、サイズ」等によって、同じ対象や場面でも異なる意味が生成できることを学ぶ実践が行われている。川瀬（2002）では、中学2年生に「ドラマ・映画」を用いて、映像のレトリックを学ぶ実践が行われている。柳澤（2008）でも、コミック版『花とアリス』の絵を用いた映画版の導入部の分析が行われている。そして松山（2005a）（2008a）では、動画における「モンタージュ法」や、「シークエンス」と呼ばれる画像の繋がりの中で、視聴者が「重層的な視点」をどのように体験していくのか等を学習させる実践が行われている。

　そして、これらを単に個別の実践としてではなく国語科に位置づけた背景には、浜本（1996）で提言された前述の「言語化能力」以降、同時期に幾つかの理論的整理や提言がなされたことも見逃すことはできない。実践論文中に、参考文献として挙げられているものだけでも以下の論文がある。佐藤（2002）の、映像を「一つのコミュニケーションモデル」として捉えた分析枠組の提示。藤森（2003）の、市川（2002）の分類を基に行った詳細な「見る」ことの分析。さらに羽田（2003）（2008）の、英国の動画リテラシーを主とした教授法の紹介・分析や教材の開発。松山（2005a）（2008a）による自己認識の深化を目した教授法や教材の開発。奥泉（2006）[12]による「見ること」の英語圏のカリキュラムにおける整理・検討等である。また、目標分析や評価の観点からは、小学校低学年から高校までを網羅した井上（2003）の目標分析表・評価表の提案がある。

　このように、メディア・リテラシー教育を機に国語科の実践では、視覚的なテクストを構成要素に分析し、それぞれの要素がどう機能しているのかをメタ的に吟味する学習が行われるようになった。そしてその流れの中で、前項で滑川（1979）も重要性を指摘していた映像文法や映像言語と呼ばれる学習が特に盛んに行われるようになった。この映像言語とは、映像文法を含む概念で、英国映画協会が教師用に刊行している指導書（Wharton & Grant,

2007)では「映像における表現の手段」であると説明され、編集技法や音響の効果、カメラワークの技法や、キャラクター設定等が含まれると書かれている。上記実践中では、この種の学習方法として、テクストを構成している要素を敢えて一部除いたり、異なる要素と入れ換えたりして体験し、分析する学習方法が採り入れられ開発されている。さらにこれらを用いた単元の開発も行われている。例えば遠藤(2003)では、上記の「言語化能力」に着目してアニメーションやポスターを用いた単元開発が行われている。青山(2008)においても、上掲の研究を参照して「アップとルーズ」の学習が、映像学習全体のどの段階に位置付くのかを検討した単元開発が行われている。

また、視覚的なテクストを用いた各媒体や、それらを通した各テクストの表現特性を、短所をも含め学習する実践や学習方法も開発された。例えば栗原(2003)では、漫画を分析して「シナリオという文字言語に変換」する書き換えの実践が、中学2年生で行われている。青山(2003)では、小学校4年生にプロットを再構成させて漫画を小説に書き換える実践が行われている。町田(2004)においても、高校2年生に「泥の河」を用いて小説と映像の比較の実践が行われている。このように、各媒体の特性やその表現特性の学習では、同一内容のテクストを異なる媒体間で比較したり、書き換えたりする学習方法が工夫され開発されてきた。大内(2003)は、このような比較・変換の学習を、メディア・リテラシー教育を国語科で行う場合の「授業の一つの典型」であると述べている。そしてこういった学習は、松山(2005b)でも論じられているように、教師の側にも逆説的に旧来から扱ってきた「本というメディア」や物語の構造、音声言語教育の意義や役割を、相対的に見つめ直す機会をも提示することとなった。

b-2.「批判的な理解とその枠組みの学習」

メディア・リテラシー教育では、全ての実践において批判的な理解が関わっているといっても過言ではない。そしてこのことを目標に据えた実践や、そのための枠組みが、視覚的なテクストを用いた実践においても行われている。例えば、佐藤(2002)は、エディー・ディックによって考案された「メディアテクストの三領域(「オーディエンス」「テクスト」「制作」)」を基盤とした分析枠組みを、コミュニケーション能力の観点から再構成し提案している。この枠組みの一つである「オーディエンス」概念を用いたテクスト

分析の実践としては、例えば、黒尾（2003）や栗原（2003）の実践がある。視覚的なテクストの効果を、そのターゲットと考えられるオーディエンスとの関係で、吟味する学習である。

　実践論文を検討する限り、上記のような実践以外にも国語科における批判的理解・思考の学習は、メディア教育を機に次の二つの方向に発展してきている。一つは光野（2002）や加賀美（2004）、岩永（2004）、山元ほか（2003）等に見られるような、教科書教材にある説明的文章と組み合わせ、情報の「切り取り方」や「根拠」の挙げ方等を、社会的実践の場におけるテクストとの関係で学習する実践である。例えば坂本（2002）では、教科書の説明的文章と組み合わせ、新聞やアニメーションを分析して、ハンセン病国家訴訟における「報道する罪、しない罪」や記者クラブ存在への疑問、ジェンダーの問題等へと学習の拡張・発展を図っている。二つめの方向は、社会的実践の場に近い独自開発教材を使って、学習者の社会認識や自己認識を深めることを目標とした実践開発の方向である。例えば松山（2005a）（2008a）では、動画のディレクター体験や編集活動を通して、自己認識の深化を目指す実践が提案されている。松山は、そのために「さまざまな表現形態をとおして、顕在的、潜在的」な「物語」を発見させ、「相対化した行為者としての自分」をも含む〈他者〉を通して、〈自己〉を見つめる学習を提起している。

　以上見てきたように、国語科における視覚的なテクストを用いた実践は、メディア・リテラシー教育を契機として、多様な媒体を通して展開され、「オーディエンス」概念等を取り込みながら、批判的な理解へと学習を拡張してきたと見ることができる。「オーディエンス」とは、メディア・リテラシー教育の教師用用語集であるビンセント（Vincent *et al.*, 2006）によると、「メディアの受信者である個人や社会的にグループ化された成員で、性別や年代、社会的な属性や収入、ライフスタイル等によってグループ化されている場合が多い」と説明されている（Vincent *et al.*, 2006: 7）。また、上記の実践の中で、映像言語と呼ばれる撮影効果や編集技法等の学習も、明示的に行なわれるようになった。

　さらに、新聞や広告といった媒体を用いて、写真とキャプションとの関係の学習も増加している。しかし、次節でも述べるが、英語圏の言語教育では映像文法と組み合せて学習されることの多いコードやコンベンションと呼ばれる記号解釈に関わる約束事については、充分学習されてきているとは言え

ない。コードとはスタム (Stam, 1992) の説明を用いるならば、記号である指示表現とその指示内容との関係が「体系化されたあらゆる一連の慣習」のことであり (Stam, 1992: 76-77)、コンベンションとは、その中でも例えば時計の針が移動した映像を見て時間の経過を理解するといった、記号の発信者側と受信者側との間に慣習的に形成される、社会・文化的あるいは特定の記号領域における約束事のことである (Quin & McMahon, 1995: 20-26)。

また、前項で浜本が言及していた「言語化能力」の育成に関わる学習も、充分には行われてきていない。このことは、映像言語や映像技術とその効果を学習しても、それらの関係を多角的に支えるコードやコンベンション、あるいはそれらがどういった社会・文化的な約束事として形成されてきたのかといった、自己の意味構築を相対化する視点を含んだ学習は難しいことを意味している。この点に関しては、中村 (2002) も「国語科としてのメディア・リテラシーのあり方」について、視覚的なテクストを言葉として把握する「言語化能力」と、伝えたいことを視覚的に表現する「映像化能力」の重要性を指摘している (中村, 2002: 11-12)。周知のように、現行の高等学校学習指導要領の「国語」においては、「国語総合」の「読むこと」の(2)イに「文字、音声、画像などのメディアによって表現された情報を、課題に応じて読み取り、取捨選択してまとめること」という内容が記載されている。そして、このことは、こういったメディア・リテラシーや視覚的なリテラシーの学習を、国語科で行う意義との関係で、さらに「言語化」や「読み取り」の学習について検討する必要があることを意味している。本書では、表現面である「映像化能力」については扱わないが、視覚的なテクストを言葉として把握する「言語化能力」、あるいは第1節において言及した、言葉を介した視覚的なテクストの理解及びその方法については、後の章でさらに考察する。

3.3. 国語科教育における史的検討を経た課題

以上、我が国における戦後の国語科教育において、視覚的なリテラシーやその教育が、どのように扱われてきたのかといった経緯や状況を概観してきた。そしてこのように見てくることによって、ヴィジュアル・リテラシーという用語こそ用いられてこなかったものの、日本の国語科教育においても、学習者のテクスト環境の変化に対応して、1970年代の滑川の提言や1986年

の学会としてのシンポジウムといったように、前述の 2.1 や 2.3 で見た視聴覚教育の取り組みと同様の時期に、視覚的なテクストへの取り組みが行われてきたことが確認できた。ただ、視聴覚教育での取り組みと少々異なる点は、「グルンバルト宣言」を受けた映像への批判的な検討や、作文指導の延長としての映像を用いた表現への取り組みが、国語科教育においては 2000 年前後のメディア・リテラシー教育の流れの中で明示的に実践開発が行われるようになった点である（奥泉、2015）。勿論文章を中心とした批判的吟味や思考力の育成については、井上（2003）に代表されるように早くから優れた研究が蓄積されている。しかし、メディア・リテラシー教育の受容によって、それらは「オーディエンス」や「コード」「コンベンション」といった記号論的な枠組みを得て、より明示的に行なわれるようになった。また、「アングル」や「アップ」、「ルーズ」、「モンタージュ法」や「シークエンス」といった映像技法の用語を取り入れることによって、図像や動画の批判的吟味の学習も、明示的積極的に取り組まれるようになった。

　さらに、上記の検討の中で、国語科教育に持ち越された課題として意識すべき点も確認することができた。それは上で述べたように、「アングル」や「アップ」、「ルーズ」、「シークエンス」といった映像技法の用語を用いた、映像の角度やサイズによる効果を検討する学習は行われるようになったが、その基盤となる映像テクストから言葉を介してどういった意味を構築することができるのかといった「言語化能力」、あるいはその指導方法については、充分な研究がなされてこなかったという課題である。また、この言語化能力と前掲の映像技法、コードやコンベンションとの関係についても、さらに検討する必要がある。これについては、コードの教え方も含め、Jewitt & Oyama（2001/2010）に指摘が提示されているため、2 章において詳述する。さらに、これらのことと関連して、滑川が必要性を述べた「視覚的テクストと文字テクストとの相補関係、相乗関係」を読む学習と、その方法についての開発も課題として残っている。この課題は、滑川の提案の時点では、その必要性の言及に留まっている。2000 年前後からのメディア・リテラシー育成の文脈では、タイトルやキャプションと本文、あるいはそれらと写真との関係を検討させる学習は一部行われるようになった。しかし、本文と写真や絵、図との関係でどういった相補的・相乗的な意味が構築できるのかといった検討については、具体的な方法に関する研究は展開されてはいない。し

がって、その学習の具体的な方法や枠組みについても、本書における探究課題としたい。

第1章小括

　以上第1章では、本研究の中核となるヴィジュアル・リテラシーという概念の登場とその背景、そしてその後、この語がどういった内容を包含してきたのかといった史的経緯や変遷を、関連する先行研究に言及する形で検討してきた。また、この語が日本に紹介・導入された時期や、さらにはこの語がどういった訳語を得て、日本ではどのようにその包含内容が再整理されてきたのかについても検討してきた。その結果、以下のような内容を確認することができた。

　ヴィジュアル・リテラシーという概念は、元々テレビの普及を背景に、テレビ以外の視覚的なテクストを見る際にも通底する能力を議論するために提案された概念である。そして、この語の包含内容は、特に欧米では時代や状況によって変容・拡張してきた。これに対し、ヴィジュアル・リテラシーという概念が紹介・導入された側の日本では、近代公教育が開始された明治期の当初から、掛図や幻灯、映画といった視覚的なメディアが使用されてきたという経緯があった。また、そういった経緯には、ペスタロッチ主義や汎知主義といった欧米の教育思想の影響が認められた。しかし、それらは、文字や単語等の学習への手だてとして、対応する事物を例示する役割が大きかった。また日本の近代公教育の中で欧米から吸収することが希求されていた事物を、複製性をもって知らせ、それらが実際に実在するという実証性をも示す役割を果たしていた。

　こういった経緯の中、ヴィジュアル・リテラシーという語は、1970年代後半テレビを強く意識した「映像リテラシー」という語に訳されて日本に紹介された。また、その後この語は、視聴覚教育の研究者を中心に、1980年代後半にはテレビ視聴を主な対象とした「映像視聴能力」という語として再整理され、テレビの学校放送における活用実践の開発と相まって検討されてきた。この「映像視聴能力」は、その検討過程で「グルンバルト宣言」を経て「映像への批判的な検討能力」や、作文能力の延長としての「映像を用いた表現能力」といった内容をも含むようになった。

一方国語科においても、同じ語こそ用いられなかったものの、視聴覚教育とほぼ同時期から、主に文学的な認識との関連において視覚的なリテラシー教育の必要性が議論されてきた。また1980年代後半には、国語科教育の学会シンポジウムにおいて、学習者のテクスト環境の変化に対応して、視覚的なテクストを言葉の学習の補助的手段から独立させ、国語科における対等な学習対象として扱う必要性が確認された。さらに1980年代に入ると、メディア・リテラシー教育が海外から紹介・導入され、この文脈を得て視覚的なテクストの学習は、2000年前後から国語科教育において盛んに実践開発がなされるようになった。そしてその中で主に学習されるようになったのが、映像技法や映像文法、さらにはオーディエンスやコード、コンベンションといった記号論的概念、さらにはこれらを用いたクリティカルな吟味の学習であった。つまり、国語科の学習は、メディア・リテラシーの導入を経ることによって、図像や動画といった視覚的テクストの意味は、オーディエンスとの関係によって変わることや、テクスト自体が想定するオーディエンスによって異なる構成をとるという観点を取り入れることができたことになる。また同様に、映像技法との関係によっても効果が変わるという観点を、取り入れることができたことになる。このことは、明治の近代教育以降、掛図や幻灯、スライド、写真、映画、テレビと、メディアの発達に沿って視覚的テクストから、欧米の未知の事物や学習内容を学び吸収し続けてきた日本の教育にとっては、史的な転換点となる重要な点である。

　しかし、このようにヴィジュアル・リテラシーという概念が日本においてどのように受け入れられ、再整理されてきたのかを通時的に見てくることによって、この概念を巡る国語科教育における今後の課題も明らかになった。その一つ目は、上述のような映像文法や記号論的概念は学習されるようになったが、その基底にある言語を介した視覚的テクストからの意味構築の力、つまり先の浜本の言葉で表すならば「言語化能力」の指導の枠組みが整理・提示できていないという点である。また、この言語化能力と映像文法との関係についても、明確には検討されてきていない。こういった点はディブズが元々ヴィジュアル・リテラシーという概念を用いて提起した視覚能力群の内、特に国語科教育において指導の枠組みを開発・整理することが望まれる重要な課題である。また二つ目は、一つ目と関連して、滑川(1979)以降課題となってきた視覚的なテクストと文字テクストとの相補関係・相乗関係

を読む方法やその指導のための具体的な枠組みを、開発・整理することである。これら二つの課題は、本研究の目的である「国語科教育に必要なヴィジュアル・リテラシー」を探究するための重要な柱と捉えることができる。

そこで、これらの検討を進めるために、次章では再び目を海外に転じ、ディブズの定義以降拡張・分化していたヴィジュアル・リテラシーの包含内容が、英語圏を中心とする国々において、言語教育の教育課程にいつ頃、どのような形で、そしてどのような学習内容として導入・記述されるようになったのかを検討・考察する。

注

1) 1969年にディブズによって発表されたヴィジュアル・リテラシー (visual literacy) の定義は、1977年にAECT (Association of Educational Communications and Technology) の用語委員会 (Task Force on Definition and Terminology) によって正式に認められている。
2) このコンピテンシー (competency) という概念は、1970年代初期に心理学者R. W. ホワイトとD. C. マクレランドによって提唱され、後に「経済協力開発機構 (OECD)」が15歳を対象とした国際的な「生徒の学習到達度調査 (＝PISA)」において使用した概念である。より実践的な能力全般をコンピテンスと表現し、それをさらにリテラシーという学力に分類している。このため、本項ではcompetenciesを「能力群」と訳した (ドミニク, S., ライチェン, L., サルガニク, H.／立田慶裕監訳, 2006: 202)。
3) この「シンボル」という語については、解釈が幾種類か提起されているが、ここでは文字や記号と捉えておく。この語については、第2章でパースやランガーの用語の観点から詳しく論じる。
4) 当時欧米から紹介・導入されたこういった語は、film educationを「映画教育」、テレビや映画といった画面を用いた教育 (screen education) を「映像教育」と訳し分けている (佐賀, 2002: 63)。
5) 成城学園初等学校における「映画教育」は、「映像の時間」へと発展し、「鑑賞指導・技術指導・表現指導」がなされるようになる。
6) このvisual literacyの訳語に関しては、「視覚リテラシー」(佐賀, 1984) や、浜野 (1982) による「目に見える全てを対象とした能力」という意を込めるべきであるという意見もあった (浜野, 1982: 203–221)。しかし当時は「映像リテラシー」という訳語が一般的に使われるようになった (岡部と村井, 2012: 8)。
7) 明治期以降の幻灯画像史料の活用については、和田 (2002)「幻灯画像史料の保存と活

用について：日本カ行会所蔵史料を中心として」『内陸文化研究』2, pp.37–47 に詳しい。

8) 動く掛図論争とは、鈴木喜代松と関野嘉雄を中心に行なわれた映画教材の利用法に関する論争で、その利用を教科の本質や教師の授業における活動を害さない範囲で使用すべきか否かといった論点について議論されたものである（佐賀，2002: 13）。

9) 「映像言語」とは、映像の撮影効果やモンタージュ等の編集技法を、言語の文法に喩えて整理したもので、アンドレ・バザンによってある種の完成をみたと言われている（ダニエル，A.／岩本憲児，出口丈人訳（1994）『映画の文法　実作品にみる撮影と編集の技法』紀伊國屋書店）。

10) 大河原の「状況認識」とは、衝動、欲望、要求などの価値意識を内容とする「主観的な認識」と、外界を意識に反映させる「客観的な認識」とが、文学の次元の上で、微妙にからみ合って出てくる認識過程のことである（大河原，1969: 14–17）。

11) 記載した手続きによって文献収集を行ったため、研究紀要や報告書の類で一部検索・入手が不可能だった文献もある。これに関しては、他の機会にさらに検索して検討を行いたい。

12) 奥泉（2006）では、和田（2002）における次の観点を、国語科教育に取り入れる重要性に言及している。和田（2002）は、文字テクストを読む際にも、過去における漫画や映画、テレビの視聴・読解経験を用いて、より豊かに（時には乏しく）読んでいると指摘している。

第 2 章　英語圏の母語教育課程に見られるヴィジュアル・リテラシーの検討とマルチリテラシーズの影響

　前章から検討してきたヴィジュアル・リテラシーに関する内容は、第 1 章でも検討した「グルンバルト宣言」以降の 1980 年代後半に、英語圏を中心とする幾つかの国や州において、母語教育（英語圏の場合は英語教育）の教育課程に体系的に組み入れ記述される取組みが行われるようになる。そこで、再び目を海外に転じ、英語圏を中心とするそれらの国や州において、ヴィジュアル・リテラシーがどういった内容として母語教育の教育課程に記述・整理されるようになったのかを見ていく。この検討は、本書の目的である「国語科教育に必要なヴィジュアル・リテラシー」を整理・提示するために、ヴィジュアル・リテラシーを母語教育で扱う必要のある範囲に焦点化し、考えてみるために有用である。

第 1 節　母語教育におけるヴィジュアル・リテラシーの導入

　次の 1.1 においても具体的に言及するが、1980 年代に入るとオーストラリア連邦では、「見ること」は、「読むこと」「書くこと」「聞くこと」「話すこと」に次ぐ「第 5 番目のマクロスキル」として改めて着目され、言語教育への明示的な導入が議論されるようになる (Horarik *et al.*, 2011: 18)。そして、こういった論文や議論が提示されるようになった 1980 年代末から 1990 年代にかけて、以下に紹介する国や州では、この新しい学習内容をどのように選択し、従来から行ってきた学習内容とどのように関連づけて、母語教育にその内容を導入するかを試行錯誤し始める。そこで、このヴィジュアル・リテラシーという新しい学習内容を、従来からの母語教育の枠組みに組み入れる導入期の取り組みを中心に、選択・記述された当該教育課程の内容やその理論的背景を検討してみる。

　ここで採り上げる国や州では、勿論その後も母語教育の教育課程を改定し

てきている。例えばオーストラリア連邦では、それまで緩やかなナショナル・カリキュラムの枠内で各州が独自に教育課程を策定してきたが、2013年からは全州共通の新たなナショナル・カリキュラムが策定され、州間を頻繁に移動する学習者に統一的な学習の質を保障できるよう改訂されている（ただし実施の形態や時期は各州毎）。しかし、この新しい教育課程では、後に第2節で詳しく述べるように、「見ること」といった特定の領域は姿を消し、その領域に整理されていた内容は全ての領域にちりばめられ記述されるように変更されている。また米国においても、1996年策定のナショナル・スタンダードでは設定されていた「見ること(viewing)」や「視覚的に表象すること(visually representing)」といった項目は、2010年に全米州教育長協議会(Council of Chief State School Officers)と全米知事会(National Governors Association Center for Best Practice)によって策定されたスタンダードでは、こういった枠組みは設けられず、「読むこと」の下位枠組みの中で複数の学年にまたがって記述されるように改定されている。

　このように、各国や州における教育課程の改訂過程において、ヴィジュアル・リテラシーに関する学習内容は、母語教育の中で記述される領域や記述のされ方を変えてきている。また、カナダ・オンタリオ州のように、これまでの「見ることと見せる（表象する）こと(viewing and representing)」という学習内容を、メディア・リテラシー教育の内容と統合して記述するようになった州もある。したがって、こういった状況から、記述の仕方が多様で明示的には見えにくくなってきている現在の各国や州の教育課程ではなく、ヴィジュアル・リテラシーが母語教育において明示的に議論され、選択されて初めて母語教育の学習内容として整理・記述された時期の教育課程の記述を分析・検討する。

1.1. 英語圏におけるヴィジュアル・リテラシー導入時の動向

　上で述べたように、1980年代末になると英語圏を中心として、母語教育の教育課程にヴィジュアル・リテラシーを明確に位置づける取り組みが始まる。その状況を、以下の五つの英語圏における母語教育の教育課程を具体的に見ることによって検討する。これらの国や地域に注目したのは、次の理由による。まず、英国（イングランド及びウェールズ）やカナダ（オンタリオ州）、オーストラリア連邦（西オーストラリア州）は、メディア・リテラシー

教育の先進地であるため、ヴィジュアル・リテラシーに関連する先行研究も長い蓄積と検討を経ているからである。またこのことと関連して、これらの国や州では、ヴィジュアル・リテラシーの教育実践を母語教育の教育課程に導入する取り組みも先進的に行なわれてきている。例えば、メディア・リテラシーが1930年代から議論されてきた英国では、映画教育の伝統という背景も有しており、英国映画協会（BFI）と教師との連携によって、この分野における研究の知見が集積されてきていたため、それが基盤となってその後のメディア・リテラシー教育や、英語科の教育課程策定にも大きな貢献がなされている。また、アメリカ合衆国とニュージーランドを検討に加えたのは、この2国が当該学習内容の導入時期に、明確に「見ること・見せること」という枠組みを設定して、母語教育におけるヴィジュアル・リテラシーの記述内容を、「見ること」と「見せること」の両面から検討して記述しようと試みていたからである。

　それでは、母語教育の教育課程にヴィジュアル・リテラシーを位置づける取り組みが始まった1980年代末の動向を、各国や州毎に概観してみよう。例えば、英国（イングランド及びウェールズ）では、1988年の教育改革法によって1989年にナショナル・カリキュラムが編成され、11歳以降の中等教育から、「読むこと」の対象テクストの一種類として、「メディアと動画テクスト」が位置づけられた。1999年改訂版では、中等教育においてはそのままの構造を保ちつつ、5歳から始まるキーステージ1、7歳から始まるキーステージ2においても、学習の範囲（breadth of study）という扱うテクストの項に、次のような記述を入れている（DfEs, 2002／訳は松山、2004: 125）。

キーステージ1；「a. 連続するテクストと関連するイラストを含む印刷物、ICT（情報通信技術）に基づく情報テクスト」
キーステージ2；「b. 印刷物とICTに基づくリファレンス、情報資料（含むCD-ROM、インターネット）c. 新聞、雑誌、記事、リーフレット、パンフレット、広告」

　これらの記述から、英国ではヴィジュアル・リテラシーに関する内容を母語教育に導入する際に、まず学習するテクストの種類や範囲を拡張する形で導入しようと試みたことが確認できる。しかし、これらの学習内容の多く

は、現在では中等教育以降のメディア・リテラシー関連の選択科目に統合され学習されている。

また、カナダ（オンタリオ州）では、1995年に第1学年から第6学年までの言語科目に、「見ることと見せる（表象する）こと（viewing and representing）」という学習内容が導入・記述された。そして1997年改訂版では、「口頭・視覚的コミュニケーション」領域を、1〜8段階（Grade）まで設け、「メディアに関連する分析的でクリティカルな思考」に関するスキルと、より詳細な記述が加えられ集大成されている。特に視覚的なコミュニケーション・スキルは、同領域中の下位領域「メディア・コミュニケーション・スキル」に段階的に詳述されている。さらに、これらはこの後、先述の2006年の改定版において、母語教育の課程に4領域の一つとして「メディア・リテラシー」という下位領域を設定し、その中で再編成される。この再編成は、ユネスコの2003年から2012年までの10年間におけるリテラシーに関する調査報告（Statement for the United Nations Literacy Decade, 2003–2012）の影響を受けてなされたもので、2006年の教育課程改定版では、この報告が実際に引用された形で参照・記述されている。その引用された箇所の要点は、報告書で提示された「社会的実践としてのリテラシー育成」の重視である。この観点の影響を受け、先述の視覚的なコミュニケーション・スキルは、設定された下位領域「メディア・リテラシー」の中に再編されることによって、より社会的実践としての側面が厚く記述されるようになる。（ただし、本書ではヴィジュアル・リテラシーの学習内容を、メディア・リテラシーの学習内容からできるだけ区別して検討する目的から、再編成した2006年の改定版ではなく、導入時の1995年版を検討する）。

アメリカ合衆国では、1996年にIRA（International Reading Association；国際読書学会）とNCTE（National Council of Teachers of English；全米英語教師協会）によって『スタンダード』が策定され、その中に「viewing（見ること）」と「visually representing（視覚的に表象すること）」という項目が設定された。同スタンダードでは、大枠だけが示されている形だが、それを基に各州が独自のカリキュラムを策定している。例えば、米国中部7州で影響力を持つ民間教育研究機関McREL（Mid-continent Research for Education and Learning）の作成したカリキュラム案に、その具体化した教育課程を見ることができる。さらに2010年6月には、先述した前版を大幅に改訂・詳

述した「国語科のためのコモン・コア・ステート・スタンダード(The Common Core State Standards for English Language Arts)」(K～12Y)が公開され、「テクストの複雑性の幅とレベル(Range and Level of Text Complexity)」や「知識と考えの統合(Integration of Knowledge and Ideas)」という項目を設定して当該内容を詳述している。

　そして、ニュージーランドでは、1994年から「ニュージーランドカリキュラムにおける英語科」において「見ることと見せること(viewing and presenting)」領域が、1998年にはオーストラリア連邦(西オーストラリア州、以下WA州)の『カリキュラムフレームワーク』に、我が国の国語科に相当する科目において「見ること(viewing)」領域が策定されている。WA州のカリキュラムは、石附・笹森(2001)にも述べられているように、世界で初めて就学前から12学年まで、包括された枠組みで一貫してこの「見ること(viewing)」領域が、系統的に策定されている点が注目に値する。またオーストラリアは、前述のように2014年に新たなナショナル・カリキュラム(Australian Curriculum)を策定し、これまでのような各州毎のカリキュラムから全州統一的な内容に舵をきっている(ただし前にも述べたように、実施の形態や時期は各州毎)。そして、新たなナショナル・カリキュラム(K～12Y)においては、「見ること(viewing)」領域のような一つの領域にまとめる形ではなく、「リテラシーの活用」や「多用なテクストの理解、評価、創作」といった複数の項目にまたがる形で、従来からの文字による書記テクスト以外の学習や、ヴィジュアル・リテラシーの学習内容を、全学年にちりばめる形で記述するように改訂されている。この変化は、後節でも述べるように、ヴィジュアル・リテラシーの学習内容が母語教育において、もはや一つの領域を超え、殆どの読み・書きの学習に関わって考慮する必要のある内容になってきていると見ることができる。

　このように、各国や州は、それぞれの事情は異にしながらも、従来の枠組みでは扱いきれない高度に複合化されたテクストの読み解き・発信のために、ヴィジュアル・リテラシーに関する学習内容を、系統的に母語教育の課程に位置づけ、教育する取り組みを行ってきている。

1.2.　各国や州の導入時における当該内容の組み込み方とその意味

　前掲の国や州では、上で述べてきたように、従来から行ってきた母語教育

の内容との関係を検討しながら、新たにヴィジュアル・リテラシーの内容を母語教育の課程に組み込んできた。しかし、上で見てきたように、それらの国や州では、各々の組み込み方が異なっている。そこで、当該内容を我国の国語科に導入する際の参考となるよう、さらに上掲の国や州の組み込み方に着目して検討してみる。

当該学習内容の教育課程への組み込み方は、前掲の国や州のケースを検討すると、大きく次の三つの方向があることが分かる。一つ目は、英国のように、「見ること」領域を策定せずに、従来の学習では充分な対応が難しい動画や広告等のテクストを扱う領域を、「読むこと」領域の下位に、テクストの一種類として組み込む方法である。そして二つ目は、カナダ（オンタリオ州）のように「口頭・視覚的コミュニケーション」領域に、「話すこと・聞くこと」と関連させて組み込む方法である。三つ目は、WA 州やニュージーランドのように、従来からある「読むこと」「書くこと」「話すこと・聞くこと」領域の他に、「見ること（見せること）」領域を策定する方法である。（アメリカは、指針を示す「スタンダード」の提示という形をとっているので、1996 年段階の導入時ではレベル毎の系統的な記述はないため、この分類の検討には含めない）。

それでは、これらそれぞれの組み込み方の違いは、実際に母語教育を行っていく際に、どのような意味を持ってくるのだろうか。このことを考えるため、それぞれの組み込み方の意味するところを、さらに検討・考察する。

1.2.1. 英国における導入時の組み込み方

まず、英国の組み込み方から、その意味をさらに考えてみる。英国のとった組み込み方では、当該学習内容は「読むこと」の下位に位置づけられているため、文字テクストの読解との関連が、必然的に強く現れると考えられる。つまり、視覚的なテクストも文章を読むように、「読む」という比喩の下で語られる傾向が考えられる。実際に、筆者が 2010 年 11 月に英国の初等・中等学校に調査に赴いた際にも、視覚的なテクストを用いた次のような英語（母語）の授業実践を観察することができた。実写映画「リチャードⅢ世」やアニメーション映画「岸辺の二人」を視聴し、トドロフ（Tzvetan Todorov）の物語構造における 5 段階理論やプロット[1]という用語を用いて、分析・検討する授業である。トドロフとは、次節でも言及するが、構造主義

を文学作品や絵画分析に援用した研究者である。そしてトドロフが提示した5段階とは、物語が共通に持っている次のような構造を、五つの段階で示したものである。〈第1段階〉均衡状態が整っている段階、〈第2段階〉ある出来事によって、その均衡が崩壊する段階、〈第3段階〉崩壊を認識する段階、〈第4段階〉崩壊によるダメージの修復を試みる段階、〈第5段階〉新たな均衡を取り戻す段階の5段階である（BFI, 2005: 32–33）。一連の映像に、この5段階の構造を当てはめて視聴し直してみることにより、学習者は、作品の最初の均衡状態と、ラストシーンの均衡状態の質的な高まりの異同を分析していた。つまり、シナリオや文学の学習にも使われる共通のモデルや理論を、映画視聴の学習にも援用してヴィジュアル・リテラシーの学習を行っていたのである。そして、このような授業を、英国映画協会（BFI）が支援していた。英国ではこのBFIが、ナショナル・カリキュラムに記述された学習内容を、言語の学習内容に準拠させた形で映像教材や指導案を作成し、授業の普及を促進・補完している。勿論、全ての授業を参観できたわけではないので断定は難しいが、教師用指導ガイド等を参照してみても、こういった授業展開の特色を見て取ることができる。つまり、「読むこと」の下位にこういった学習内容を位置づけ視覚的なテクストの学習を行おうとすると、文章の読みの指導原理を、視覚的なテクストの指導過程にもとり入れる傾向が出やすくなるように見える。

1.2.2. オンタリオ州における導入時の組み込み方

次にカナダ（オンタリオ州）の組み込み方が示唆する意味を考察してみたい。同州では、先述のように導入時に、「口頭・視覚的コミュニケーション」領域に、ヴィジュアル・リテラシーを組み込んでいる。このことの意味は、対人的なコミュニケーションにおける表情や身ぶり等の分析・表現を、積極的に行わせることができるという意義を含意する。しかも口頭コミュニケーションにおいて学習することで、これらの検討を対面で修正可能な相互交流的な学習として行うことができる。そしてことばやその音声化に伴う声の大きさやリズム等との関係で、表情や身ぶりの分析・表現の学習ができる。同州の教育課程には、表情や身ぶり等の視覚的要素を、相手や状況、話の内容との関係で、的確に調整できるか否かという記述が、一貫して記載されている（Ministry of Education Ontario, 1997: 44–45）。

1.2.3. 西オーストラリア州やニュージーランドにおける導入時の組み込み方

　三つ目の組み込み方は、WA 州やニュージーランドのように、「見ること（見せること）」領域を独立させた領域として、母語の教育課程に組み込む型である。この型の意味するところも、教育課程の内容を丹念に読んでみると見えてくる。それは、絵や写真、動画といったいわゆる映像の枠組みを越えた図や表をも含めた視覚的テクストの読み解き・発信の学習を、統合的に射程に収めて導入していることである。このことは、クィーンら (Quin & McMahon, 1995) の研究においても確認できる。本の目次や食品の成分表を読み解き、そこから言えることを文章化させる学習等を、クィーンらは提示している。

　一見、絵や写真・動画と、図や表の読み解き・発信の学習は、異質なものに感じられる。しかし、図や表の読み解き・発信では、菊池 (1995) においても指摘されているように、通常文字テクストの読み解き・発信に伴う右から左、上から下へのリニアー（線型的）な読み解きや思考によらない文字の読み解き・発信が必要となる。そしてこの非線型的な、空間的に離れた要素間の関係を考え読み解く力は、絵や写真等を読み解く力と関連していると、WA 州やニュージーランドの教育課程では捉えられている。このことから、1.2.3 の組み込み方には、かつてマクルーハン (McLuhan／栗原ほか訳, 1999) が二分法において言及した、文章を中心とする線型的な読み解きと、それ以外の非線型的な読み解きや思考といった 2 種類の学習を意識し、母語教育に分類・導入しようとしていることが捉えられる (McLuhan／栗原ほか訳, 1999: 83-90)。

　このように、WA 州やニュージーランドの教育課程における「見ること（見せること）」領域では、文章で表された内容を、表やグラフ、あるいは図に表す学習が、線型的な思考から空間的な思考へのシフトとして、今後ことばの学習に組み込んでいくべき重要な内容であると位置づけられている。例えば、ニュージーランドの「見せること (presenting)」領域においては、低学年から、自分の考えを、簡単な略図等を用いながら示すことが記述されている。つまり、同教育課程では「線型的な思考から空間的な思考へ」といった両者の思考に基づく読み解き・発信を、相互に交流させ、使い分けできるようなリテラシー育成を目指していることが見てとれる。

　以上、前掲のカリキュラムを例に、それぞれの国や州における当該学習内

容の組み込み方の特徴や、その意味を分析・考察した。これら三つの組み込み方は、いずれも我々が国語科に視覚的なリテラシーを位置づける場合に、重要な示唆を与えてくれている。特に従来からの母語教育で取り組んできた学習内容との関係で当該学習内容の導入を検討してみると、今後目指していくべきリテラシー観から、母語教育で学習すべきヴィジュアル・リテラシーを精選するための示唆を与えてくれている。

1.3. 教育課程における記述内容から見えるヴィジュアル・リテラシー
—西オーストラリア州の例—

上記 1.2 では、各国や州においてヴィジュアル・リテラシーを、従来から行ってきた学習内容に組み入れようとした時に、どのような組み込み方が実際に行われたのかを見てきた。そしてそのことによって、ヴィジュアル・リテラシーと従来から行ってきた母語教育の学習内容との接続の関係を、大きく三つに分析することができた。

そこで、今度は上記の検討を基に、さらに具体的なヴィジュアル・リテラシーの記述内容を検討する。このことによって、各国や州が母語教育に組み込む必要があると考えたヴィジュアル・リテラシーの内容を、具体的に検討してみることができるからである。

この検討のために、先にも述べたように、世界で初めて就学前から12学年まで、包括的な枠組みで「見ること(viewing)」という下位領域を記述したWA州の教育課程を例に見てみることにする（石附・笹森，2001）。そしてその後、同州における「読むこと(reading)」の記述内容を参照し、「見ること」の記述内容と比較して検討する。さらに、カナダ(オンタリオ州)に初めてヴィジュアル・リテラシーが導入された時期の記述内容も参照し、WA州の「見ること」の記述内容との比較・検討も行う。こういった検討によって、「見ること」の記述内容が、「読むこと」の記述内容との関連でどのように選択・記述されているのかをみるためである。またカナダの同内容の記述と対照させてみるのは、WA州の教育課程と、どういった共通の内容が記述されているのかを検討するためである。特にカナダと対照させてみるのは、母語教育(英語教育)に関わる教師たちの運動として、世界的にも早くからメディア・リテラシーやヴィジュアル・リテラシーの教育を教育課程に組み込む取り組みを行ってきた地域であると同時に、組み込み方が西オーストラリ

ア州とは異なるためである。これら二つの州におけるヴィジュアル・リテラシーの記述内容を基軸として検討し、後の項でこれに前掲の他の国や州の記述内容を関連させて、これら五つの国や地域における全体的な記述内容の傾向も検討する。

1.3.1. 西オーストラリア州の「見ること(viewing)領域」導入時の記述内容

それではまず、WA州の教育課程におけるヴィジュアル・リテラシーの記述内容を見てみよう。このため、まず当該内容が記述されていた枠組みを概観しておく。WA州の英語科(国語科)は、母語教育の教育課程に初めて「見ること(viewing)領域」を導入した時期に、次のような構造になっていた。以下のような四つの主領域と、四つの下位要素との組み合わせによって、学習領域を記述する形である。稿者による和訳に（　）内に原語を付す形で示す。

〈英語(Engilish)における四つの主領域〉
・話すこと・聞くこと(speaking and listening)
・見ること(viewing)
・読むこと(reading)
・書くこと(writing)

〈四つの下位要素〉
・テクストの活用(Uses of Texts)
・文脈の理解(Contextual Understanding)
・コードと(表現・理解における)コンベンション(Code and Conventions)
・過程と方略(Processes and Strategies)

上掲の枠組みを見るとわかるように、四つの主領域の一つとして「見ること(viewing)領域」を位置づけている。そして上記の各領域について、四つの下位要素が設けられており、これらのマトリックスによって、英語科の学習領域が策定されている。つまり「見ること領域」についても、この四つの下位要素毎の記述がなされているということである。そのマトリックスが、レベルFと呼ばれる「就学前児や障害のある学習者を想定した基礎レベル」

からレベル8まで、子どもの学習到達度によって、レベル分けして記述されている。

　この具体的な教育課程における記述内容は、広範な発達調査を基に、上に示したレベルFからレベル8までの9段階のレベル別に表示されている(内容の訳出と抜粋、傍線は稿者)。しかしここで注意しなければならないのは、WA州及び他の英語圏における教育課程の記述は、どの学年で何を教えるか(学ぶか)といった学年対応では書かれていない点である。教育課程における記述では、どのような到達点(outcome)に達していればそのレベルと判定できるのかといった規準がレベル別に書かれているため、実際には同じ学年で異なるレベルの学習者が混在する状態で授業が行われることになる。各学習者がそれぞれのペースで、レベル8に向けて努力する形である。実際の現地調査においても、担当する現地の複数教員に聴き取り調査を行ったが、一般的には、特にヴィジュアル・リテラシーに関する学習者のレベルは、文字の読み書きの個人差よりも大きく、同学年に三つのレベルの学習者がいることを前提に授業を行うことが多いと回答している。

　それでは、「見ること」における学習の到達点の全体的な枠組みについて、記述内容を見てみよう。(実際の教育課程は、さらにこの枠組を上掲の下位要素毎に、レベル分けして記述されている。その全体的な詳しい記述は、巻末の資料にレベル分けして具体的学習例の要約を加え、翻訳・整理して示してある)。以下は、「見ること」領域における領域全体の学習を捉える枠組みについての記述である(後の検討に関連する箇所に、稿者が下線を施した)。

〈「見ること」における学習の到達点の全体的枠組み〉

レベルF　視覚的テクストを注意深く見て、そこに描かれている共通に確認し合える構成要素を認識し、それらを内容の理解につなげることができる。

レベル1　視覚的テクストに表現されていることを言語化したり、簡単な解釈をしたりすることができる。そして、それらと自分の経験とを関連づけることができる。視覚的テクストの中から手がかりを使って、その意味を予想することができる。

レベル2　なじみのある視覚的テクストを分類したり、そのことについて

議論したりすることができる。それらのテクストがある人の、実際、あるいは想像上の体験に基づいて<u>作られているということ</u>が<u>理解</u>できる。

レベル3　視覚的テクストの<u>内容</u>やその<u>目的</u>が、そのテクストの形式を<u>規定する方法</u>について、吟味したり議論したりすることができる。そして、<u>簡単な象徴的表象（正義の味方や悪役等）</u>を認定したり、解釈したりすることができる。

レベル4　テクストとは、ある目的や受け手のために<u>構成されている</u>ということが理解できる。視覚テクストの<u>コードやコンベンション</u>が、受け手の解釈を形作っていく仕組みを認定することができる。そして、<u>見る目的の違いに応じた方略</u>を選んだり使ったりし、そのことを振り返って考えることができる。

レベル5　テクストの様々な解釈に対して、考え得る<u>根拠を説明</u>することができる。<u>物語の構造</u>といった知識を、そのテクストの発想や表現に対する自分なりの理解に適応することができる。そして、文脈やテクストの形式、<u>コードやコンベンション</u>といった知識を適応して、その視覚的テクストが、ある特定の見え方で見えるようにするためには、<u>どのように構成されているか</u>を省察して吟味することができる。

レベル6　複合的な発信形態における遠近法などの幾つかの観点を探究することができる。そして、それらの観点を、自分なりの世界の理解に結びつけることができる。<u>テクストが作られた文脈</u>や、それらがどのようにテクスト中において反映されているかを検討することができる。視覚的テクストの<u>特徴を比較</u>して、目立った類似点や相違点を検討することができる。さらに、より広範な興味を誘発するテクストを見た時に、自分が知っているあらゆる方略の中から、そのテクストの理解を支える<u>方略を利用</u>することができる。

レベル7　テクストとそれが作られた<u>文脈、受け手、発信者との相互関係</u>を考えることができる。また、見るための<u>観点がどう構成されているかを批評</u>することができる。そして、テクストを見る際に用いられる<u>方略を、クリティカルに評価</u>することができる。

レベル8　　より広範な視覚的テクストを分析したり、批評したりできる。この種の視覚的テクストには、視覚的にも構造的にも、かなり難しいテクストも含まれる。そのような視覚的テクストによって<u>投影されたり、反映されたりして</u>表現されている<u>社会・文化的価値、態度</u>、その中で<u>前提とされていることがら</u>を<u>分析</u>できる。そして、それらによって<u>受け手の立場や解釈</u>が、どう形作られていくのかも分析できる。

以上、「見ること」領域のF～8レベルにおける全体的な枠組みをみてきた。これらの記述内容を検討してみると、WA州の場合は、導入時に大別して次の4種類の学習内容が記述されていたことがわかる。
・視覚的なテクストを注意深く見て、学習者の経験と関連づけたり、簡単な解釈を述べたりする内容。
・テクストが作られ構成されているものであることを前提に、それらを具体的なコードやコンベンション、視覚的な技術（viewing skills）を使って分析し、さまざまな効果を吟味する内容。
・そのテクストが構成・発信され、受信・消費される文脈や、そこに関わる発信者、受信者の社会・文化的背景との関係を吟味・検討する内容。
・学習した各テクストを越えて、学習者をとりまく様々な視覚的テクストを、社会・文化的価値との関係で分析、批評する内容。

それでは、これらの記述内容は、同科目における「読むこと」領域の内容とは、どのような関係で記述されているのだろうか。次項では、この観点からさらにこの記述内容を検討してみる。

1.3.2.　西オーストラリア州の「読むこと（reading）領域」の記述内容

上で述べたように、上記の「見ること」の記述内容を、同時期における同州、同科目における「読むこと」の記述内容との関係で対照させ検討する。そのために、先の「見ること」領域の学習の到達点についての全体枠組みに対応する、「読むこと」領域の到達点を示す（記述中の下線は稿者が施した。また文頭のRは、Readingを意味する頭文字として原文にも付されているため、そのまま使用する）。

〈「読むこと」領域における学習の到達点の全体的枠組み〉

RF 熱意を持って本や雑誌の文章に集中して取り組むことができる。<u>知っている内容を使って文章に反応し</u>、印刷された文章の中に書かれている内容に近づくことができる。

R1 読んでいるような態度がとれ、<u>記号や挿絵が情報を伝えるものである</u>ことをわかっていることを、態度で示すことができる。

R2 <u>基本的な方略を使って</u>、さまざまな単純な文章を見つけ出し、選択し、読むことができる。それらの文書の<u>中心となる考え</u>がわかり、それについて話し合うことができる。そして、文章は、<u>実際のまたは架空の経験</u>が書かれていることが理解できる。

R3 さまざまな方略を統合して、文章の中の「考え」や「情報」や「出来事」の関係を理解し議論できる。<u>言語的な構造を認識し使う</u>ことができる。そして、意図したことを伝えるために<u>記号や常套表現が使われていること</u>がわかり、そのことについて議論することができる。

R4 意味を形成するための言語の構造の役割について理解できる。また、さまざまな解釈が成り立つ理由が説明できる。そして、文章のなかの「考え」や「情報」や「出来事」に対する<u>自分なりの解釈に対して根拠を示す</u>ことができる。

R5 文章の論点や考えや効果を吟味するために、複数の文章について議論し比較を行うことができる。さまざまな情報源からの情報を統合することに心を配り、理にかなった反応をすることができる。そして、文章は<u>特定の読者と特定の目的のために、書かれている</u>ことが理解できる。

R6 <u>社会文化的な文脈に対する知識を含む蓄積されたさまざまな方略を活用し</u>、複雑な論点を持つ異なる文章を比較して、理解し読み続けることができる。

R7 広い範囲にわたる複雑な文章を分析的に読み、議論し、確固たる証拠を選んで、自分自身の解釈の理由付けができる。また、文章の構造が、<u>どのように読者の反応に影響を与えるか</u>がわかる。

R8 あらゆる広範な種類の文章を分析的に読み、熟考できる。説得力のある方法で文章に対する考えを明確に伝えることができる。そして、文章の中の特定の論点や考えをより<u>広い社会文化的な論点や自己の経験</u>

に関連付けてとらえられる。

　以上、「見ること」に対応させて「読むこと」のF・1～8レベルの到達点を提示した。このように対応させてみると、領域相互に記述の関連性を見てとることができる。例えば、「自分なりの解釈に対して根拠を示す」ことを重視している点や、テクストが「特定の読者と特定の目的のために」作られていることへの理解等、共通する内容が記述されている。そこで、「読むこと」領域の記述内容と巻末に示した「見ること」領域の全記述とを照合し、両領域に共通する点や、「見ること」における記述内容の特徴を、次項において5点に整理して示す。

1.3.3. 「見ること」領域と「読むこと」領域との導入時の記述から分析できる共通点と、「見ること」領域における記述内容の特徴

　上に挙げた「見ること」と「読むこと」の領域における記述内容を照合させ、これらに共通する内容を以下にまとめる。そしてその後、この検討から「見ること」領域における記述内容の特徴を検討する。

・レベルFや1, 2といったレベルでは、テクストを注意深く見て、そこに描かれている、あるいは書かれている共通に確認し合える構成要素を認識できることが目安として示されている。

　例えば、この「構成要素」という文言に着目して「見ること」と「読むこと」の下位要素の内容を比較検討してみる。すると「見ること」では、テレビ番組の登場人物を識別したり、話に反応して絵の中の特定の人や事物を見つけることができるということが、このレベルでは要求されていることが確認できる。これに対して、「読むこと」では、耳で聞いた語に対応する文字や単語を指させること、あるいは文の構成や話の筋を構成しているエピソード等を答えることができることが記述されている。

・また、同様のレベルの「見ること」の下位要素に記述されている「表現・理解における約束事（コンベンション）」では、例えば「雲が流れる映像は時間の経過を表すといったようなことがわかる」という記述が示されている。これに対して、「読むこと」では、同じ下位要素の記述に「それぞれの表現意図に合わせて文の時制や、疑問文や命令文、陳述文等の種類が理解できる」ことが記述されている。また、「常套表現が使われていること」への理解についても記述されている。

・次に、レベル3～6では、テクストを分類したり、誰かの「実際、あるいは架空の体験」を基に作られていることの理解が目安として示されている。

「見ること」では、人気テレビ番組の形態や特徴を述べたり、アニメーションと実写を区別できたりすることがこれに当たる。簡単な象徴的意味がわかり、漫画などの善玉と悪玉の特徴を見分けたりできるのも、この内容に関連する。色や形、動作を分析して特徴を検討することになる。これに対して、「読むこと」では、文章のジャンルを見分けたり、登場人物等の象徴的な意味を、記述された年齢や性別、属する社会的グループ等の特性を分析して考えたりすることができることが到達点の目安として記述されている。

・同じレベル3～6では、テクストとは「ある目的や受け手のために構成されているものである」ことの理解も明示され、テクストの「コードや約束事(コンベンション)が受け手の解釈を形成する仕組み」にまで、学習者の意識が向いているか否かも到達点として提示されている。

これに関して、「見ること」では、あるテクストがターゲットとしているオーディエンスの年齢層を理解したり、テレビ番組の内容とコマーシャルとの関連性がわかるなどの内容が記述されている。また、テクストの解釈が社会・文化的背景やオーディエンスの持つ知識によって、変わることがわかるという内容も記述されている。この内容に関しては、「読むこと」では、ことばの意味が文脈や読み手のものの考え方によって変化する場合があることへの理解が記述されている。説明書や記事等に使用されている語彙や文章の構成から、想定されている読み手の分析に迫っていくといった記述も見られる。

このレベルでは、多様な分析を目指して、「見ること」「読むこと」の様々な分析枠組みを用いた記述が示されている。「見ること」においては、遠近法やカメラアングル等の効果とその表現意図との関係が分析例として記述されている。これに対して、「読むこと」においては、文体や文章のジャンルと表現意図との関係、物語における会話や視点の分析、情報源や文章の社会的な背景、ステレオタイプの分析等が記述されている。強調や省略の表現効果、語の意図的な選択による文章のトーン(例えば、皮肉あるいは積極的な調子や姿勢)を統一したり変えたりする学習も示さ

れている。読み手の注意を喚起する技法や、説得の方法も分析させている。

・レベル7,8では、より多くの難しいテクストを見たり読んだりする際に、学習者が知る限りの方略やアプローチを活用することができるという内容が記述されている。複雑な社会問題を提起するテクストを見たり読んだり、これらのテクストに潜在している傾向性や、関心、テーマ、問題について考察できること。また、ジャンルへの理解に基づいて、あるテクストを別のジャンルのテクストに作り変えることができることが目安として記述されている。そして最終的には、「より広範な複雑なテクスト」をも視野に入れ、その批評ができること、テクストに反映されている「社会・文化的価値、態度、それらの前提」、ならびに受け手の立場や解釈が、いかに形成されるのかを分析できることが目安として記述されている。

　このレベルでは、「読むこと」「見ること」共に、それ以前に行った学習を前提として、それらを統合した吟味力や批評力が到達点として記述されている。

以上、「見ること」と「読むこと」のカリキュラム内容を、具体的に比較した。同じ下位構造に沿って整理・記述された内容を比較・検討することによって、多くの共通点を見出すことができた。例えば、テクストの「構成要素を分析的に」とらえ、「解釈の根拠」とする点や、「社会文化的な論点や自己の経験に関連付け」て解釈する点は、「読むこと」でも「見ること」でも共通して記述されていた。また、文字で記されたテクストも視覚的テクストも、視点やアングル等「多くの似た約束事（コンベンション）」を使って作られており、その「効果」を考える必要性についても記述されていた。さらに、「ステレオタイプの分析」や「強調や省略の表現効果」、語や構図、色等の「意図的な選択」によるテクストの「トーン」についても、「読むこと」「見ること」双方に記述されていた。

上掲のWA州の教育課程における「見ること」と「読むこと」の比較について、同州の言語教育研究者クィーンら（Quin & McMahon, 1995）は、この類似性について次のようにまとめている。「視覚的テクストも文字で記されたテクスト同様、意味を構築するために、言語の使用を必然的に含んでいる。そのため、映像言語の学習も文字言語の学習も、その理解の仕方や技術

(skill)は、多くの共通点を含んでいる。つまり、『読むこと』も『見ること』も共にコード化された記号の解読過程であり、私達の周りは、この両者を組み合わせて読み解かなければならない文字テクストと映像テクストとの統一体で溢れている」(Quin & McMahon, 1995: 4-7, 訳は稿者)。同書では、他にも類似性の例として「視点人物の設定」や「語り(narrative)の構造」、「タイトルを利用した内容の予測可能性」等を挙げている。「語りの構造」では「自分の知っている物語の構造を使って、映像テクストを解釈」するといった内容が挙げられており、他の構造としては「序論から結論へ向かう説明の構造」も、視覚的テクストの理解に共通して役立てることができると記されている。

　同書では、こういった類似性に着目し、視覚的なテクストと文字で書かれたテクストへの理解が、相互に高まるような学習の必要性が示唆されている。こういった観点を取り入れることによって、我が国における国語科で扱うべきヴィジュアル・リテラシーの内容を、検討・吟味していくことが可能となると考えられる。

　しかし、その反面「読むこと」と「見ること」は異なる記号体系から成っているために、その学習内容にも異なる点を見出すことができる。そしてそのことによって、「見ること」の学習は、先にも検討したように、「読むこと」のアナロジーを用いてその延長線上に、そのまま構築していくことは難しいと考えられる。まさに前章でみた国語科のシンポジウムにおいて提示された、「限界認識の必要性」を踏まえる必要があるのである。そのため、この項の最後に、上述の「読むこと」領域と「見ること」領域の学習における記述内容の相違点についても整理して示す。それらは、以下のような点である。

・テクスト中の「共通に確認し合える構成要素を認識」させる場合、文字によるテクストでは、文字や単語、文といった単位で検討させる内容が記述されているが、視覚的なテクストでは、この構成単位が明確に説明されていない。またそれら各要素間の包含関係も明確には記述されていない。
・登場人物の識別や時間の表現の方法等、視覚的なテクストには文章とは異なる特有な方法がある。
・文章の学習については、文間や段落間のつながりは、物語や説明的文章の構造によって検討できることが明示されているが、視覚的なテクストでは

これらの関係やつながりを、どのような枠組みを用いて学習する必要があるのかは明示されていない。
・文章における「強調や省略の表現効果」、「語の意図的な選択による文章のトーン」の検討については明示されているが、これに相当する内容を視覚的テクストで検討するには、文章とは異なる枠組みが必要である。しかし、これについての明確な記述は無い。
・象徴表現や、社会・文化的価値等を、視覚的なテクストから分析・学習する枠組みも、文章での検討方法とは異なる枠組みが必要である。しかし、これについての明確な記述も無い。

　以上のように、上掲の教育課程に具体的に記述された内容を比較することによって、「読むこと」領域と「見ること」領域との間には、上述のような異同を認めることができる。特に、上で挙げた「見ること」領域の学習に特徴的な点や、さらに検討が必要な枠組みについては、次章以降で検討していく。

1.4. カナダ・オンタリオ州における導入時の記述内容

　今度はさらに、カナダ・オンタリオ州におけるヴィジュアル・リテラシーに関する学習内容について、初めて同州の教育課程に記述された時期の記述をもとに検討する。オンタリオ州の教育課程では、同学習内容は「口頭・視覚的コミュニケーション」という名前の領域の中に整理・記述されている。そしてその内容が、グレード1～8と呼ばれる八つの段階に分けて記述されている。その要点を以下に翻訳・抜粋して考察する。このグレード1～8とは、オンタリオ州では主に初等教育段階に対応する。

　この領域には、「メディア・コミュニケーション・スキル」という下位領域が設定されていて、そこにヴィジュアル・リテラシーに関連する記述が多く記述されているので、その記述内容を参照する（抜粋と訳出、傍線は稿者）。下記の文中の＊印は、「制作や発信」に関する内容なので、別印で示した。この内容が、ヴィジュアル・リテラシーに関連する記述を初めて母語教育の教育課程に導入した当初から、各段階（Grade）毎に明示されている点は、オンタリオ州における特徴でもある。（以下、記述中の下線は、後の検討のために稿者が施した。また文頭の「Grade」の表記は、学習の到達点の段階を表す語として原文にも付されているため、そのまま使用する。）

| Grade1 | ・漫画などのテクストの<u>簡単な意味</u>がわかる。
・写真や絵を、話の筋をつくるために、<u>適切な順序</u>に並べることができる。
・テレビや映画のアニメーションと、<u>現実とを区別</u>できる。
＊お話を録音したような簡単なメディア作品を作ることができる。

| Grade2 | ・テレビや新聞にある<u>天気予報のメッセージ</u>がわかる。
・ラジオやテレビで、<u>本編とコマーシャルの区別</u>をすることができる。また、雑誌や新聞でも、記事と広告の区別ができる。
＊おもちゃの簡単な広告をデザインすることができる。

| Grade3 | ・テクストの<u>基礎的な要素</u>や技術がわかる。例えば、印刷物のサイズ等がわかる。
・静止画、動画において、<u>クローズアップやローアングル等の基本的な語彙</u>を用いて話し合うことができる。
＊スチルカメラやビデオのショットをつなげて、簡単なメディア作品を作ることができる。

| Grade4 | ・<u>カメラアングルや対象からの距離</u>が、受け手への<u>効果</u>を産むことがわかる。
・身の周りの広告について、<u>異なった形式</u>で表現されていること等がわかる。
＊対象からの距離やカメラショットを考えて、多様なアルバムを作ることができる。また、その効果についてコメントできる。

| Grade5 | ・なじみのあるメディア(映画、雑誌、テレビ)について、それぞれの<u>主要な特徴</u>がわかる。
・メディア作品は、映画であれば各ショットに、新聞であれば各欄から構成されているというように、より小さな<u>構成単位</u>から成っていることがわかる。
　メディアが情報を<u>伝える方法は多様</u>にあるということを、複数の例を挙げて言うことができる。
＊簡単なマルチメディアを用いたプレゼンテーションができる。

| Grade6 | ・メディア作品を作るためには、<u>多種類の専門家</u>が必要だということがわかる。

Grade7	・分析の観点を考えて、メディア作品の<u>評価</u>ができ、映画評論のような文章が書ける。 ＊宣伝チームのメンバーとして、本などの宣伝ビデオを作ることができる。 ・それぞれのメディアに<u>代表的に</u>ある<u>カテゴリー</u>を説明できる。 ・雑誌や新聞について、ヘッドラインや写真といった<u>要素の各機能</u>が言える。 ・音と映像が、どのように相まって効果を産み出すかが説明できる。 ＊クラス新聞やストーリーボード、ラジオ・ドキュメンタリーの作品を作ることができる。
Grade8	・異なるメディア作品について、そのカテゴリーでの<u>常套的なパターン</u>が説明できる。 ・ラジオやテレビ、雑誌、Webサイトにおけるニュース報道について、その<u>影響力</u>や<u>効果</u>を<u>評価</u>できる。 ＊少々高度な技術を使って、2分程度のミステリー・ビデオ作品等が作れる。

　以上、オンタリオ州の教育課程におけるヴィジュアル・リテラシーに関連する学習内容を抜粋して提示した。これらの記述を検討すると、「情報を伝える方法は多様にある」という前提を基に、漫画や雑誌、動画といった広範なテクストの学習に言及していることが確認できる。また、「映画であれば各ショット」、「新聞であれば各欄」やヘッドラインのように、視覚的テクストも、それを構成する「より小さな構成単位から成っている」こと、またそれらは各々に「機能」を果たしているということに関する記述もあることが確認できる。

　WA州の記述とは、対象としている最終学年が異なるため、単純な比較はできないが、具体的に記述されている内容相互を対照させて検討していくと、オンタリオ州の記述内容とWA州の記述内容には、次項のような共通性を見出すことができる。

1.5. オンタリオ州における導入時の記述内容と西オーストラリア州の記述内容との共通性

オンタリオ州の導入時における当該記述内容と、WA州の当該記述内容との共通性は、以下の通りである。

- 共に「漫画や写真、絵等の静止画テクスト」や「テレビや映画といった動画テクスト」の簡単な解釈を述べたり、それらのテクストを構成している要素について分析的に検討したりする内容が記述されている。また、それらのテクストにおける時間的な順序を理解する内容も記述されている。
- 共にテクストが作られているものであることを前提に、それらを具体的に分析する技術(カメラアングルやショット・サイズ)を使って、さまざまな効果を分析する内容が記述されている。
- 視覚的なテクストを伝える各媒体の特徴や、テクストの影響力、効果を評価する内容が、共に記述されている。またこれと関連して、視覚的なテクストに代表的なカテゴリーや常套的な表現パターンを説明する内容も記述されている。

以上、オンタリオ州の導入時におけるヴィジュアル・リテラシーに関する具体的な記述内容を見てきた。先のWA州の記述内容と対応させながら見てみると、多くの内容が共通していることに気づく。まず対象としているテクストが、第1章2節で検討した映画やテレビを中心としたものだけではなく、それらを含みながらも学習者が生活の中で触れる可能性の高い多様な媒体やテクストを対象として位置付けていることがわかる。例えば新聞や、雑誌、リーフレット、パンフレット、広告、絵本、Webページ等広範なテクストが対象とされている。このことから、言語教育において目指すヴィジュアル・リテラシーは、映画やテレビといった媒体を中心とした分析枠組みの学習だけでなく、これらを含む様々なテクストに通底する枠組みの学習が目指されていることがうかがえる。これまでの読みの学習では充分な対応が難しかった、ヴィジュアル・リテラシーを必要とする情報の授受に備えた学習である。例えば絵本で学んだことが、絵本だけでなくWebページの読みにもつながるような枠組みや学習の構想である。これは、第1章の冒頭で検討したディブズのヴィジュアル・リテラシー観と共通する点でもある。改めてディブズの定義を見てみると、あらゆる視覚的認識の「基盤となる」

能力群という文言が記されている(Debes, 1969b: 26)。

　また、テクストを構成している要素についても、分析的に検討したり、それを基にテクストの解釈を行ったりする内容も、双方に記述されていた。そして、テクストにおける時間的な順序を理解する内容も双方に記述されていた。さらには、カメラアングルやショット・サイズ等の効果といった、これもまた前章で言及した映像言語を分析する内容や、テクストを批評したり、その影響力を考えてみたりする内容も記述されていた。これらは、上掲の他の国や州の教育課程の記述内容を検討しても、ほぼ共通した内容として記述されている。

　またオンタリオ州の記述内容では、学んだ技術を使って、＊印で示したビデオ作品の制作や、新聞、広告等を作らせる視覚的表現に関する内容が、記述されているという特徴を持っていることも析出することができた。

1.6.　教育課程の記述内容から見える
　　　ヴィジュアル・リテラシーの系統性と共通性

　前項では、「見ること」の記述内容を、「読むこと」や代表的な二つの州の記述内容を対照させる形で、その異同を検討した。そこで今度は、上掲の五つの国や州におけるヴィジュアル・リテラシーの記述内容全てを、系統性の観点からさらに検討・整理してみる。先の検討において、各国や州の記述内容に共通性が見出せたように、系統性という観点から上掲の五つの国や州における導入時の記述内容を検討してみると、以下に示すような共通の系統性を析出することができる。

1.6.1.　各国や州に共通する学習内容の系統性

　上掲の教育課程を検討すると、おおよそ次のような４段階の系統性を抽出することができる。整理・検討の方法は、上掲の五つの教育課程に記述されていた内容を、全て個別に切り離してカード化し、似た項目を分類していくという方法で行った。またそれらの記述内容を、配当されている学年毎にも分類してみた(この検討過程に関しては、奥泉(2005)に詳しい)。ただし、下記の図１とその詳しい内容に関しては、本書のためにさらに修正したものを示す。

　図中の色分けした楕円の中の数字は、楕円の図の外に書かれている段階の

数字と対応している。下図中の図示の仕方を見てもわかるように、第1段階から第4段階の学習内容は、各段階に焦点を当てつつも、層状に重なりながら系統性を示している。つまり、一段ずつ階段を上るような系統性ではなく、先の段階の学習やその項目であっても、その前の段階の学習要素をも備えたスパイラルな形の系統性になっている。この点はヴィジュアル・リテラシーの系統性を考える際に、重要なポイントになる。なぜなら、後でも詳述するが、私たちが視覚的なテクストから意味を構築する際にも、この4段階に似たプロセスを踏むからである。そして同学年の学習者間でも、それまでの視覚的経験の質的量的な差によって、これらのどの段階の学習が必要となるかは異なり、それは読書量の差よりも大きいと言われているからである。

共通する系統性

第1段階：**構成要素**の意識化/**経験**を用いた解釈
第2段階：映像分析**技術と効果**/テクストの種類や特徴

第3段階：**対象視聴者**や**意図**との関係で**吟味・評価**
第4段階：**社会・文化的**な文脈、背景も含めた**批評**

図1　各国や州に共通するヴィジュアル・リテラシーの系統性

それでは、上図に示した各段階の学習内容を、以下に段階毎に説明する。上の図の第1段階目から、そこに多く記述されていた内容をまとめてみる。この段階は、視覚的テクストを「構成している要素を意識化」できるようになる学習内容が、共通して記述されている傾向が見られた。例えば、服装や表情、さらには細かい表現素である色や形、大きさ等を意識して分析的に、視覚的テクストを見る学習である。さらに同段階では、それらの構成要素を用いて、「学習者の経験を用いた簡単な解釈」ができるようになる必要性が記述されている。例えば、絵に描かれた人物が麦藁帽子をかぶっていたとしたら、その要素に着目して、自己の麦藁帽子をかぶった経験を重ねて、そのテクストに表現されている季節を夏と解釈できるといった段階の学習である。

第2段階は、カメラアングルやショット・サイズ等といった「映像技法や、その表現効果との関係」の学習が入ってくる。またこの段階では、「視覚的テクストの種類やジャンル」、それらの特徴に関する学習も記述されている。さらにこの段階では、こういった表現効果の学習と関連させて、受け手(ターゲット・オーディエンス)の分析やそれによる効果や影響力の違いも記述されている。

　第3段階は、「吟味・批評」の段階である。表現意図と実際のテクストとの関係、またターゲットとする受け手とテクストとの関係も検討・吟味する。同じ表現内容でも、受け手の年齢や、性別等が異なれば、適する視覚的表現方法も異なることを学習する。

　そして第4段階が、「社会・文化的文脈をも含めた吟味・批評の段階」である。この最終段階では、対象とする視覚的テクストの範囲を広範にし、さまざまなテクストについて、自分なりの批評が行えるように学習が組まれている。

　各段階のさらに詳しい学習内容を、段階毎に示しておく。これらも、上掲の教育課程の記述から共通項を抽出し、稿者が整理したものである。

〈第1段階の主な学習内容〉
  ・経験を用いた内容のおおよその理解
  ・簡単な展開と順序についての理解
  ・視覚的テクストにおける基礎的な構成要素の理解(色、形、動作、服装、表情等)
  ・現実とテクストとの区別と、異同の意識化

〈第2段階の主な学習内容〉
  ・内容と設定、構成との関係の検討
  ・テクストの形式とジャンルの区別
  ・表現技法とその効果(カメラアングルやショットとイメージ、ムード等)の分析

〈第3段階の主な学習内容〉
  ・制作された目的や意図と、技法の対象視聴者(ターゲット・オーディエンス)への効果の吟味、評価
  ・強調と省略の効果の吟味
  ・異メディア間の比較と変換

・ステレオタイプとバイアスの検討、吟味
　　　・全体構成と各場面の関係の吟味
　　　・音の相乗効果の吟味
　　〈第4段階の主な学習内容〉
　　　・テクストの表現する価値観や文脈の吟味・批評
　　　・制作・流通過程の分析、吟味
　　　・社会・文化的な背景(世代・性差・民族・信条・態度等)の吟味・批評
　　　・各媒体の影響力の吟味・批評
　以上、前掲の五つの国や州における母語教育の教育課程について、「見ること」領域やそれに関連する領域に記述されている学習内容をつき合わせて検討してみると、概ね上に示したような、4段階の学習の系統性を見てとることができる。

1.6.2. 多層的理解を前提とした学習の重要性

　先にも言及したが、上で整理・検討してきたヴィジュアル・リテラシーの学習では、学習内容の多層性が一つの重要な鍵になる。なぜなら、具体的な教育課程の検討で見てきたように、各段階の学習は、その学習に焦点が当たっていても、必ずその前段階の学習内容を前提として成り立っているからである。例えば、第1段階の「視覚的テクストを構成している要素」を、分析的に意識化する学習を例に考えてみよう。テクスト内の対象が人物であれば、その服装や表情、動作を分析して、学習者は意味を構築する。あるいは、さらにそれらを構成する詳細な表現要素である色や形、大きさ等を分析的に検討する場合もあるだろう。しかし、それらが基礎となって、例えば第4段階の学習内容に含まれる「ある特定の社会的グループや階層の表象」の分析を行う場合でも、下の段階で行ったそれらの表現における要素分析が重要な基礎となって機能する。表象とは、この場合発信者や受け手各人が頭の中に持つ「ある特定の社会的グループや階層」らしさや、映像によるそれらの再提示のことである。ホール(Hall, 1996/2003)[2]は、表象を「同じ文化に属する成員間において、意味を構築したりやり取りしたりする過程における、中核的な各人の頭の中にあるもの」と定義している(Hall, 2003: 15)。そして、この表象の分析の段階で重要な役割を果たすのが、上でも述べたように、図像に包含されている色や形といった要素や、服装、表情、しぐさ、あ

るいは持ち物や皮膚の色等の社会的機能や意味である。勿論、これらは人以外の動物や建物、場所等の表象分析においても、同様に分析することができる。

　またこのことは、第2段階の学習内容であるカメラアングルや、テクストを構成するためのコードやコンベンションといった視覚的な約束事に関しても、同様の関連性を見ることができる。単独にカメラアングルやテクストを構成するための様々な決まりや技法を学習するのではなく、第3段階で検討する制作の意図や目的との関連や、第4段階における制作者の有する価値や社会的態度との関わりで学習が行われることが目指されている。つまり、どの学習も、縦に層状に重なった4層の内容を意識・往復しながら、その一層に焦点を当てて学習を行う形の系統性が目指されている。また、この多層性は、前項で言及したように多くの大人が、社会的実践の中で、各層における解釈を有機的に行きつ戻りつしながら、視覚的テクストからの意味構築を行う様子とも概ね共通する。したがって、こういった4層の内容を意識・往復しながら学習することは、学校における有用な学習形態であるのみならず、社会的実践の場にも通じるビジュアル・リテラシーの方向性とも一致していると見ることができる。この多層性については、本研究における重要な鍵概念ともなるため、後の2.1.1においてさらに説明を行う。

1.7.　英語圏の教育課程における検討から見えた課題

　以上、英語圏を中心とした五つの国や州における母語教育の中で、ヴィジュアル・リテラシーがどういった内容として選ばれ、どういった領域や系統性として記述されてきたのかを、ヴィジュアル・リテラシーが言語教育の教育課程に初めて位置づけられた時期の資料を検討する形で見てきた。

　このことによって、母語教育に初めて系統的にヴィジュアル・リテラシーを導入しようとした時に、次のような内容や学習が必要であると考えられ検討されてきたことが確認できた。そこで、上記の検討の中から、日本の国語科に必要なヴィジュアル・リテラシーを検討する際に参考になると考えられる点を、さらに以下に整理して示す。

・英語圏を中心とする五つの国や州における教育課程の記述内容には、共通して次の4種類のヴィジュアル・リテラシーの学習が記述されていた。その4種類とは、以下であった。

①　視覚的テクストを「構成している要素を意識化」して分析し、「学習者の経験を用いた解釈」につなげる学習。
②　映像言語のような視覚的な表現技法やそれらの効果(カメラアングルやショット、ムード等を含む)、テクストの形式とジャンルの区別の学習。
③　視覚的なテクストにおける目的や意図と、対象視聴者(ターゲット・オーディエンス)との関係や、強調や省略といった視覚的な修辞効果の吟味の学習。またこれらと、テクストの部分と全体との関係や、コードやコンベンションの分析・吟味の学習。
④　視覚的テクストの表現する価値や文化の吟味・批評の学習。テクストの授受に関わる社会・文化的な背景(世代・性差・民族・信条・態度等)の吟味・批評の学習。

・上記①〜④の学習内容は、多層的に重なりながら行きつ戻りつして、①から④の方向へと系統性をもって配列されている。
・ヴィジュアル・リテラシーの学習対象となるテクストは、他者の意図の下に構成されていることを基本的に前提としている。この点は、第1章で検討したディブズの定義における拡張的なテクストの記述では、充分に言及されていない。しかし、この前提を意識した時、上記②〜④の学習は重要である。
・映像言語や映像技法と呼ばれるカメラアングルやその効果等の、所謂メディア・リテラシー教育において扱われることの多い内容は、図1の系統性では第2段階と第4段階、特に第2段階に多く記述されている。
・母語教育で扱う必要のあるヴィジュアル・リテラシーは、語りの構造や修辞法等、言語の学習との共通性に着目した観点からも整理することができる。
・第1段階における①の学習は、経験を活用した理解であることは示されているが、その過程で言語をどのように介在させるのかといった方策は示されていない。
・学習の最終段階では、社会・文化的な文脈との関係で、映画やテレビといった画像のみならず広告や絵本、種々のパンフレット等広範な視覚的テクストに表象されている価値や社会的態度、前提とされている信条等の理解や吟味・批評が目指されている。

- しかし、ここでも①〜③の学習と④の社会・文化的な価値や態度における吟味・批評の学習とのつながりや、この過程における言語を介した方策は示されていない。
- また、①〜④の各段階において、特に WA 州の教育課程では、註 2 でも言及したホールの「コード化（encoding）／脱コード化（decoding）」の理論が基盤として使われているが（Quin & McMahon, 1995: 38–46）、検討した教育課程の記述では「受け手の意図」という文言が示されており、ホール（2003）がこの理論において重視している、送り手と受け手が有するコードや解釈が複雑に絡み合う「接合（articulation）」の部分はあまり扱われていない。
- 最後に、以上五つの国や州におけるヴィジュアル・リテラシーの記述内容の検討から、これらの記述内容は、以下の分野における知見の影響を取り入れていることが見てとれる。
  (1) 映画や写真における映像言語に関わる研究からの影響
  (2) イコノロジー研究（次節で詳述）等の絵画分析における研究からの影響
  (3) 絵本の文法等の研究からの影響

　このように、比較・整理して見てきたことによって、英語圏の母語教育の教育課程において検討されてきたヴィジュアル・リテラシーの内容や系統性には、多くの共通点があったことが確認できた。またその共通部分を検討・整理できたことによって、各国や州におけるその後の改訂教育課程の共通基盤も確認することができた。

　しかし、同時にこれらの教育課程において、さらに検討や改良が望まれる点も析出できた。それは、上でも提示したように、各段階を貫いた言語を基盤とした枠組みや方策が充分開発・提示されてこなかった点である。例えば、上掲の要点を繰り返すならば、第 1 段階における①の学習は、経験を活用した理解であることは示されているが、その過程で、言語を介した視覚的テクストからの経験を介した意味構築の仕方や枠組みは示されていない。また、第 2 段階では②の映像言語や映像技術の学習は提示されているが、これらと③④の段階の社会・文化的な批評との関係において、言語や言語を基盤とした枠組みがどういった力を持ち得るのかも、明確には示されていな

い。こういった点は、次章以降で国語科に必要とされるヴィジュアル・リテラシーを検討する際の課題でもある。

そして、最後に次節において、上記のまとめで挙げた英語圏の教育課程におけるヴィジュアル・リテラシーの記述内容に影響を与えた三つの研究分野(1)〜(3)の知見を、教育課程の記述との関係を整理する形で示す。本節で検討した記述内容には、第1章で検討した映画やテレビを主とした枠組み以外にも、絵や写真、絵本等に関わる学習内容も記述されていたため、それらに共通する理論的基盤を整理・確認しておく必要があるからである。これらの知見を、前掲の教育課程が提示されている教師用資料に記載されている説明や、そこに提示されている参考文献を参照しながら、(1)〜(3)の順に整理・検討する。また、その過程で、(1)〜(3)の知見の内充分には英語圏の教育課程に導入されなかった点についても、本研究で意識・検討すべき課題として整理する。

第2節　教育課程に影響を与えた 3種類の研究分野の知見と導入時の課題

それでは、前項で見た教育課程におけるヴィジュアル・リテラシーに関連する記述内容は、どういった研究の影響や知見を取り入れて記述されたのだろうか。その内容や関連する先行研究を、以下の三つに分けて概観し、本研究で意識・検討すべき点を確認していく。

  2.1.　映画や写真等における映像言語や意味構築に関わる研究からの影響
  2.2.　イコノロジー研究等の絵画分析における研究からの影響
  2.3.　絵本の文法研究からの影響

2.1.　映像言語に関わる研究からの影響

前項で示した教育課程の記述を検討してみると、幾つかの国や州の記述に、前節でも言及した映像言語といった語が使われている。これは、文字で書かれたテクストを読んだり書いたりできるように、視覚的なテクストも読んだり作ったりすることができるという認識に立った映像技術や撮影効果を比喩的に表現した語である (Quin & McMahon, 1995: 20–26, 124–128)。そし

てこの認識の基盤になっているのが、映像にも言語に類する句読法や修辞法のようなものがあり、そういったものを映像言語と呼んで検討してきた以下のような一連の研究基盤である。そこで、これらの経緯や影響を概観する。

2.1.1. 映像言語に関わる研究の経緯と影響

　この一連の研究における端緒は、リッチョト・カヌード（Ricciotto Canudo）とルイ・デリュック（Louis Delluc）が1920年代の映画分析の著作に、始めて映像言語という比喩を用いたのが最初であると言われている（Stam *et al.* ／丸山ほか訳，2006: 71）。そしてこの語は、序論でも言及したように1930年代〜1950年代にかけての、言語を中心とした記号論の研究成果や知見を取り入れ、1960年代に構造主義（特にパリ学派）が盛んになると、分析枠組みを発展させて本格的に検討・議論されるようになる（Monaco／岩本訳，1983: 6–28）。前節で見た母語教育におけるヴィジュアル・リテラシー関連の記述との関係でこの概念を検討してみると、特に以下の3点においてその影響を見てとることができる。

　一点目は、上でも言及したように、言語において研究された修辞的な枠組みや、カメラの撮影技法を用いたショットやアングルといった構図等によって、視覚的なテクストに構造主義的な分析が導入されたことである。ウンベルト・エーコ（Umberto Eco）や、ピエル・パオロ・パゾリーニ（Pier Paolo Pasolini）、クリスチャン・メッツ（Christian Metz）のような研究者によって、この分析の枠組みは発展を遂げた。映像の中で展開される出来事や登場人物が表象する役割のパターン、ショットやアングル等の意味、さらには作品全体に及ぶショット間の関係である大連辞や隠喩の分析等が、この研究において検討・集積され、それらが前節で提示した母語教育の課程においても基盤として用いられるようになった。例えば、映像を分析する学習に活用されている枠組みとしては、バルトの下で記号論を学んだと言われている構造主義的文学研究の先駆者トドロフの「物語構造における5段階理論」の枠組みを挙げることができる。これは、前節でも言及したように、映画という絶え間なく流れる動画に、文章で書かれた物語構造に相当する構造や、段落のような枠組みを当てはめ分析する方法である（BFI, 2005: 32–33）。これを動画の分析に援用し、その意味構築に役立てる試みは、現在でも羽田（2008）や奥泉（2006）において紹介されているように、英国映画協会（BFI）に代表され

る映画教育において、有効な分析手法の基盤理論の一つとして活用されている(羽田, 2008: 8-9)。

二点目は、言語とその他の事象とが同じ記号的起源に由来して発展するという「相同性」の仮説の影響である。この影響を得て、視覚的なテクストといった事象においても言語との「相同性」に着目した検討が可能だという考えが、前節で見た教育課程にも位置づけられている。このため、前節で見た記述では、どの国や州においても最終段階や最終レベルの学習内容に、視覚的なテクストから記号的な社会・文化的価値の分析や批評という学習内容が記述されていた。

この「相同性」の仮説は、神話の分析や解明を行ったクロード・レヴィ・ストロース(Claude Lévi-Strauss)の社会人類学の研究や、ルイス・イエルムスレウ(Louis Hjelmslev)の「共示」の概念を手がかりにモードや広告など現代社会の文化現象を記号として解読したロラン・バルト(Roland Barthes)の研究が基盤とされている。例えば、バルト(Barthes／篠沢訳, 1967)は、「服を着ることから、食事で主菜を選ぶこと」まで、全て文化的に形成された振る舞いであるため、これらは皆「コノテーション」[3]と呼ばれる「社会的な意味となりうる」と述べている(Barthes／篠沢訳, 1967: 178-189)。つまり、視覚的なテクストの学習では、本質的にこの観点からの分析の学習を行う必要があることを、これらの研究は示唆している。

そしてこの点は、上記2種類の影響を有機的・総合的に展開したバルトの映像における意味構築の複層性についての次の知見に明確に示されている。バルトは、上でも言及したように、何が描かれ(映され)ているかに答えられるような「字義的メッセージ」は、ほとんどの場合、それ自体が「象徴的メッセージ」の媒体となり得るという「映像の修辞学」を、以下のような広告を例示して展開している(Barthes／蓮實, 杉本訳, 2005: 11-18)。

ポスターに写っているものが、トマトやピーマン、パスタであるという「字義的メッセージ」は、それら自体がイタリア性という「象徴的メッセージ」を媒介しているという、前者の「デノテーション」と後者の「コノテーション」という複層的な意味作用の関係を提示している。そしてその過程を、バルトは以下のように説明している。前節で整理した教育課程における4段階を意識しながら、バルトのこの複層性の説明を確認しておこう。厳密にはバルトは、上掲の写真を「言語的メッセージ」「コード化されたイコン

図2　（Barthes／蓮實，杉本訳，2005：口絵）

的メッセージ」「コード化されないイコン的メッセージ」といった3種類のメッセージの観点から分析しているが、ここでは目的が異なるため、これらの語は用いず、この分析過程でバルトが用いている5種類のメッセージの関係に焦点化して、意味構築の過程を確認しておく。

　先にも述べたが、バルトは、まず「パスタの入った袋、缶、パルメザンチーズの袋、トマト、たまねぎ、ピーマン、マッシュルーム」といった「第一のメッセージ」を、この広告は「与えてくれる」と述べている。そしてこれらの組み合わせや、これらが入っている買い物用の篭が半開きになっていることから、「文明の習慣にいわば根を下した知識」によって、「買物から帰ったという観念」や「家庭的な食事の仕度という価値」が得られると述べている（Barthes／蓮實，杉本訳，2005: 25–26）。これは前節で整理した教育課程における4段階で言うと、第一段階ということになる。次に、これらトマトとピーマン、広告の文字という3色の色の組み合わせ（赤、緑、白）によって、「イタリア性」という観念が得られると述べている（実際の分析中では、この広告の文字のスペリングや発音もまたイタリア性を冗長的に補強していると分析しているが、言葉との関係は後の章で論じるため、ここでは除いてある）。そしてこのイタリア性の知覚は、イタリア人ではなくフランス人にとって有効に「動員される」と述べている。このイタリア性が、ここではバルトの言う「コノテーション」である。この過程を、前節で整理した教育課程における4段階に当てはめて検討してみると、ターゲットとするオーディエンスとの関係で広告から意味を構築しているので、第二段階に相

当する。そしてテクスト中の「パンザーニ」という語の繰り返しや、写っている対象の置かれ方が「密集している」ことによって、ここに写っている対象が「まとまった全体」を成し、パンザーニ(という会社)が「ある盛り合わせ料理に必要なもの全てを提供する」と言っているかのようであると述べている。これはテクスト内における統合的な意味や整合性についての意味構築に関わるので、前節の整理で言えば第三段階に相当する。さらに最後のメッセージは、この写真を他の静物画との関係で見る美的なメッセージであり、この対象の並べ方(野菜の上に製品が並べられている)や、トマトが一つだけ前の中央に置かれている意味、赤一色の背景から、これは広告だと伝えるメッセージであると述べている。これはこのテクストを巡る社会・文化的な文脈との関係による意味構築に当たるので、前項の整理で言えば第四段階に相当すると見ることができる。このように、バルトは視覚的なテクストからの意味構築の複層性について述べている。そして、その複層性は、前節で整理した教育課程における4段階とも、大凡対応させて捉えることができた。

　このように、視覚的なテクストからの意味構築は、複層的な性格を持っているため、逆方向から考えてみると、表現しようとするものが平和や団欒、怒りといった抽象的な概念や象徴的なメッセージである場合でも、視覚的テクストでは具体的な事物や人、それらを含んだ光景等を選び構成して、その概念を表象せざるを得ないということでもある。このため、テクストから意味を構築していく場合にも、表現活動を行う場合にも、上述したような複層性を意識した学習を行う必要がある。

2.1.2. 図像に関わる研究の経緯と影響

　ここまで、動画を含めた映画及び視覚的テクスト一般について、その意味構築の特徴や同過程に影響を及ぼした研究について述べてきた。そこでさらに静止画である写真や絵に焦点化させて先行研究の知見を整理してみる。一つは、『写真の哲学』で有名なチェコの視覚記号論者であり哲学者であるフルッサー(Vil´em Flusser)の図像に関する論である。そしてもう一つは、絵画や写真における時間性についての論究で知られるグッドマン(Goodman Nelson)の研究である。言うまでもなく、写真に関する書物や論文は数多く、日本においても、例えば名取(1963)に見られるように、写真の記録性やアングル、光、トリミングの効果等多くの知見を具えているが、それらの

中でもフルッサーの研究は、時代を越え、現在でもテクノ画像と呼ばれる機械処理をした写真の分析でも多く引用されているため採り上げる。またグッドマンは、前節で参照した英語圏を中心とする教師用ガイドに引用が多く、第3章以降においても本書の基軸となる概念を提示しているため、着目して採り上げる。

　フルッサーは、「画像」や「テクスト」という語を、人間と外界との関係において段階的に人が獲得し使用してきた記号体系として定義している（フルッサー／深川ほか訳，1999: 5-6）。そしてフルッサーは、テクストに接している際の私たちの身体感覚について言及している。一つは、写真には撮る側の情報が編み込まれているという、撮る者の身体的位置や状態とテクストとの関係についての言及である。そしてもう一つは、凝視についての次の言及である。文字によるテクストを読んでいる時には、私たちはその文字にじっと見入ることは少ないが、図像テクストの場合には、そのテクストを構成している素材要素を凝視し、そのことによってある種の感覚を覚えるという論である。現在、技術革新によってバーチャリ・アリティー等の研究が進んできているため、このフルッサーの論は、テクノ画像の研究を中心に影響を与え続けている。

　図像テクストに関しての二つ目の先行研究として採り上げるのは、グッドマンの絵や図像中における時間性の研究である。グッドマンは「物語──シークエンスの幻想」をテーマとする論文集『物語について』（ミッチェルW. J. T.編）の中で、絵画における時間と物語の問題を扱っている。絵画は写真がそうであるように、時間の流れの中から一瞬を切り取ったものであるように見えるが、写真とは異なる様々な時間の表現のされ方があることを示した論考である（グッドマン／海老根ほか訳，1987: 172-173）。グッドマンのこの論は、絵画は写真で撮ったように純粋にある一瞬だけの状況を切り取ったものである必要はなく、時には虚構の時間も伴い、異なる時間の像を同じ平面上に並べて描き出すことが可能なテクストであるという、その後の図像に関する研究の基盤を提示している。

　またグッドマンは、絵画ではある程度の幅を持った時間の流れを伴った物語が提示されている場合が多いことにも言及している。そして絵画におけるその物語の展開について、「西洋では、絵画による物語は、続き漫画も含んで、左から右に進む傾向があり、東洋では右から左である」（グッドマン／

海老根ほか訳, 1987: 173-175)と述べている。同じ平面において、異なる時間、異なる空間が存在する絵画においては、その絵画の上を視線がたどることによって物語が成立するという、図像テクストからの意味構築に関しても言及している(グッドマン／海老根ほか訳, 1987: 173-175)。絵画や巻物は、一つの物語を形成している顕著な例であるように見えるが、グッドマンの論では、それはむしろ逆で、先に物語があるために、その時間性を絵画の同一平面上に取り込もうとして、異なった空間と時間が並べられるような描かれ方になっていると述べられている。さらに巻物という形態における時間性にも触れ、絵が描かれながらも線型性をともなう「文字」の特性にしたがった表現形態であるとも述べている(グッドマン／海老根ほか訳, 1987: 173-175)。

2.2. イコノロジー研究からの影響

次に、ヴィジュアル・リテラシーへの絵画研究における知見の影響を検討する。特にその中でも、絵画を分析的に解釈・鑑賞するための枠組みを提示してきた「イコノロジー(図像解釈学)」に焦点を当て見ていく。イコノロジーとは、絵画作品を成立させている諸因子や歴史的、社会的、文化的因子に纏わる「既知のデータから出発」して、それらを「総合的に再構成」し、「その作品のもつ本質的な意味を探究」する美術史の研究法である(若桑, 1993: 8)。このイコノロジー及びその元となったイコノグラフィ(図像学)という方法的な概念を提案したのは、アビ・ヴァールブルクであり(田中, 2001)、その後この研究を継承・発展させたのがエルヴィン・パノフスキーである。パノフスキーの著書『イコノロジー研究』は、原著の刊行年が1939年であるが、1971年には日本でも翻訳・出版されている。このため、その前後から我が国でも美術の世界を中心に、こういった方法的な研究が行われてきたと見ることができる。

この研究では、図像(イコン)における型の発見と、その型がどのように変移するのかに注目し、それらの構図や様式が各時代や各文化において、どういった意味をもち、どのように変化してきたのかを、美術史のデータに基づいて段階を追って解釈する。

例えば、聖母マリアが横たわる降誕図は、14世紀から15世紀にかけてマリアが礼拝する型に移行し、そのことによってイコノロジーとしての新たな

降誕に関する解釈を産み出してきた。この場合、パノフスキーの用語を使えば、絵画中のマリアやキリストの降誕の様子は、第1段階の「自然的主題」の解釈に当たる。それが、小刀をもった男性像が描かれる場合には、それは多くの場合聖バルトロマイを意味し、ある様式で戦っている二人は「美徳と悪徳の戦い」を意味しているといったモティーフやテーマによる解釈へと進むようになる。パノフスキーは、この段階の解釈を第2段階の「伝習的な主題」と呼んでいる。そして、こういった表現やそれらの組み替えを進めていった先に、絵画や彫刻は一人の作家の意図を超えた、時代や階級、文化としての象徴的な意味や価値をもつようになる。パノフスキーは、こういった段階を、第3段階の「内的意味の発露」の段階と呼んでいる。イコノロジーでは、以上述べてきたような知見を数多く集積している（ウッドフォード／高橋訳，2007: 54–68）。

　このように見てくると、ここでも第1節で検討してきたヴィジュアル・リテラシーの系統性が、こういった学問を基盤として記述されてきたことが確認できる。まず、描かれている対象やそこで起きている事を、「自然的主題」として解釈し、その後第1節の教育課程に記述されていた言葉で言うならば、コンベンションを介した「伝習的な主題」に進み、さらにその先に、時代や階級、文化としての象徴的な意味や価値という「内的意味の発露」の解釈へと進んでいる。

　こういった段階を踏んだ解釈に関する知見は、一般の市民や学習者向けに絵の観方を解説・教授する書籍においても見ることができる。例えば、早坂（1996）が視覚デザイン研究所から刊行した『絵画の見かた』や、ロンドン・テートギャラリー編集の『美術館活用術―鑑賞教育の手引き―』（2006）、茨城県立美術館編集の『日本画を楽しむ』（2001）等では、上述のような知見が一般の学習者向けに解説されている。さらに、ロンドン・ナショナル・ギャラリーの絵を用いたリチャードソン（岩坂訳，1999）や、世界の名画を用いたランビリー（大澤訳，2011）では、小学生を対象に上掲の本で解説されているさらに基礎的な内容を、名画を用いて学ぶ工夫が施されている。例えば、次の図3のページでは、作品を構成している要素を、描かれている対象の部分や、それらの色や動作等の構成要素に分けて、分析的に眺め直すような工夫がされている。

　絵の左ページに描かれている丸の中には、右ページに描かれている絵に使

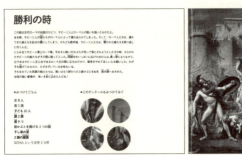

図3　ランビリー(大澤訳, 2011: 36-37)

われている色や、その部分が切り取られて描き出されている。絵を構成している要素を意識化して分析させる工夫である。

　これらイコノロジー研究の知見からは、絵を分析的に注視すること、そして色使いや構図には時代や文化によって異なる型や意味が解釈できるという観点が示されている。しかし、この研究の知見は、基本的には美術史研究や美術教育・鑑賞教育において活用・実践されているため、これらを国語科教育に援用するには、特に言語化という観点に焦点を定め、扱う観点や内容を選択・検討する必要がある。

2.3. 絵本の文法研究からの影響

　絵本研究においても、ただ味わい楽しむだけでなく、その絵の構図やページ構成、文章との関係を読み解く文法のようなものがあるという考え方が、1960年代から盛んに論じられるようになる (Nikolajeva & Scott, 2001: 3)。例えば文献を遡っていくと、1960年代にクラミン (Klemin, 1966) が『子どもの本のための芸術の芸術学 (The Art of Art for Children'sBook)』という本の中で、64冊の絵本の絵の分析を行っている。また1970年には、チャンチオロ (Cianciolo, 1970) によって、子ども向けの本に載っている絵の分析も行われている。絵本はいつ頃からどういった形で刊行され、子どもの手に届けられるようになったのかということは、国や地域によって様々な経緯を持つが、上記の文献によって、少なくとも欧米では、それらの本に描かれた絵について分析的に見る観方や方法が、1960年代から盛んになってきたことは確認できる (Nikolajeva & Scott, 2001: 1-3)。

　日本でも1999年に藤本朝巳によって、ノーデルマン (Nodelman, 1988) や

ドゥーナン (Dunun, 1993) などの絵本における絵の観方の知見が紹介されている。また、ニコラエヴァら (Nikolajeva & Scott, 2001) の『絵本の力学』も 2010 年に翻訳が公刊されている。これら絵本の絵を中心とした先行研究では、2.2 で見た絵画のイコノロジーや、2.1 で見た映像言語の影響が見られ、藤本 (1999) ではこういった絵本を読み解くための観点を、「絵本のコード」という言い方で表している。経緯を考えればその必然性を理解することは容易だが、絵本の絵を描く作家の多くは、美術の勉強をした者が多いため、絵本の文法と呼ばれるものには、イコノロジーの影響を受けている内容が多い（藤本, 1999）。例えば、遠近法やページ内の構図、色の濃淡の使い分けや対比等による視覚的な意味の創出といった内容が含まれている。しかし、藤本 (1999) やニコラエヴァ (2011) の研究では、絵本の見開き内における時間の推移に関する技法や、右ページと左ページとの関係からの意味構築、ページ・ターナーと呼ばれる読者を次のページに誘う仕掛けに関する分析等、絵本において独自に開発されてきた視覚的な表現法も提示されており、これらもまた国語科におけるヴィジュアル・リテラシーを考える際に、有益な示唆を与えてくれる。次頁の表 1 に、上掲の主だった絵本研究の書籍において、絵本の絵を構成している色や構図等の技法についての言及の状況をまとめておく。

2.4. 関連研究分野からの知見と課題

　以上述べてきたように、英語圏を中心とする国や州の教育課程に記述されてきた視覚的な能力やリテラシーの内容は、上で述べてきたような先行研究の知見を基盤としている。上述した内容から、次の点を以下の章における議論のために確認し課題を整理する。
・映像言語という概念は、映画分析のために比喩的に使われた語を基盤としており、映像にも言語に類する句読法や修辞法のようなものがあるという考えを基盤に研究されてきた。
・その後記号論や構造主義といった研究成果の枠組みを取り込み、視覚的なテクストから意味を構築しようとする場合には、デノテーションの層が次のコノテーションの層を媒介するという構造で複層的な解釈の様相が研究・提示された。
・また、写真のような図像テクストにおいては、撮影者側の情報もテクスト

表1 絵本の絵における構成要素に対する著作ごとの言及内容

構成要素			『絵本の絵を読む（Looking at Pictures in Picture Books）』(1993/翻訳：2013)	『絵本／物語るイラストレーション』(1999)	『絵本はいかに描かれるか』(1999)
色	色相(色み)		○ 色のスペクトルにおける範囲	—	(色彩)
	明度(明るさ)		○ 質感との関係	—	○
	彩度(強さ)		○ 焦点を示すスポットライトの役割、リズムの構成	—	○
	調和(補色)		—	○ 配色による叙情性	○ ハレーションによる不安定感(色価)
	グラデーション		—	—	○
	全般的な記述		感情や雰囲気との関係	色の象徴性	質感・量感に関わる
			周りとの相対的関係における意味決定性(誘目性)	モノクローム絵本	＊色相・明度・彩度のバランスとしての色価
			象徴的意味の資源	—	—
線	直線	方向	○	○	○(建物や物の輪郭線を含む)
		角度	—	○	○(建物や物の輪郭線を含む)
		太さ	○	○	○
		長さ	—	○	—
	曲線	方向	—	○	○(建物や物の輪郭線を含む)
		丸み	立体感	○	○(建物や物の輪郭線を含む)
		太さ	—	—	—
	スフマート(ぼかし)		輪郭線によらない境界表現	—	○
	全般的な記述		輪郭、他との境界、立体感、影、動き、奥行き、丸み	流動的な線描	—
形	輪郭線で括った形		—	—	○
	他との境界線による形		○	○	○
	全般的な記述		デフォルメ	—	—
影／光			物の影	満月の影、影絵の手法	建物の影
レイアウト(コラージュを含む)	遠近法		—	—	○
	三角構図		—	—	○
	曲線構図		—	—	○視線の動きによる躍動感
	全般的な記述		屏風絵に起源をもつ日本画の配置(見下ろす構図)	逆対象による展開、俯瞰する構図	左右のページ構成、左から右へ進む語り
フレーミング(トリミング、断ち切り)			トリミングの効果、断ち切り	四角い部屋、円形の部屋、アールヌーヴォーの装飾的フレーム	トリミングの効果、断ち切り
その媒体特有の特徴			ページを超えた繋がり、ページ・ターナー	マンガにおけるふきだしの手法	ページ・ターナー

第 2 章　英語圏の母語教育課程に見られるヴィジュアル・リテラシーの検討とマルチリテラシーズの影響

『Reading the Visual』(2000)	『絵本の視覚表現』(2001)	『絵本の力学(How Picturebooks Work)』(2001/翻訳:2011)	『絵本のしくみを考える』(2007)
―	○	○	○
○	○	○（トーン）	○
○	○	○	○
○色価、ハレーションによる誘目性	色彩調和の4原理、補色、対比	○	○
―	―	○	○色合いの変化
―	色の3属性（色相、明度、彩度）	ジェンダーとの関係性	全体の色調による印象
―	色の象徴性	―	色の象徴性
―	誘目性	ページ・ターナーの役割	ページ・ターナーの役割
○（建物や物の輪郭線を含む）	―	○	○
○（建物や物の輪郭線を含む）	○	○	○
○	―	○	○
○	―	○	―
○（建物や物の輪郭線を含む）	―	○	○
○（建物や物の輪郭線を含む）	―	○	○
○	○	―	―
―	○	○	○
濃淡	Shape＝物の輪郭 Form＝物の境界	―	―
―	○	○	○
○	○	○	○
―	―	―	―
日光	物の影	日光、月光	日光、物の影
○			
○			
―	―	○	―
バランスとレイアウトの方向性と埋め込み(Inplantation)による捉え直し	○	左右のページ間における時間、先説明と空時法	○
断ち切り	トリミングの効果、断ち切り	断ち切り	トリミングの効果、断ち切り
ページ・ターナー	―	ふきだしの手法、ページ・ターナー	ページ・ターナー

中に編み込まれているという観点や、意味構築の際には見る側の身体感覚も構築することができるという観点が提示されている。
- さらに、絵画や絵本の絵のような図像テクストでは、見る者の視線がテクスト上をたどることによって物語が成立するという、図像テクストからの意味構築に関する知見も提示されている。
- 図像テクストにおける時間性については、写真と絵画、絵本において違いがあることが提起されている。
- 絵本研究では、絵画研究における遠近法や構図等の知見を取り入れながら、ページ・ターナーや断ち切りといった、絵本に独特なフレーム等の視覚的な表現技法が開発・使用されている。

以上のように、ヴィジュアル・リテラシー関連の記述内容に影響を与えた研究や知見について、そのポイントを整理した。特に前項の 2.1.1 で言及したパリ学派の記号論については、Kress & van Leeuwen (1996: 5) において指摘されているように、ポスト構造主義の流れの中で、理論的には凌駕されてきているが、特に英語圏におけるメディア教育の分野においては、現在までもかなりの授業において映像技法や映像言語と呼ばれる枠組みとして、60年代〜70年代に提示された枠組みが教え続けられてきている。この点については、次節以降でさらに検討を行う。

しかし、第1章で見てきたように、日本の国語科教育において開発・実践されてきたメディア・リテラシー教育の授業実践を検討してきてみると、その英語圏の流れを受けて導入されてきたパリ学派の記号論の枠組みですら、まだ日本の教育実践に充分浸透してきているとは言えない現状がある。「デノテーション」と「コノテーション」さらには「オーディエンス」との関係によって、視覚的なテクストから構築できる意味が変わるという過程を、明示的に扱った授業はまだ国語科実践の中には少なかった。また、視覚的なテクストにおいて、形や色等の反復的使用による修辞効果や、背景との関係による意味構築を語る用語も、明確には導入・確立できているとは言えない状況にある。さらに、上で整理したテクストの制作者側に、どのような意味や身体感覚を構築することができるのかといった観点や、テクスト中の時間性、視線の動きによる物語の成立といった観点についても、授業実践ではまだ充分扱われてきているとは言えない。そのため、上記の検討から得られたこれらの課題を含め、上記の理論的基盤の知見を、教育の分野、特に母

語教育で使用していく場合には、さらにどのような枠組みが必要であるのかを、言葉の力との関係を含め、さらに次章以降で検討・提案していく。

第 3 節　リテラシー観の変遷に焦点化した マルチリテラシーズ研究からの検討

　ここまでの議論を踏まえ、本章の最後に、リテラシー概念の変遷に焦点を当てて、ヴィジュアル・リテラシーの教育に影響を及ぼしてきた観点や枠組みについて検討する。特に 2000 年前後から英語圏の言語教育を中心に影響を与えてきているマルチリテラシーズ研究やマルチモーダル研究について参照しながら、これらがヴィジュアル・リテラシーの教育にどういった影響を及ぼしてきたのかについて検討・考察する。このことによって、1 節で検討した英語圏の母語教育における教育課程の記述内容が、その後どういった方向に向かって研究・改訂されてきているのかについても述べる。1 節でも述べたように、2010 年前後以降改訂されている各国や州の教育課程では、言語教育におけるヴィジュアル・リテラシーの記述は、全体的に散りばめられる形で整理されるようになり、その形も多岐に渡っているため、幾つかの型として抽出・整理することは難しい。しかし、リテラシー観の中心的な議論を参照・検討することによって、それらとの関係でヴィジュアル・リテラシーの方向性や要点を確認することはできる。そこで以下の検討・考察を通して、我が国の国語科教育に必要なヴィジュアル・リテラシーを検討する際にも、その要点を反映させたいと考える。

3.1.　リテラシー観の変遷とマルチリテラシーズ理論

　前節まで、ヴィジュアル・リテラシー概念について、その語の前部に当たる「ヴィジュアル」という部分に焦点を当てて、その包含内容や理論的経緯を見てきた。そこで本節では、後部の「リテラシー」概念に焦点を当て、その経緯や議論されてきた論点の変遷を検討する。そして、2000 年前後から英語圏の言語教育を中心に影響を与えてきているマルチリテラシーズ研究やマルチモーダル研究について参照しながら、これらがヴィジュアル・リテラシーの教育に及ぼしてきた影響や枠組みについて検討する。

　言語教育におけるリテラシー観の変遷については、塚田（1999）や竹川

(2010)に詳しいが、これらの論考でも指摘されているように、序章で言及した「脱工業化」社会、「知識基盤社会」といった社会の枠組みや、そのことによる学習者を取り巻く環境が、かつてない範囲と速度で大きく変わりつつある現在、母語教育を含む言語教育において、どういったリテラシーを育む必要があるのかが問われている。元々リテラシーとは、佐藤（2003）の整理に見られるように、文字の読み書きに代表される識字能力に対して使われていた概念であることは広く知られているが、この概念が社会の変化の中で、機能的リテラシー、批判的リテラシーと、必要とされるリテラシー観の変遷を遂げ、あるいは組み合わされて議論されてきている。

　機能的リテラシーとは、ある社会において自立するために必要な基礎的教養のことである。狭義には、社会的自立の基となる読み書き能力を指す使用法も見受けられる。この概念が最初に提起されたのは、佐藤（2003）の整理によると、1930年代のアメリカにおいてニューディール政策を遂行した民間国土保全部隊によってであった（佐藤，2003: 3）。その後、この概念はウィリアム・グレイによって、1956年にユネスコが推進する開発途上国におけるリテラシー・プログラムに採用される。したがって、ユネスコの定義においても、機能的リテラシーは読み書き能力だけでなく、「経済生活に十全に参加」するための職業技能を含むものとなっている（UNESCO, 2005: 129）。

　また、貧困や抑圧の「再生産」からの解放に対して、教育が成し得るリテラシー教育が1960年代以降展開されてくる。その中で提起されてきたのが、批判的リテラシーである（竹川，2010: 82-84）。批判的リテラシーとは、社会の認識やイデオロギー、価値観等が言葉によってどのように構築されているのかを批判的に吟味し、意味づけ直す実践をも含む能力のことである。この意味で、批判的リテラシーは、単なる読み書きの力を越えて、言葉によって自己と世界との関係性を捉え直し再構築する力までをも射程に含めていると捉えることができる（竹川，2010: 7-12）。

　そして、こういった機能的リテラシー、批判的リテラシーといったリテラシー観の変遷の背景には、社会構造の変化や通信技術の革新、グローバリゼーションといった学習者を取り巻く環境の変化や、それらとの関係で必要とされる学力観や学習の枠組みに、変化が求められてきたことが関与している（竹川，2010: 23）。こういった変化の中で、テクストの捉え方や、コミュニケーション過程のモデルもまた問い直されてきた。特に批判的リテラシー

の基盤には、ミハイル・バフチンのテクストを多声性による「意味をめぐる闘争の場」とする捉え方や、先述したスチュアート・ホールによるコミュニケーション過程を「生産と再生産」、「分配と消費」といった側面が複雑に絡み合う「接合（articulation）」と捉える理論的背景がある（竹川, 2010: 49–52）。テクストを社会的構築物として捉え、そこで正当化されている特定の社会的表象や権力関係、あるいは沈黙を余儀なくされている声をも読み解く力として、批判的リテラシーは捉えることができる。そして、この批判的リテラシー研究の基底には、フレイレに代表されるような批判的教育学の流れがある。つまり言葉によって世界を名づけ、自己と世界との関係を意味づけ直し、変革しようとする「意識化」の教育の重視である（竹川, 2010: 49–62）。

このようなリテラシー観の変遷を受けて、言語教育の研究者グループ、ニューロンドン・グループ（New London Group）は、1996 年に今後必要とされるリテラシーの理論的枠組みを、マニフェストとして教育研究誌（Harvard Educational Review）に提案し（New London Group, 1996: 60–92）、2000 年には社会・文化的多様性に対応した言語の複数性や、情報通信技術の革新に伴う多様なコミュニケーション様式を中心とした言語教育の枠組み、それらに伴う関連研究分野の成果を一冊の著書『マルチリテラシーズ（*Multiliteracies*）』にまとめて刊行した。この提案は英語圏を中心に広く支持され、上記の提案以降はこの枠組みを基盤とした実践の開発・提案が数多くなされてきている（Kern, 2000: Kress, 2003: Anstey & Bull, 2004）。本章 1 節との関係で言えば、2005 年前後以降に改訂された言語教育の教育課程では、例えばオーストラリア連邦・クィーンズランド州のニューベイシックス・プロジェクトに見られるように、幾つかの国や州において、このマルチリテラシーズ理論の影響が取り入れられてきている[4]（Kern, 2008/Unsworth, 2008）。

3.2. ニューロンドン・グループの提示する意味生成におけるモード概念

本節で焦点を当てているニューロンドン・グループとは、イギリス、アメリカ、オーストラリア、南アフリカの言語教育に携わる研究者グループで、次のような背景によってもたらされる多様なコミュニケーション様式の変化に対応すべく、「デザイン（design）」という語をキーワードに、言語教育に対して新たなパラダイムを提案している。背景として分析しているのは、政

治的な権力関係や、雇用、経済といった社会構造の変化。それに伴う人々の価値、文化的な認識の変化。そして技術革新によってもたらされたコミュニケーション様式の変化である。これらの状況の変化に対応し、新旧様々なコミュニケーション様式を、場に応じてメタ的にクリティカルに学び使いこなせるよう、教育内容と教育方法二方面からの提案がなされている（Cope & Kalantzis & New London Group, 2000: 9–29）。

この中で同グループは、高度に複合化されたテクストに対応した言語教育を構想するために、「意味生成モード」を構成する要素として、デザイン概念を用いた5種類の枠組みを提示している。その枠組みとは、以下のような図を用いて説明されている。

図中の区切られた各扇形は、コミュニケーションにおいて意味を生成するモードを表わしている。モードとは、この場合、歴史的な流れの中で社会・文化的に形成されてきた「物質の潜在的可能性から選択された記号資源

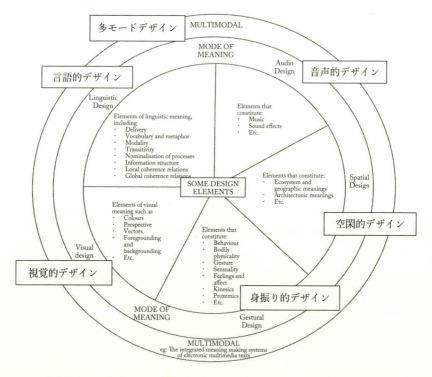

図4　意味生成モードの図：Cope & Kalantzis & New London Group (2000: 26)

(semiotic resources)」(Kress, 2003: 84)のことである。そしてその種類を整理したものが図4ということになる。各モードは「言語的デザイン」、「視覚的デザイン」、「音声的デザイン」、「身ぶり的デザイン」、「空間的デザイン」の5種類に整理されている。そしてさらにこれらを組み合わせた「多モードデザイン」が図の周りの部分に該当する。

　ニューロンドン・グループのメンバーでもあるクレス(Kress, 2000)は、同研究において、上記のモードの概念を使って「多モード(Multimodal)」なリテラシーの育成を重視・提案している。例えば新聞や広告を読む際にも、これまでのように文章か写真かといった区分だけで読み解くのではなく、文章の部分についても「言語的デザイン」である内容の読み解きに重ね、レイアウトという「空間的デザイン」や字体の選択といった「視覚的デザイン」をも重ねて読み解く多モードなアプローチの重要性を唱えている(Kress, 2003: 183)。そしてマルチリテラシーズ研究では、こういった多モードなリテラシーによって、高度に複合化されたテクストの分析や、そこに編み込まれた価値や文化、イデオロギーを検討できるリテラシー観を提案している。こういったリテラシーをつけることによって、文化や世代、空間、性別等の違いを超えた調整力を具えた、コミュニケーションにおける「交渉力」の育成を、一つの重要な鍵と捉えているからである。このことは、通信技術の発達やグローバリゼーションの影響によって、これまでコミュニケーションをとったことのない範囲に暮らす人々や世代、文化的な背景を持った人々とのコミュニケーションを想定してのことである。マルチリテラシーズを先駆的に紹介し検討してきた足立(2005)は、こういった理論的研究が浸透し基盤となって、PISA(OECD生徒の学習到達度調査)は展開されてきたと言えると述べ、その中でもテクストからの意味構築の過程を構成的にとらえた学習観が、従来のリテラシー教育との違いの一つであると分析している。

3.3. ニューロンドン・グループの教育学的提案とメタ言語の必要性

　同グループは、上述のようなリテラシー育成のために、さらにこれらを支える以下のような教育学的な提案も行っている。具体的には、次の①〜④の観点が教育実践を構想する際に示されている(Cope & Kalantzis & New London Group, 2000: 6–8)。

　①学習者が教室に持ち込む、多様な各人の経験から出発すること(状況

に埋め込まれた実践)。

②習者も教師も共に吟味し合えるメタ言語によって、学習の意味を明示しながら学習活動を行うこと。

③その学習が成立する枠組み自体をも吟味し、批判的に検討すること。

④学習内容を、他の文脈に転移・変換させる学習活動を含めること。

①の状況に埋め込まれた実践は、多様な背景を抱える学習者の状況を授業の資源と捉えた、教材選択や学習における真正性の提案である。そして②のメタ言語を介した明示的な学習は、急速なテクスト環境の変化の中で、教師も学習者も初めて出くわすタイプのテクストの学習を、共に行うための提案である。③の学習の枠組みへの批判的な吟味は、価値観の多様化する社会にあって、自己の属する社会やそこに内在する価値、文化、さらには学習を成り立たせている枠組み自体をも、相対化し吟味する学習の提案である。④は、学習を他の文脈に変換することにより、自己を相対化する学習についての提案である。

そして、上記の提案の中で、言語教育にとって特に重要なのが、②の学習者も教師も共に吟味し合えるメタ言語の確立と共有である。上にも述べたように、この教育学的な提案は、急速な社会の変化や多様化、飛躍的な技術革新を前提として考えられている。こういった状況では、教師と学習者との関係は、これまでのように安定的に「教え—教えられる関係」が成立するとは限らない。学習者にとってだけでなく、教師にとっても初めて出くわすタイプのテクストを、共に考え学ぶ状況も想定される。ニューロンドン・グループのメンバーであるコープとカランジス (Cope & Kalantzis & New London Group, 2000) は、そういった状況においては、次のような学習が必要になると述べている。それは、テクストの構成やルール、その応用法を学ぶことではなく、新たな形式や遭遇したことのないテクストを読み解くために、必要な手がかりを探す方略を培う学習やその経験である。したがって、この読み解くために必要な手がかりを探す方略を培う学習では、手がかりを探索したり、その過程で教師や学友と共に協議したり、省察したりするための共通するメタ言語が必要なのである。

このメタ言語の役割という観点から、本章第1節で検討した教育課程における記述内容を改めて振り返ってみよう。すると、第2段階のカメラアングルやショット・サイズ等といった「映像技法や、その表現効果との関

係」について、メタ言語の役割を果たせる用語を幾つか見つけることができる。しかし、この映像言語と呼ばれる映像技法やその効果は、本章1節でも検討したように、特にメディア・リテラシー教育の影響を受けた文脈では、カメラ技法や撮影技法とその効果という形で、コードの一種として学習させる傾向が見られた。勿論、第1節で検討したのは教育課程における記述であるため、その記述からだけでは、なかなか詳細までを判断するのは難しい。しかし、巻末に示したさらに下位枠組みの記述の詳細を見ても、この傾向は見てとれる。Jewitt & Oyama (2001/2010) は、この教示法を構造主義的記号論(特にパリ学派)の特徴の一つとして批判し、これらを選択・組み合わせ可能な意味構築の資源として教える方法を提案している(同:134–136)。また、このことをフレーミングという映像技法に焦点を当てて考えてみると、写真におけるフレームと、絵画や絵本におけるフレームとでは、異なった機能や働きをする場合があり、時代や文化、目的によってもその機能が異なることがわかる。したがって、ヴィジュアル・リテラシーとして必要な学習は、コードを憶えて当てはめる学習ではなく、様々なテクストにおけるフレームの機能を検討し、新たな使用や組み合わせに遭遇した際に役立つような検討の学習をしておくことであることがわかる。例えば、写真はトリミングと呼ばれる切り取りによって、外界との境を表し、そのフレームの上下左右の隣接空間に対してフレーム内の要素が同質のまま延長されていると感じさせる効果を生む。しかし絵画や絵本におけるフレームは、フレーム内の完結性が高く、フレームの外よりは中でのまとまりを喚起する働きが強い(川上,1968: 46–49)。また絵本では、「断ち切り」というフレームの描かれないページは、読み手にとって外界との接続性や臨場感を増幅させる機能を持つという分析もある(ニコラエヴァ／川端ほか訳,2011: 224–226)。こういったことを検討・議論し合えるような用語やメタ言語を整理し、国語科学習において他のテクストを学習する際にも活用できるような学習をさせる必要がある。

3.4. 選択体系機能理論を背景としたマルチモーダル研究

上で述べたような学習の枠組みや観点について、1990年代の中頃から、以下に紹介する SF-MDA (systemic functional multimodal discourse analysis) というアプローチが、発展の様相を見せてきている。SF-MDA アプローチ

とは、選択体系機能理論 (systemic functional theory) という言語を主な対象とした機能理論を、オトゥール (O'Toole, 1994) やクレスら (Kress & van Leeuwen, 1996) が、絵や写真、図のような図像テクストにも、その枠組みを援用しテクスト分析に活かそうと開発・整理した分析理論である。元々選択体系機能理論は言語以外の音楽やダンス等をも範疇に含む理論であるが、SF-MDA アプローチが登場するまでは言語分析がその研究の中心となってきた。

　この基盤となった選択体系機能理論とは、ハリデー (Michael Alexander Kirkwood Halliday) が従来からの統語論的な文法に対して、社会的文脈における言語機能の解明を目指して提唱した文法理論である。したがって、視覚的なテクストについても、上の図6で示した視覚的モードや空間的モード等に着目して、テクストの各要素が社会的文脈においてどういった機能を果たすのかといった意味構築のプロセスを分析・解明する理論となっている。このアプローチは、視覚的テクスト以外にも、建築 (O'Toole, 1994) や音楽 (van Leeuwen, 1999) といったより広範なマルチモーダル・テクストの研究へと拡張し、2009年には22章から成るハンドブック (Jewitt, 2009) が刊行されている。この分野に関わる34名の代表的研究者によって、このハンドブックが編まれたことをもって、この SF-MDA アプローチは、一つの研究分野としての基盤を構築したと見られている (比留間, 2012: 1–2)。

　このアプローチについては、次章以降具体的な分析例を示す形で、その具体的な分析や枠組みについて述べるが、ここでは同アプローチの基本的な枠組みについて2点示しておきたい。一つ目は、テクストの意味を「伝える」や「伝達する」ではなく「意味構築する (meaning making)」と位置付けている点である。この点は文学的テクストの場合には、読者論や受容理論等によって、もはや意味はテクストの中に在るのではなく、読み手とテクストとの相互交渉によってつくられるという考え方が広く捉えられるようになっているが、SF-MDA アプローチでは、図像を含む映像テクストについても、同様の意味構築の立場をとっている。こういった考え方は、現在では広く受け入れられてきているように見えるが、巻末に示した教育課程の記述からも見てとれるように、特に広告等においては、まだ「発信者の意図」や「伝える」といった表現が多様されている。しかし SF-MDA アプローチでは、Halliday (1978) を基盤にして、意味は読み手がテクストとの相互交渉によっ

て「構築」するものであり、テクストが産出されたコンテクストや読み手のコンテクスト、さらには読み終えたテクストの前部がこれから読む後部のコンテクストの一部となり得るという考えを基に、枠組みが整理されている(Halliday, 1978: 139)。

また二つ目は、同アプローチ及び基となる選択体系機能理論では、以下の図のように、テクストの意味を三つのメタ機能によって捉えるという点に特徴がある。その三つとは、テクストの中でどのようなことが展開しているのかという「観念構成的メタ機能」、それが読み手に対してどういった対人的な意味を構築し得るのかという「対人的メタ機能」、これら前2者のためにテクストがどういった構成になっているのかという「テクスト形成的メタ機能」の3種類である。この関係を、選択体系機能理論では以下のような図を用いて示している。稿者が訳し作図した図を示す。

図の左方扇形の部分が観念構成的メタ機能、中央部の公孫樹の葉形の部分がテクスト形成的メタ機能、そして右方の扇形の部分が対人的メタ機能を模擬的に表している。そしてどのメタ機能においても、下方の中心部に描かれている「表現層(音素や書記素等)」から、「語彙・文法層」、「意味層」、「コ

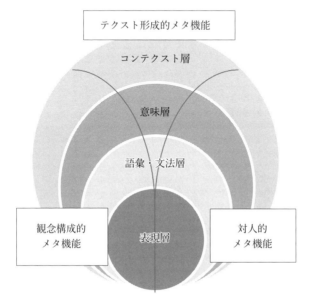

図5　三つのメタ機能(Halliday, 2004: 25／一部修正)

ンテクスト層」と順に外側に向かって、4層にまたがった各機能が隣接して描かれている。そして、これらの各層は、接続した上位の層が下位の層によって、具現（realize）されるという関係になっている。例えば、意味層は、下の語彙・文法層によって具現され、その語彙・文法層は、さらに下位の表現層によって具現されるという関係で捉えられている。

　実は、この4層の隣接関係の枠組みが、本章1節、2節において課題として析出した、視覚的なテクストからの複層的な意味構築の学習への糸口を示唆している。パリ学派の記号論ではデノテーションとコノテーションという2種類の記号作用として整理されていた複層的な意味構築の過程を、SF-MDAアプローチでは、上掲のように「表現層（音素や書記素等）」、「語彙・文法層」、「意味層」、「コンテクスト層」といった4層の隣接した層に整理して、それらの関係を「具現」される関係として示している。このことを、本章2節において用いたバルトのパンザーニの例を使って、改めて説明し直してみよう。下方の「表現層」には、トマトの赤色やその艶、包装紙に使われている緑色や白色、袋の形や大きさ等の要素が該当する。そしてその上の「語彙・文法層」には、たまねぎやトマト、缶詰等が該当する。さらにその上の「意味層」には、これら「語彙・文法層」のたまねぎやトマト、缶詰等が、ある料理の食材として束ね捉えられて該当する。また、「コンテクスト層」には、この写真をどういった人が、どのような目的で見るのかといった状況等が該当する。このように考えていくと、この写真が広告として見られる可能性が高いということは、人工的な赤一色の背景という隣接した下層の「語彙・文法層」や、それをさらに具現している「表現層」の赤色によって支えられ意味構築できるというように説明できる。つまり、テクストのどの要素がどういった意味を具現しているのかを、4層の層化の枠組みによって分析し易くなっている。

　また、図5の枠組みでは、上記の4層がさらに左右と中央の三つの領域に分けて整理されている。この三つの領域を、SF-MDAでは「三つのメタ機能」と呼んでいる。この三つのメタ機能については上で説明した通りであるが、視覚的テクストをこの4層と3種類のメタ機能によって分析することによって、そこから構築できる意味の構築過程を、より立体的に分析できるように整理されている。例えば先のパンザーニの分析における「食材の新鮮さ」という意味は、三つのメタ機能の「対人的メタ機能」として構築でき

る。例えば食材のトマトは、「観念構成的メタ機能」としては、「トマトが一つ置いてある」という事象として意味構築することができる。しかし、そのトマトが新鮮そうであるという意味は、「対人的メタ機能」としての意味構築ということになる。また、パンザーニというロゴの反復は、「観念構成的メタ機能」では、「袋にパンザーニというロゴが書いてある」という意味構築となるので、二つの袋に書いてあっても三つの袋に書いてあっても意味は変わらない。しかしこれを「対人的メタ機能」から意味構築してみると、複数のロゴの反復は新たな意味をもち、「この食材もあの食材もパンザーニで揃う」という広告的な意味をもつことになる。

この三つのメタ機能や4層については、また後の章で別の例を使って詳述するが、SF-MDAアプローチを用いることによって、視覚的テクストから構築できる意味やそのプロセスは、明示的で立体的に記述可能なものとすることができる。

先にも述べたように、このSF-MDAアプローチは2009年にハンドブックが刊行されたばかりの比較的新しい分析理論だが、現在マルチモーダル研究においては、大きな影響力を持っている (Dreyfus *et al.*, 2011, Unsworth & Thomas, 2014)。また、このアプローチを用いることによって、本研究における課題の一つでもある絵と文章のような異なる記号間からの意味構築を分析する枠組みの開発にも役立てることができる。しかし、まだこういった枠組みは開発途上の部分もあるため、本書では既に開発されている枠組みを提示しながら、日本の国語科教育で活用しやすい形の枠組みを開発・整理する。

3.5. SF-MDA 研究で提示された新たな観点

本章2節において、視覚的テクストの学習では、特にメディア・リテラシー教育の文脈において、60年代〜70年代を中心とした構造主義的な記号論や映像言語の教えられ方が継続されてきたというクレスとルーウェンの指摘を紹介した。それでは、上で述べてきたようなリテラシー観の変遷の中で辿り着いたマルチリテラシーズ研究や、この研究を背景として開発されてきたSF-MDAアプローチでは、それまでのテクストや意味構築の捉え方において、どういった点が異なるのだろうか。本章の最後に、この点を次章以降の検討や提案のために、整理して示しておく。

1点目は、前述したように、記号の解釈過程における「コードの捉え方が、パリ学派に代表される構造主義的な理論とは異なる」(Jewitt & Oyama, 2010: 134) という点である。3.3. の説明に加えるならば、ジェウィットはパリ学派の記号論では、コードを「記号をエンコードしたりディコードしたりするための約束事やルール」と捉えてきたのに対して、SF-MDA では、「コードを意味構築の資源」の一つと捉えるという点が異なっていると述べている。つまり、既に安定して存在するルールとしてコードを捉え適用するのではなく、コードもある文化や社会において形成され組み合わされる意味構築の資源と捉え、相対化する観点である。

　また、2点目は、テクストの捉え方の違いである (Kress, 2003)。SF-MDA では、テクストを選択システムにおける選択された要素の集合体と捉え、そのテクストの生成過程から意味構築を検討する観点が、従来の記号論的アプローチとは異なると、クレスは述べている (Kress, 2003: 5–7)。この点については、また第4章において詳述するが意識しておくべき要点である。

　これら2点の違いについての議論は、本節の冒頭で概観してきたリテラシー観の変遷とも関連する。もしもコードを所与の約束事やルールと捉えるならば、教育ではそれを憶えさせる学習が中心となる。そして視覚的テクストから意味構築を行わせる際には、憶えたコードを当てはめて分析させる方法を練習させることになる。しかし、コードを安定的に既に存在している所与のものと捉えず、意味を構築していくための一つの資源と捉えた場合には、これまでに出遭ったことのない新たなタイプのテクストでも、幾つかのコードを組み合わせたり新たに変形させたりしながら、そのテクストからの意味構築に挑戦させる学習を展開させることができる。本書では扱わないが、テクスト産出の過程でも同様の捉え方ができるのではないだろうか。

　そして、マルチリテラシーズ研究及び SF-MDA アプローチでは、この後者の学習過程を説明する概念として、デザイン (Design) という概念枠組みを提案している。学習者が初めて出くわす新たなテクストから意味構築を行ったり、あるいは新たなタイプのテクストを産出したりする過程は、次の三つのデザイン概念を用いて説明できるという説明である。三つのデザイン概念とは、次の①～③である。

　　①アベイラブルデザイン (Available Designs)
　　②デザイニング (Designing)

③リデザインド（The Redesigned）

　①は、既にデザインされて在るものという意味で、そこから新たな意味構築を行うための既存のテクストやコード等の資源を指している。そして②は①の既に在るデザインを使って、つまり学習者の既習・既有の知識等を使って、新たな意味構築を行う記号過程のことである。最後の③は、②のデザインするその記号過程によって、新たに意味が付与されたテクストのことである。そしてニューロンドン・グループは、学習者や私たちは上記三つのデザインの枠組みの中で、コードを異なる文脈や使い方によって、ズラしたり組み合わせたりした使用を行い、そのことによって日々新たな意味生成に参加していると説明している。この三つのデザイン概念を用いて、意味構築のプロセスを捉えていく観点が、最後の3点目ということになる。

　以上見てきたように、本研究では、上記の三つのデザイン概念の枠組み、そしてマルチリテラシーズ研究、さらにはその背景の中で開発されたSF-MDAの枠組みを援用して、日本の国語科教育に必要なヴィジュアル・リテラシーの枠組みを、探究・整理していく。

第2章小括

　以上、英語圏を中心とする国や州の母語教育において、教育課程に初めてヴィジュアル・リテラシーが記述されるようになった時期に着目し、ヴィジュアル・リテラシーに関連するどういった内容が選択され記述されてきたのかを検討した。そしてこれらの検討から、言語教育にこの導入時期に共通に選択され、記述された学習内容を整理した。またそこから各国や州の教育過程に共通する系統性も整理した。その結果、それらの共通項からは、複層的な4段階の系統性をみとめることができた。

　また、教育課程における記述内容や系統性との関連で、この導入時期の学習内容に影響を及ぼした3種類の理論的背景についても、整理して見てきた。その中では、第1章で検討したメディア・リテラシー教育においては、「オーディエンス」概念や「アップやルーズ」といった映像技法、「コード」や「コンベンション」といった60年代〜70年代に整理・提起された枠組みが主に導入され教え続けられていることが確認された。また、写真等のテクストからは「撮影者側の情報」も意味構築することが可能であることや、

見る側に起こる感覚や身体感覚も意味構築できる可能性があることを確認することができた。

さらに、本章の3節では、リテラシー観の変遷の中で、現在のヴィジュアル・リテラシーやマルチモーダル研究に影響力をもつマルチリテラシーズ研究や、SF-MDAアプローチの枠組みを参照し、モードを検討する枠組みや、デザイン概念の枠組みについても整理して提示した。こういった新たな枠組みは、学習者のテクスト環境が、かつてない速度と質において変化を遂げている時代の学習を前提としていることも確認した。その上で、今後のヴィジュアル・リテラシーの学習では、次の点を意識した提案が必要とされていることも確認した。

・教師と学習者とが未知のタイプのテクストに挑戦し、意味構築についての検討の学習を行っていくためには、共通のメタ言語を開発・整理する必要がある。
・ヴィジュアル・リテラシーは、テクストの多層的な理解を基盤としているため、既知の学習と未知の学習とを行きつ戻りつするような、多層的な学習デザインが必要である。

これら第2章で検討した論点を基に、次章以降において日本の国語科教育に必要なヴィジュアル・リテラシーを検討・提案していく。そしてそのために、次章では、学習材としての視覚的なテクストについて、これまで前提とされてきたテクストの特徴や観方、枠組みについて改めて検討する。

巻末に、本章1節において検討したWA州のさらに詳しい英語科（母語）の「見ること」領域の記述内容を、翻訳・整理して示す。

注

1) 文学作品における「プロット」及び「筋」「ストーリー」に関しては、概念の使い分けについて議論があるが、ここでは「出来事」と「出来事」を「統合する方法」により重点を置いて指導が組まれているととれるので、「プロット」の語を用いる。また、トドロフの5段階モデルに関しても批判があるが、ここではBFIの指導書に沿って、このままの用語の枠組みで使用する（前田，1988: 179–182, BFI, 2001: 12）。
2) この表象という概念には、研究領域によって多種類の定義がなされているが、本研究

ではスチュアート・ホールの以下の定義の範囲で、この概念を扱う。その定義とは、本文中でも提示した「同じ文化に属する成員間において、意味を構築したりやり取りしたりする過程における、中核的な各人の頭の中にあるもの」という定義である(Hall, 2003: 15)。

またホールは、この表象概念に関連させて1970年代初頭に、「コード化(encoding)／脱コード化(decoding)」の理論を構築している。この理論は、「送り手」から「受け手」への直線的で透明なメッセージの伝達を否定し、メッセージを生産・流通・消費のプロセスの中で記号化や言説化する「コード化(encoding)」と、受け手による社会的・経済的・文化的な解読である「脱コード化(decoding)」との過程で説明している(Hall, 2003: 21–28)。

3) コノテーションとデノテーションについては、レヴィ・ストロースやルイス・イエルムスレウの「共示」の概念を訳語で表記し、それを基に理論的枠組みを検討・提示したバルトを中心とするそれ以降の使用については、前者と区別して「コノテーション」と「デノテーション」のようにカタカナで表記することとする。

4) 当該理論の言語教育(母語教育・第二外国語教育を含む)への影響は、筆者が2003～2013年まで隔年で訪れたオーストラリア連邦・NSW州、QLD州、VIC州への現地調査、及びカナダ・オンタリオ州、ニュージーランド、英国、米国(ニューヨーク州)における現地調査においても、影響を認めることができた(影響が部分的である地域も含む)。特にマルチモーダル研究や関連の授業実践において、その影響を見ることができた。

第3章　図像テクストの特徴と分析の単位・枠組み

　第2章では、言語教育特に国語科教育に必要なヴィジュアル・リテラシーを検討するため、英語圏を中心とする母語教育(第一言語としての英語教育)の教育課程において、視覚的なリテラシーがどういった内容として選択され記述されてきたのかを、初めて導入された時期を中心に、その記述内容から検討した。さらに、それらがどういった研究分野におけるどういった知見を基盤としてきたのか、またその後どういった新たなリテラシー観の変化によって、どういった新たな言語教育の枠組みが提案されてきているのかについても述べてきた。

　そこで本章では、ヴィジュアル・リテラシーが主な対象としてきたテクストについて、言語教育の立場から確認しておくべき特徴を検討する。そのため、本章からは視覚的テクストの内、絵や図、写真といった静止画を〈図像テクスト〉と呼び、これまでの国語科教科書におけるこの種のテクストの掲載状況や、前提とされてきた図像テクストに関する捉え方を、改めて検討する。そしてそれらを踏まえた上で、言語教育においてこういった図像テクストを用いる場合に、意識しておくべき特徴を検討する。

第1節　図像テクストの特徴

1.1. 国語科の教科書で使用されている図像テクストとその学習

　序章でも述べたように、学習者を取り巻くテクスト環境は大きく変わってきている。そしてその変化は、学習者の生活環境においてだけでなく、日々の学習に使用する教科書においても起きている。例えば本研究の対象である国語科で用いる教科書においても、現行版の教科書ではかつて無いほど絵や写真、図といった図像テクストが使われるようになっている。その具体的内容の分類・整理に関しては、特に平成元年版以降の教科書を対象に、大野木

裕明(2002)や奥泉香ほか(2004)、藤森裕治・奥泉香(2007)においてその検討がなされている。特に藤森・奥泉(2007)では、小学校国語科教科書(5社)にみられる全問いかけや課題提示5937件の内、何らかのかたちで図像テクストを取り上げているものが549件あり、全体の9%に当たることを明らかにしている。このことから、教科書においても掲載内容のおよそ一割が、図像テクストを扱ったものとなってきていることを確認することができる。これを使用数の内訳で見ると、使用総数は6年間で絵が841枚、写真が207枚と国語科の学習だけでも1000枚以上の図像テクストを学習で使用していることがわかる(藤森・奥泉, 2007)。そして、国語科の教科書におけるこの傾向は、平成24年度版小学校国語教科書(全5社, 計60冊)及び現行版においても、同様に見ることができる。

また、藤森・奥泉(2007)のデータを図像テクストの種類別に見ると、下の表1に示すように、小学校国語教科書における低学年では、絵や写真の素材が多く扱われていることがわかり、写真では3年生5年生、絵では3, 4年生からその使用が減少する傾向が見られる。また、図表等は3年生でピークを迎え、その後減少している。

表1　図像テクストの掲載実数(藤森・奥泉, 2007)

学年	1(写真)	2(絵)	3(図表等)	4(地図等)	総計
1	43	209	12	1	265
2	45	194	5	14	258
3	14	104	21	4	143
4	44	96	54	0	194
5	24	139	23	10	196
6	37	99	13	0	149
総計	207	841	128	29	1205

右の表2は、本書のために平成24年度版小学校国語教科書(2012, 学校図書, 1～6年)と平成27年度版中学校国語教科書(2015, 学校図書, 1～3年)について、同様に図・表・グラフ等にしぼって掲載状況を調べたものである。この表からも、上記の2007年の調査以降も図・表・グラフ等が多用され続けていることが確認できる。また、本書のために調べた中学校の教科書における調査からは、図・表・グラフが討論の方法や論理的な分類の思考

第 3 章　図像テクストの特徴と分析の単位・枠組み

表 2　図・表・グラフの掲載状況（2012, 2015）

No.	種類	工夫・技術	単元名	学習目標	図表等の効果	学年
1	図	図解	わかるようにかいてつたえよう	じゅんじょがわかるようにきましょう	各部の名称を表示できる	小1下
2	マップ	連想表示	わたしたちの生活の木	毎日の出来事と、その時の気持ちを書き残す	関連・分類を考えることができる	小2上
3	図	色の濃淡・異サイズによる表示	話し方・聞き方・まとめ方	距離や人数によって声の大きさを変える	レベルを表すことができる	小2上
4	家系図	絵との併用	ことばのいずみ1	つながりのあることば	関係を明示できる	小2下
5	関係図	並列表示	書き分けはできるかな	同音異義語の理解	同音語を並記できる	小2下
6	フローチャート	パターン化	大事なことを読み取ろう	キーワードに気をつけて、大事なことを読み取ろう	流れを把握できる	小3上
7	マップ	中心から広がる表示	しょうかいしたいことを話そう	すきなわけやとくいなわけをあげながら話そう	連想して広げることができる	小3上
8	マップ	中心から広がる表示	考えを広げよう、まとめよう	思い出したことがらをつないで、考えを広げる方法を学ぶ	要素ごとに分けることができる	小3上
9	分類図	分類表示	考えを広げよう、まとめよう	ことがらを整理して、考えをまとめていく方法を学ぶ	グループ化できる	小3上
10	地図	色分け・位置表示	図書室で本をさがそう	本の種類と位置を知る	本を探しやすくできる	小3上

No.	種類	工夫・技術	単元名	学習目標	図表等の効果	学年
11	マップ	連想・分類	キーワードに注目しながら読もう（「ミミズクルミング」）	段落ごとの関係を考えながら読み取ろう	段落ごとの要点を、関連・分類できる	小3下
12	図	整理・比較	文章の要点を読み取ろう	文章の組み立てをつかもう	疑問・理由・結論の文章構造が比較できる	小4上
13	イメージマップ	整理・連想	自分の考えを提案しよう	主張がよりよく伝わるように、構成をくふうして話そう	中心の課題からイメージをくらませることができる	小5上
14	マップ	整理・連想	随筆を書こう	自分の思いを、自分の経験にもとづいて書き表そう	題材を絞り、題材ごとに関連して事項を整理できる	小6上
15	マップ	中心から広がる表示	話す・聞く1（私のお気に入りを友達に伝えよう）	スピーチの仕方を身につけよう	中心に書いたテーマから話題や構想を広げることができる	中1
16	マップ	整理・分類	話す・聞く1（私のお気に入りを友達に伝えよう）	スピーチの仕方を身につけよう	聞き手の反応を整理し、ポイントごとに分類できる	中1
17	マップ	中心から広がる表示	情報と表現1（発想を開く・情報を集める）	「コピー」など広告の特徴を使って表現しよう	中心テーマからキーワードを連想し、発想を広げることができる	中1
18	フローチャート	パターン化	言語の学習（一年生の文法の学習）	単語や文節間の関係を学ぼう	自立語と付属語の活用と品詞分類が理解できる	中1

第3章　図像テクストの特徴と分析の単位・枠組み　113

No.	種類	工夫・技術	単元名	学習目標	図表等の効果	学年
19	円グラフ	色分け・絵の挿入・整理	言語の学習(今に伝わる古い注意したい古語)	陰暦や十二支を学ぼう	十二支と、それぞれに対応する時刻(旧)と方角がわかる	中1
20	関係図	色分け・方向指示	話す・聞く2(対立した立場で意見を深める)	ディベートの方法を知り、実践しよう	主張・データ・理由づけ(論拠)の関係性を視覚化により理解できる	中2
21	マップ	中心から広がる・整理	書く2(論を組み立てる)	意見文の書き方を知ろう	中心テーマから発想を広げ、テーマの一つをさらに掘り下げて、起承転結に基づいて思考しまとめることができる	中2
22	表	整理・分類	社会に向けて・活用(「ナナリも花、サクラも花」)	筆者の体験と思考のつながりを捉えよう	インタビューを類別して整理できる	中3
23	図	イメージ化・整理	話す・聞く2(多様な意見の交差)	グループ・パネルディスカッションを行ってみよう	立場や意見の出し合いがイメージ化できる	中3

を促すツールとして、活用されている状況も確認できる。

　さらに、使用されている写真や絵を個別に見ると、見開きの半分を超えて一枚の写真が使用されている例も見られ、既に国語科の教科書においても絵や写真、図表等は、文章に添えられた挿絵や付加的な要素とみることは難しいことを裏付けている。

　さらに、どのような絵や写真を使って、どういった学習が展開されているのかを見てみると、例えば小学校国語科教科書（1年生下，光村図書）では、図1のような絵が、また4年生（下，光村図書）では、図2のような写真が使われている。

図1　小学校（1年生下）

図2　小学校（4年生下）

　図1では、はしご車の絵を見て、作りと機能との関係を言語化する学習が提示されている。そして、図2では、「アップとルーズ」といった第1章第2章でも言及した映像言語を、実際の写真を使って考えさせる教材が掲載されている。どちらも、第1章第2章において検討した視覚的テクストからの言語化能力や、テレビや映画といった映像研究の知見を援用した学習内容が提示されている。

1.2.　図像テクストの意識すべき特徴

　このように、1.1で見てきたような国語科の教科書における図像テクストは、上述のように大きくは平成元年度版以降に、顕著に増加や拡大化の傾向

が表れるようになった(大野木，2002)。しかしその傾向を遡っていくと、第1章で整理・検討したように、視聴覚教育を中心とした「視聴能力」の研究が盛んに行なわれるようになった1970年前後から、国語科においても、写真や絵本の絵を含む、使用する図像テクストに関する論考が発表されるようになっている(滑川，1979)。

そこで、その中から当時の図像テクストに関する議論を知る主要な論考の一つとして、波多野完治(1975)の「視聴覚メディアと文字メディアの相違」[1]という論文を出発点とし、図像テクストの特徴をどのように捉え、国語科においてヴィジュアル・リテラシーをどのように考えていったらよいのかを検討する。またその過程で、図像テクストの特徴に関わる先行研究についても、言語教育に関わる範囲に焦点化させて検討する。この波多野の論文は、『国語教育著作集下』に所収されているものである。また、波多野は当時、『視覚的思考』で著名なアルンハイムと交流を重ね、アルンハイムの映画分析や「言語理論と映像理論との二元性をみとめない」立場に関する解説や論文を著している。そのため、以下の文章はこの2種類の「言語理論と映像理論」や、その対象とされてきたテクストに関する当時の議論を反映していると考えられる。

波多野は同論考において、リュシュとベートソンの分類を用いて、学習材としてのテクストについて、次のような分類や特徴を述べている。「文字(ないしことば)はディジタル(数字的)であり、視聴覚的表示のほうはアナロジックなのである。アナロジック(類似的)のほうが説明しやすい。テレビを見る。人間がでてくれば人間だとすぐわかる。犬がでてくれば、犬、猫は猫と表示されている」(波多野1975: 191)。この記述から、教材としてのテクストは1970年代のこの時期から、ディジタルとアナログという二分法で分類され語られていたことがわかる。ディジタルとは波多野の説明を使うならば、「(ソシュールのことばを使うと)能記と所記との関係がまったく人工的なもの」、そしてアナログとは、記号内容[2](所記)に類似的な記号表現(能記)の「形態」であると説明されている。つまり波多野のこの説明に従うならば、ディジタルやアナログについての氏のこの定義自体は他の機会に検討し直すとしても、絵や写真といったアナログ的なテクスト(あるいは記号表現の集合体)では、記号内容と記号表現とが類似しているという特徴を具えているという認識が広く認められていたということになる。そしてこの特徴

から、「犬は犬、猫は猫」という、見ればわかるといった考え方が導き出される傾向が生じていたと考えられる。

　第1章でも取り上げた小笠原(2003)は、この当時のこういった波多野の論考について、「視聴覚教育とは…〔略〕…『やさしく速やかに教える技術』という教育工学的思考」が根底にあり、その影響が視覚的テクストは文字によるテクストより簡単で理解しやすいという認識に反映しているのではないかと指摘している(小笠原，2003: 389)。しかし、このことを考慮したとしても、図像テクストを国語科の学習で用いる場合、その図像テクストという記号表現(能記)の集合体と、その記号内容(所記)との関係を「類似」であると押さえて、図像テクストを用いた学習を構想していけばよいのだろうか。つまり、絵に描かれた犬と、実物の犬との類似性に着目して、学習を構想していけばよいのだろうか。この問題について、記号論の観点から検討・考察してみることにする。

第2節　図像テクストにおける記号過程の種類

　上述したように、図像テクストの特徴についてもう少し詳しく検討するため、記号論の観点から検討・考察してみることにする。

2.1.　記号過程とその種類

　現代記号論の基盤に影響を与えた人物としては、1.2で波多野(1975)が引用していたフェルディナン・ド・ソシュール(F. Saussure)や、記号の3分類を提示したチャールス・サンダース・パース(C. S. Pierce)を挙げることができる。ソシュールは、波多野(1975)でも引用されていたように、記号過程を「シニフィアン」という「記号表現」(「能記」とも訳す)と、「シニフィエ」という「記号内容」(「所記」とも訳す)との関係として説明したことで知られている。例えば日本語の「イ・ヌ」という音の連鎖や文字の連鎖を「記号表現」と呼び、その音や文字の連鎖が指示する実物の犬を「記号内容」と呼んで、これら二者の関係を記号過程と定義したのである。

　また、パースはその記号過程を次の3種類に分類したことで知られている。その分類とは、①類似(イコン)②指標(インデックス)③象徴(シンボル)である。①類似(イコン)とは、「それ自体の特性が対象と類似性を持つため

に、その代わりになる記号」(Peirce, 1931：米盛裕二訳, 1981：以下②③は同書中から引用)のことである。図像テクストはこの種類の記号に属することになる。②の指標(インデックス)は、「晴雨計や風見鶏等のように、対象との物理的な結びつきが実際に存在し、それによって対象を示す記号」と定義されている。そして③象徴(シンボル)は、「対象との似通いや物理的結びつきなど対象に制約されることなく、観念や思想を媒介にして対象に関わる記号」であると定義されている。そしてこの種の代表的な記号が、言語であると説明されている。

このパースの記号の3分類は、小笠原(2003)にも見られるように、現在でも図像テクストにおける理論的基盤として有効性が認められている。しかし小笠原は、上記の整理に対して、記号の形態自体の類似性ではなく、記号の作用の仕方といった面に着目して、このパースの論を参照する必要があることに言及している。この点に関しては、以下のような論も提起されているため、国語科の学習でこういった整理を参照するために、さらにスーザン・ランガー(S. K. Langer/大久保ほか訳, 1987)やウンベルト・エーコ(U. Eco, 1976)の次のような議論も検討しておく。

2.1.1. 記号過程における対象の「変形」「創案」

ランガーは、パースの59049種類にも及ぶ詳細な記号過程の分類を、煎じ詰めると66種類にまで集約できるはずであるという仮説を引用し、「意味の本質的な性質」は「論理の領域」にあるため、「記号過程」の「経験的な観点からの種類分け」というパースのとった方法には限界があると述べている。またエーコは、記号の「生産様式」の類型といった観点から絵画のような図像を分類し、この種の記号の「生産様式」の特徴は「視覚に変換を加える『創案』」にこそあり、それは単なる類似といった種類の記号と対象との関係ではないと述べている。

これらランガーやエーコの研究は、対象をそのまま描いたり写したりしたものが図像のような記号ではないという、図像テクストの「本質的な性質」を示している。エーコもまた、絵画は対象に「創案」を施した記号であり、写真もまたアングルや光の当て方、トリミング等によって、対象に「創案」を施した記号であると述べている。

勿論エーコの「創案」の説明は、主に絵画を例として述べられているた

め、これらをまったく同じようには扱えないが、ロラン・バルトはこの違いについて、写真の方が「類似性の充実感が非常に強烈」であるが、その写真も次の点によって「加工」が施されているということを強調している[3]。その点とは、テクストが対象の要素から「選ばれ、組み合わされ、構成され、処理され」ているという点である。つまり、媒体によって「創案」や「奇矯」の程度や方法は異なるが、対象がテクスト化される際の「創案」や「奇矯」の部分からも意味を構築する必要があることを、エーコやバルトは示唆していることがわかる。また、バルトは、特に写真に関しては、殆どの場合単独で眺めて意味を構築することはなく、新聞や雑誌といった媒体の中で、キャプションや文章と組み合わされて見られることが多いので、その場合には他の意味構築の力学が働く点を強調している。この点は、第1章でも言及したように、国語科で写真を扱う場合には重要な要点である。

　以上の議論から、私たちは図像テクストを国語科の学習で扱う場合には、図像テクストの意味を、対象との類似性という観点で構築すれば事足りるわけではないということを確認することができる。その対象をなぜ選び、どのようにテクスト化する際に「変形」したり「創案」を施したりしたのかという点にも着目し、これらによって何ごとが語られているのかを意味構築することが重要であるということを確認することができる。そしてその過程で、第2章でも言及したように、どういったコードやコンベンションも含めた記号資源を、どのように使用し、そのことによってどういった文化や価値がテクストに編み込まれているのかも検討することが重要である。このことから、前節の「犬は犬、猫は猫」という「見ればわかる」といった考え方に対しても、なぜその犬種や年齢の犬が選ばれ、どういった角度から、どのようにその犬や猫が描かれ撮られているのかを検討し、そのことによってどういった意味や、社会・文化的な価値を構築することができるのかも検討する必要があることを確認することができる。

2.1.2.「自己指示的例示」と記号内容

　この図像テクストという記号表現の性質について、さらに視覚社会学者・北澤裕(2005)はネルソン・グッドマン(N. Goodman, 1976)の提起する「自己指示的例示」という概念を用いて、次のような整理を行っている。図像テクストにおける黒インクで示された黒色は、目の前にインクという姿で存在

する記号の、指示内容である黒(性)を、自らの姿あるいは姿のある側面で例示しているといった説明である。つまり、インクの黒色とそれが指示する黒(性)の関係は、類似といった関係ではなく、自己例示という関係であるという説明である。グッドマン及びその論を用いた北澤の整理は、2.1.1 において言及した図像テクストにおける記号表現と記号内容との関係を、より明確に整理・提示している。

　図像テクストにおけるこの「自己指示性」という記号作用の学習は、学習者各人の自由に任せて検討させているだけでは気づきにくい、国語科の学習として行う必要のある重要な学習である。つまり、先に掲げた犬や猫の絵や写真に当てはめてみるならば、その描かれた犬の種類や毛の色、顔つき等で自己指示された記号表現によって、またその絵や写真の「創案」や「変形」「加工」によって、何が例示されているのかといったことを検討しないかぎり、そのテクストからの意味構築は難しいということを学習することになるからである。

　また、こういった観点で学習を行う場合、次の Kress & van Leeuwen (1996) の指摘も併せて検討しておく必要がある。先の波多野の論文では、「犬がでてくれば、犬、猫は猫」といった表現が使われていた。しかし、この図像テクストにおける犬や猫といった語彙のレベルで捉える分析法や観点を、Kress と van Leeuwen は、第 2 章で検討した 60 年代〜70 年代に提示されたパリ学派の枠組みの限界であると分析している (Kress & van Leeuwen, 1996: 1–3)。一見特に図像テクストのような静止画では、テクスト中に表現されている対象は、犬や猫のような名詞等の語彙によって言語化し、意味構築できるように捉えられやすい。しかし上で述べてきたような記号過程を考えると、テクストから構築できる意味は、その犬の動作である場合も、毛並みの色や様子である場合も、走る速度である場合もある。つまり、テクストからの意味構築や言語化の過程では、パリ学派における分析の中心だった語彙のレベルでの意味構築や、意味の複層性を分析するだけではなく、それらがどういった種類の述語によって言語化され意味構築される必要があるのかを、検討するための視覚の文法 (visual grammar) が必要であると、Kress と van Leeuwen は述べている。この詳しい文法の内容については、第 4 章以降に具体例を用いて述べることとし、本項ではこの観点のみを提示しておく。

2.2. 図像テクストにおける構成上の特徴

　国語科の学習で図像テクストを用いる場合について、さらにもう一点そのテクストの構成上の特徴を、先述したランガーの定義を参照しながら考えてみたい。ランガーは、「言語とは特殊な表現様式の一つにすぎないものであって、あらゆる意味づけ (semantic) が言語によってのみ行われるとはかぎらない」と述べ、映像や音楽といった記号にも焦点を当てて、テクストをその構成体としての特徴という観点から、「論弁的シンボル」と「現示的シンボル」という二つのカテゴリーに分類している（ランガー／大久保ほか訳, 1987）。文字言語のような記号作用を持つものを、「論弁的シンボル」(Discursive symbol)、それに対して図像のような記号作用を持つものを、「現示的シンボル」(Presentational Symbol) と名づけている。

　文字記号が論弁的だというのは、各部が単語に分解でき、それらを構文法や文法規則に則って組み合わせたりすることによって意味作用を及ぼすことができるからだと説明されている。これに対し、絵や写真のような現示的シンボルは、部分を構成する各要素に分けることが難しく、文字記号のように意味を担った単語のような単位がはっきりとはせず、また分けたとしても統語論的に各部をつなげたり組み合わせたりしただけでは、意味作用を及ぼすことが難しい記号であると説明されている。

　この問題について、北澤 (2005) はグッドマン (1976) で提起されている「稠密性（デンシティ）」という概念を用いて、現示的シンボルつまり映像や図像といったテクストの特徴を、さらに整理している。それによれば、テクストにおける稠密性とは、「連続的で充満したシステム」を保持した状態のことである。つまり、図像テクストは、文章のように区切れが明確ではなく、ランガーの述べるように、「部分を構成する各要素に分けることが難しく、文字記号のように意味を担った単語のような単位がはっきりと」しないテクストということになる。そして、その意味を担ったaでありbでもあるような「単位がはっきりと」しない「連続的で充満したシステム」が、面を構成しているのが視覚的テクストということになる。

　こういった図像テクストの特徴を意識しておくことも、国語科学習でこの種のテクストを用いる場合には、重要なことである。それは、テクストから意味を構築する単位や方法に関わるからである。これまで国語科では特にPISA (2003) の結果公表を受けて、テクストの種類を次のように分類して

扱ってきた経緯がある。PISAではテクストの種類に言及する場合には、「連続型テクスト（continuous text）」と「非連続型（non-continuous text）テクスト」という分類が用いられ、文章は「連続型テクスト」、それ以外の図や表、グラフ等は「非連続型テクスト」として括られて論じられてきた。

しかしPISAで述べられている「連続型テクスト」とは、「文と段落から構成されている」テクストという意味で、「非連続型テクスト」とは「データを視覚的に表現した図・グラフ、表・マトリクス、技術的な説明などの図、地図、書式など」のテクスト（国立教育政策研究所編、2010: 34）という意味である。したがって厳密には絵、写真、動画のようなテクストは、このどちらにも含まれない（足立、2007: 171-189）。また、絵や写真、動画は、グラフや表、マトリクスのように、そもそもその構成要素に文字や数字も含まれてはいない。したがって、それらの構成要素における連続性が「非連続型」であると定義しても、この種のテクストの特徴を意識することは難しい。

そこで、本研究で主に扱う絵や写真のような図像テクストを、その構成している要素や、それらの構成上の連続性という二種類の観点から、以下にその要点を整理しておきたい。（本研究では静止画に限定して検討を行っているので、動画は除く）。

・「連続型」のテクストが、「文と段落から構成されている」のに対して、図像テクストは、その構成要素が色や形、線等で構成されており、文章のように各要素の単なる和がテクストになるというような関係では構成されていない。色と形、色と線のように各要素は組み合わされ重なり合って、第2章3節で述べたように、隣接した下位の層が上位の層を具現するという関係になっている。
・上記の性質から、図像テクストは、各要素や部分の和が「連続」的に連なってテクストが構成されているのではなく、複層的で「充満した」「稠密性」を有したテクストということになる。

以上のことから、図像テクストは、文章のような「連続型」テクストや、表やグラフのような「非連続型」テクストの読み方に加え、構成要素の多層性やテクストを構成する稠密性を意識した意味構築の方法や工夫が、必要であるということが確認できる。

第 3 節　図像テクストにおける構成要素と単位

　2.2 において、図像テクストの構成要素について触れたので、本節でその具体的な要素について述べておく。視覚的な記号やそれらのシステムを、「リテラシーとして初めて体系的に整理した」(Trifonas, 1998: 26–27) と言われているのは、Kress と van Leeuwen (1996) である。そして、その研究を基盤に、ルーウェンとジェウィット (van Leeuwen & Jewitt, 2001) が、第 2 章 3 節で紹介したハンドブックを編纂して、ヴィジュアル・リテラシーの具体的な観点を整理している。そこで、これらの研究を参照する形で、図像テクストにおける構成要素や要素間の関係について、「二重分節」という枠組みを援用して整理・提示する。

　二重分節とは、フランスの言語学者アンドレ・マルティネ (André Martinet) によって提示された構造主義的言語学から導かれた枠組みで、構成要素を以下のように二段階に整理する枠組みのことである。元々この枠組みは文章から成るテクストについて用いられた枠組みで、次のように規定されている。文は、句や語のような意味を持つ最小限の単位に分けることができ、これを「第一分節」と言って、その最小限の単位を「形態素」と言う。そしてこの形態素は、さらにそれ自体では意味を構築することが難しい、より小さな単位に分けることができる。そのより小さな単位が、一つ一つの文字からなる「書記素」であり、一つ一つの音である「音素」である。これら「書記素」や「音素」のことを、ルイス・イエルムスレフ (Hielmslev, 1961) は、最小の機能単位として「形成素」と呼んでいる。そしてこのレベルでの分節化を、「第二分節」と呼んでいる。

3.1.　「二重分節」の枠組みを援用した図像テクストの構成要素の整理

　本書では、上の「二重分節」という枠組みを援用して図像テクストの構成要素を整理・提示する[4]。第一分節では、図像テクストを、意味を持つ最小限の単位に分けるため、Kress と van Leeuwen (1996) で言及されている「輪郭線で括ることのできる人や動植物、物 (figure)」といった単位を採用する。そして、さらに意味を持つ最小単位として、これらに〈服装、持ち物、物の各部〉等の付随要素を加えることとする。〈物の各部〉とは、鍋の蓋やドアの取っ手のような全体に対する名称を持った部分のことである。ここま

でを「第一分節」と定める。

　また、「第二分節」では「第一分節」で挙げた視覚的な単位を、さらに以下のような最小の機能単位である「形成素」に分けて整理する。それが、〈色、線、形と形態〉のような先行研究で安定的に言及されている形成素である。

　しかし本研究では、これらの分類に第2章3節で提示したSF-MDAの考え方を取り入れ、上記の第一分節に、言語の節（clause）に相応する単位を加えて整理しておく。このSF-MDAで言われている節とは、英語を基準として整理されたものであるが、日本語では一つの命題に対応する単位として整理されている。言語におけるマルティネの二重分節では、第一分節は句や語を含む単位とされていたが、図像テクストでは、前述の2.1.2におけるKressらの指摘に応え、語彙レベルの分析が中心であったパリ学派の枠組みを改良して、主部と述部に匹敵する「主語＋定性（Finite）」という文法単位を導入することにする。この文法構造や意味構築の単位については、次章でまた詳述するが、この節構造を取り入れることによって、本章2節において指摘した犬は犬、猫は猫といった語彙レベルの意味構築を越えて、次のような単位での意味構築が意識・学習されやすくなる。例えば、クレスら（Kress & van Leeuwen, 1996）は、図像中の人や車等から、それらの向きや手足の動作の方向、さらには髪のなびく方向に、それらの動きを示す矢印（vector）を見出し、その方向性にも着目して、意味構築する必要性を提案している。さらには、トリフォナス（Trifonas, 1998: 26–27）が図像テクストからの意味構築で重視している質感等についても、節の単位であれば意味構築がしやすくなる。

　また、本章の冒頭に例示した図1のはしご車は、はしごが左斜めの方向に伸びており、赤い車体は角の部分が光沢を放っている。勿論見る目的によってどの形成素に着目し、どの形成素は捨象するかは異なるが、このはしご車のはしごは、色や形よりも長さや空に向かって伸びている様子が、この絵では目を惹く形成素となっている。また、「第一分節」「第二分節」において分節化した要素の単位とは性質が異なるが、テクストにおける構成要素間の配置（レイアウト）も、重要な意味構築の要素である。クレスら（Kress & van Leeuwen, 1996）は、同じ構成素や形成素であっても、テクスト中の位置や配置によって意味が変わることを重視している。

このように、図像テクストにおける第一分節に含める形態素を、語彙レベルだけでなく節レベルまでに設定して整理することによって、図像テクストからの意味構築の学習は、使用する言語の文法や品詞のバリエーションが増え、より能動的なものとすることができる。

3.2. 図像テクストにおける形態素・形成素の性質と意味構築

それでは、以上の二重分節の枠組みを援用した図像テクストにおける構成要素の分類・整理に基づき、各形態素や形成素がどういった性質や意味構築における作用を果たすのかを、さらに詳しくみていく。

図像テクストにおける「第一分節」の「形態素」は、上でも述べたように、以下のような単位で意味構築をすることができる。①輪郭線で括ることのできる物や人、動物、植物（figure）。②①の服装や持ち物等。③①の人や動物、植物、物の各部分。これらを一つ含んだ節構造として、稠密性のある図像テクストから意味の単位を切り出して言語化していくことができる。

さらに、図像テクストにおける最小の機能単位である「形成素」については、以下の3.2.1から3.2.5に項目毎に分けて、色や形、線等について述べる。これに先立ち、全体として確認しておく必要があるのは、図像テクストにおいては、文章からなるテクストのように、「形態素」である単語がさらに書記素や音素という「形成素」に分解できるような関係ではないということである。例えば赤い自動車が、図像テクストにおける「形態素」の一つとして分節化できたとする。するとその自動車の赤という色が、さらに「形成素」として分節化できるが、この赤色という「形成素」を足し算しても、「形態素」の自動車にはならない。また逆に、自転車という形態素とは関係なく、赤という色だけがテクストによっては大きく機能する場合もある。さらに、色と質感、形と色といった「形成素」同士の組み合わせによって、テクストは相乗的に機能する場合もある。

このように、図像テクストにおける「形成素」と「形態素」の関係は、図像テクスト特有の方法で意味構築に関わっている。こういった点を含め、以下に図像テクストにおける各「形成素」の性質や意味構築における作用を、ドゥーナン（2013）やTrifonas（1998）、ウォーカとチャップリン（2013）を参照しながら述べる。

3.2.1. 色(Colour)

　色においてまず重要なのは、どの色とどの色との「差異」が有意味と見なされ、価値を持つかという分節化の問題である。属する社会や文化圏によって、虹の色を幾色と表現するかが変わるという例は有名である。またそれに関わって、命名の問題も、そこに文化や価値が関与していることはよく知られている。

　また、色には各々の色によって、感情的な反応が多くの人に引き起こされるコードのようなものがある。例えば、西洋の文化では暖色(赤やオレンジを基調とした黄色がかった色)は、怒りや喜びと結び付けられることが多く、一方寒色(緑や青や紫を基調とした青味のある色)は、調和や暗さと結び付けられることが多い。

　さらに、色が意味構築に関わる側面では、〈色価〉(色の明暗)といった概念もある。そして、私たちは色の明るさや暗さ(強さや輝き)によっても、感情的な反応が変わることがある。例えば、濃い緑のような暗い色は、暗く静的な印象といった意味を構築しやすい。また、黄色や赤のような、黄色味を含んだ光を反射する色は、元気で動的な印象や意味を構築しやすい。

　しかし、第2章3節でも述べたように、こういったコードやそれに関する傾向性は、ルールとして用いるのではなく、テクスト全体との関係の中で、どういった文化や目的の下でこれらの色がどう機能するのかを分析する必要がある。また、この色価は、表現に使用する絵具の種類やスクリーンといった媒体によっても、その明るさや強さが影響を受ける。したがって、コンピュータのソフトウェア等においても、ユーザーは単に何色かというだけでなく、この色価を検討することによって、より複雑な意味の構築や分析が可能となる。

　色価は相互にどういった色同士が近くに配置されているかによっても、異なる印象や意味を構築することができる。したがって、色相環の中で反対側に位置する色同士を近くに配置すると、より分裂といった感情や意味を構築しやすくなる。色には、このように明るさや組み合わせによって、どういった意味や感情が喚起されやすくなるのかといったコードがある。しかし、これらは見る者の属する文化やそれらの者が所有している体験の質によって異なる。

　さらに、色は上記のような感情的な反応を生じさせるだけでなく、配置に

よっても図像の中のある部分に、読者の目を引きつけるという作用を及ぼす。このように、見る者がある順序や方法でイラストを見る助けとなるよう、色の配置や組み合わせ、面積比等によって、視線を誘導したり着目させたりすることもできる。

3.2.2. 質感(Texture)

視覚と触覚とを結び付ける重要な要素として、意味構築における質感の果たす役割は大きい。この質感によって、見る者はある要素を視覚的にとらえ、以前の自己の経験や既有知識を喚起して意味構築を行う。質感は、広告のような図像テクストにとって、特に影響力のある要素となり得る。例えば、第2章2節で挙げたパンザーニの例でも、食材のトマトに艶があり新鮮そうな質感が意味構築できることは、広告として例示の写真を見る者に、その効果を想起させやすくする。他にも例えば、朝の空や木の皮、動物の毛や鳥の羽の質感等によって、その作品世界や背景を感じさせやすくすることができる。

3.2.3. 線(Line)

線にも多くの様式があるため、さまざまな意味を構築することができる。線は、細くも太くも、濃くも薄くもなりうる。共通の性質と、線によって引き起こされる雰囲気や印象について、表3にまとめて示す。

線はまた、単独に描かれるだけでなく、イラストの中に描きこまれることによっても作用し、見る者の視線を導くのにも用いられる。描き手は、見る者に線を使うことによって視線をポイントの方へ向かわせたりすることもできる。例えば、木の線や電柱、道路や塀として、テクスト中に線を表現する場合もある。上の表3は、線の種類と各線におけるコードとなり得る一般的な解説を、アンステイら(Anstey & Bull, 2000)の整理を用いて示したものである。

3.2.4. 矢印(vector)

矢印はテクスト中の人や物の動きや、動きの方向を意味構築する手助けとして機能する。絵や写真の中では、矢印そのものが直接描かれたり写されたりしていることは殆どなく、物の向きや傾き、人の手足の向きや角度等に

表3 線の種類とその解説

線の種類	例	解説
垂直線		孤立や動きの欠如の感覚を表しやすく、木々や人を示すこともできる。
水平線		静けさ、争いのない状態を表しやすく、地平線や水面を示すこともできる。
門型線		堅固さや安全・安定性を表しやすく、門や建物を表すこともできる。
直角線		人工的な要素や、自然でない現象を表すことができる。
斜線		バランスの取れていない感覚、あるいは制御の利かない状態を表し、物の落下等を示すことができる。
鋸歯線（ぎざぎざ）		破壊や怒りの感覚を表しやすく、光や噴出を示すことができる。
湾曲線		不確定なあるいは予測できない流動的な状態を表しやすい。

（Anstey and Bull, 2000: 181） ※訳は稿者

よって表されることが多い。

また、以下の図に示すように、矢印の根本と先端とで、それぞれに「開始される」「到達する」のような意味が付加される場合もある。また二本の重なった矢印や点線、太線で描かれた矢印も、「往復」や「相互作用的」、あるいは「弱い変化」「強い変化」のような意味が付加される場合がある。

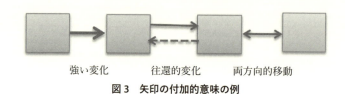

強い変化　　往還的変化　　両方向的移動
図3　矢印の付加的意味の例

3.2.5.　形と形態(Shape and form)

形は、物の実際の視覚的な輪郭を表し、見る者が物を認定する方法として作用する。見る者は、その物を以前に経験した形を利用して認識する傾向があるため、表現する側は、たとえ現実的にその通りの形でなくても、よりある文化や社会的グループの中で象徴的な意味を持つような形を注意深く選び提示する必要がある。

3.3.　配置(レイアウト)

最後に、上掲の「形成素」とは性質が異なるが、配置(レイアウト)という要素についても述べておく。クレスら(Kress & van Leeuwen, 1996)は、レイアウトもまた意味を伝える重要な要素であると述べている。情報の価値や意味は、その情報がどこに位置しているかによっても変わるからである。例えば西洋文化圏では、左に配置されたものは「既知のこと」(見る者にとって、すでに知っていること)であり、新たな情報は右に位置されることが多いといった配置の特徴を持つと述べている。したがって、こういった配置関係を活用して、言語における節の「主題―題述」構造を参照して、左右に配置された視覚的な要素を関係づけて意味構築をすることもできる(Kress & van Leeuwen, 1996)。つまり、左に描かれたものが、そのテクスト全体の「主題：～について」に相当し、右側に描かれたものが、その「題述：～である」に相当するというレイアウトを利用した意味構築の仕方である。そして

右に配置された「題述：〜である」の部分に、情報価値（information value）を見出だす場合が多いとも述べている。

さらに、クレスらはレイアウトの分析に関して、次の二つの重要な意味構築のための要素を見出すことができると述べている。それは際立ち（sarience）とフレーミング（枠取り）である。描かれたテクストの中では、ある部分が他の部分よりも注意を引くように配置されている場合がある。ある部分が他の部分との関係で際立って見えることによって、見る者の視線は、その部分から見始めるよう促される効果を持つ。このような効果や働きは、色の配置関係や大きさの配置関係、形の配置関係等によって相対的に引き起こされる。例えば、円形の図の中に一つだけ四角形の図が配置されていると、そこに視線が行きやすくなる。視覚的テクストはこういった配置関係も活用しながら構成されている。

クレスらは、こういった「際立ち」という枠組みを用いて、図像テクスト中で動かす視線の順序や方向、その軌跡のことを「読みの道筋（reading path）」と呼んでいる。また、もう一つの重要な枠組みとして、フレーミング（枠取り）を挙げている。見る者は、枠取りの種類や有無によっても、テクストの見方に影響を受けるからである。「断ち切り」と呼ばれる枠取りの無い絵の方が、見る者との接続性を強く持ちながら見る傾向があることが、絵本や絵画の研究において既に研究されてきている。

第3章小括

以上、図像テクストの学習が国語科でも盛んに議論されるようになった1970年代の記述を出発点として、国語科学習において図像テクストを用いる場合に押さえておく必要のあるテクストの特徴を検討・整理してきた。そこでは、対象をどう選び、テクスト化する際にどのように「変形」したり「創案」を施したりしたのかという点にも着目して、それらによって何ごとが語られているのかを意味構築することが重要であることも確認できた。また、その過程でどういった文化や価値が、その図像テクストに編み込まれたのかをも検討することが重要であることを確認した。

さらに、これらの検討・整理の中で、図像テクストは他の種類のテクストに比べ稠密性が高いという特徴を持っていること、そして、そういった稠密

性の高いテキストから意味を構築する手がかりとなる形態素や形成素、さらには配置に関する新たな研究の知見も整理・確認した。また、図像テキストにおける構成要素や、それらの特徴も、「二重分節」という枠組みを用いて分類・整理して見てきた。その結果、これらの検討から、以下のことが確認できた。

- 色や線、形といった「形成素」では、どういった「差異」が有意味と見なされ価値を持つかを検討することが、テキストからの意味構築において重要である。
- 矢印は、図像テキストからの意味構築を語彙レベルを越えて、節のレベルで構築できることを可能にする要素で、様々な動きや変化、処理過程について多様な意味構築の手立てとなる。
- 上記のような構成要素の特徴に着目することによって、読み手の視線の走査される順序や軌跡は「読みの道筋」として検討することができる。

以上を踏まえ、第4章では、第3章で整理した図像テキストにおける形態素や形成素、さらにはそれらの配置に関する新たな研究の知見を具体的に使って、図像テキストからの意味構築の方法や、構築できる意味について、さらに詳しく検討・提示する。

注

1) この論文で、波多野は「映像メディア」「文字メディア」のように「メディア」という語を用いている。しかしこの場合の「メディア」とは、個別の媒体を意味しているのではなく、本章文中で用いているテキストという語とほぼ同義である。
2) このソシュールの提起している「シニフィアン」と「シニフィエ」に関しては、当初「能記」と「所記」という訳語が用いられていたが、現在では「記号」と「対象」あるいは「指示表現」と「指示対象」という語が用いられるようになってきている。しかし、フレーゲの「宵の明星」「明けの明星」の議論以降、「指示表現」に対する「指示対象」は同一でもその意味するところが異なる場合が検討されたことによって、「記号表現」と「記号内容」という語を用いる研究者も出てきている。そのため、本書では「記号表現」と「記号内容」という語を用いることとする。
3) ロラン・バルトは、記号内容について、記号表現との類似性の側面からの「外示」

と、「加工」や「創案」の過程に編み込まれた社会・文化的な意味内容の側面からの「共示」という二種類の側面から説明している。
4) 例えばエーコ (Eco, 1976: 232) のように、一群の交通標識では、赤い境界線や円、斜線から成る第1分節しかない記号表現もあるという指摘もあるが、先述したように、言語教育で用いる図像テクストの多くは二重分節の構造を有している。

第 4 章　図像テクストから
　　　　意味を構築する枠組み
　　　　―選択体系機能理論の枠組みの援用―

　以上、第 1 章、第 2 章、第 3 章において、本書の基幹となるヴィジュアル・リテラシーという語が包含してきた内容の変遷や、それらに関わる先行研究を検討・整理してきた。またその過程で、国語科において図像テクストの学習を行う際に、意識すべきテクストの特徴や、課題についても検討・確認してきた。

　そこで第 4 章では、これら前章までに検討・確認してきた内容を基盤として、具体的に図像テクストから意味を構築する枠組みや方法について論ずる。前章でみてきたように、図像テクストは言葉から成るテクストとは異なる性質をもっている。したがってバルト（2005）も述べているように、その図像テクストから言葉を用いて意味構築を行うということは、別の形式やモードに変換する手続きや枠組みを必要とする。そのため、本書では選択体系機能理論という社会記号論を背景とした機能文法の理論や、その理論を多モードなテクストの分析に援用した SF-MDA（systemic functional approach to multimodal discourse analysis）という第 2 章で紹介した枠組みを用いる。

第 1 節　図像テクストから意味を構築する
　　　　「単位」と「枠組み」

　前章において、国語科学習で図像テクストを用いる場合に着目すべき特徴として、「稠密性（デンシティ）」という特徴を挙げた。稠密性とは、グッドマン（Goodman, 1976）を用いた北澤（2005）の整理による概念で、「記号（資源）によって連続的に充満した状態で構成されたテクスト」のその充満した、境界が必ずしも明瞭でない状態のことであった。そこで、第 1 節では、まずこの稠密性の高い図像テクストから、意味を構築していくための単位と、その構築の枠組みについて論ずる。序章や第 1 章において言及したよ

うに、これまでも日本の国語科では図像テクストを用いた実践的研究は散発的には行われてきた。しかし、それらのほとんどが前章で述べた「稠密性」や、「構成要素」の複層的作用、意味構築の「単位」を自覚的には扱ってこなかったからである。

1.1. 輪郭線と、意味を構築していくための「単位」

そこで、まず図像テクストから意味構築する際の学習者の実態を参照しながら、その単位や必要な枠組みについて述べる。

例えば、次の絵本の見開きから、意味を構築していく場合を例に考えてみよう。何も指示をしない状態で、学習者はこのようなテクストから、どのような意味を構築するのだろうか。中学3年生43人に、次頁図1の絵を見てもらい、「気がついたこと、わかったことを、20以上書いてください」という指示を出して書いてもらった（2014年6月25日、神奈川県内の協力を得られた中学校において調査）。用いた絵本は、デイビッド・ウィズナー作の『1999年6月29日』という絵本である。上記の指示だけで書いてもらうと、以下のような回答が得られた。実際の回答の中から、回答の仕方や内容が多かった回答例を紹介する。

回答例1
- ・コップがたくさんある
- ・外国人の女の子
- ・ベッドの上でもくつをはいている
- ・女の子が土を見ているから、土の性質とかを変えて植物の実験をしている
- ・気球
- ・窓が開いている
- ・カレンダーに1日だけ赤い丸がついている
- ・女の子が難しそうな顔をしている

一読して気づくように、回答の単位や、着目している箇所はまちまちである。このような回答の仕方は、時折教室でも見かける特別珍しい回答の仕方ではない。しかし図像テクストを用いてヴィジュアル・リテラシーの学習を行う場合、こういった状態のままでは、見つけたこと相互、気づいたこと相互の関係を検討させることは難しい。また、第1章から国語科教育の課題

図1　デイビッド・ウィズナー（絵／文）『1999年6月29日』

として指摘してきた、絵と言葉との関係を検討する学習も、こういった状態のままでは検討させることは難しい。

　そこで、今度は別の中学3年生に、「見つけたこと、気づいたことを、一つの文に一つずつ書いてください」と指示して書いてもらった（上記と同日、同学校の同学年他クラスにおいて調査）。

　すると、次のような回答が得られた。その内の幾例かを紹介しよう。

回答例2

　1、女の子が、あぐらをかいている。
　2、女の子が持っている風船が、空にいくつも浮いている。
　3、何か植物を育てているみたい。
　4、ヘリウムガス。
　5、季節は秋の下旬から冬くらい。
　6、天気は晴れ。
　7、新聞がある。
　8、ベッドの上で作業している。
　9、ベッドは花柄。
　10、女の子は中学生くらい。
　11、女の子は真面目そうだ。
　12、鮮やかな色の風船がプカプカたくさん浮いている。
　13、コップがいくつか転がっている。
　14、部屋が散らかっている。
　15、学者らしい人の写真がはってある。

16、カレンダーの11日に赤丸がついてる。
17、オレンジの風船についた箱で植物を育てる。
18、厚い本が何冊かある。
19、女の子はスニーカーをはいている。
20、本に紙がはさまっている。
21、女の子の服がブルー。
22、ベッドマットがきれいな花柄だ。

　これらの回答例を参考に、学習者の意味構築の状態や、こういった稠密性の高い図像テクストから、意味を構築していくための単位やその枠組みについて、もう少し詳しく考えてみよう。
　このような稠密性の高い図像テクストから意味を構築する際に、『イメージを読む(Reading Images)』の著者クレスは、第3章でも示したように、「輪郭線で括れる人や動物、形(figure)」を手掛かりに、意味を構築していくことができると述べている[1]。確かに、先の回答例1、2を見ると、「新聞」「女の子」「風船」「ヘリウムガス」「ベッドマット」といった輪郭線で捉えやすい物や人が挙がっている。しかし、これらの輪郭線で括られた物や人が、どのような述語を伴って意味構築されているのかを見てみると、そのパターンには幾種類かがあることがわかる。例えば、「新聞」や「ヘリウムガス」は、存在を意味する「ある」を伴っている。「女の子」については、「あぐらをかいている」や「持っている」という動作を示す動詞を伴っている。そして「中学生くらい」等の属性を表す回答もされている。さらに「風船」や「ベッドマット」については、それらの色や柄が書かれている。つまり、視覚的に確認できる人や物、動物といった輪郭線で意味の単位をすくい取ろうとしても、それに対応する述語の部分は多様に幾つかのパターンで記述が可能だということがわかる。つまりこの方法だけでは、意味構築の枠組みとしては、充分ではないということがわかる。
　しかも、厳密に言えば、「ヘリウムガス」や「学者らしい人の写真」は、輪郭自体も、実は他の物と重なって描かれているため、完全な形で輪郭を判別することは難しい。アフォーダンス理論で著名な視覚心理学者ジェームズ・ジェローム・ギブソン(James Jerome Gibson)は、こういった輪郭の問題について、子どもが猫の絵を見ている例を挙げて、次のように説明している。もしも見ている猫の身体が、籠で半分隠れていても、子どもは身体を半

分に切られた猫を見ているなどということはないと。これは、私たちが猫を輪郭で見ているのではなく、猫の頭―身体―足―しっぽといった「構造の不変項の配列」、つまり「不変項としての猫」を見ているからであるという説明である。厳密に言えば、実物の猫と絵に描かれた猫を見るということとは違う。しかし、籠で身体が半分隠れている猫の絵を見たとしても、やはり子どもは、猫が身体を半分に切られたと見ることはない。それは描かれた輪郭線だけを追って猫を見ているのではなく、猫を「不変項として」隠れている足やしっぽをも含め、籠の中に座っている状態として描かれた猫を見ているからである。

このように、これらの説明を総合して考えてみると、図像テクストから意味を構築していく際には、視覚的に確認できる輪郭線で区切られた物や人、動物を列挙していくだけでは充分ではないことがわかる。しかも、第3章で整理したように、図像テクストの構成要素は、文章によるテクストのように全体―部分の関係だけではなく、幾つかの形成素が組み合わされ多層的に重なって構成されているという特徴を持っている。例えば、このことは前掲の学習者に書いてもらった次の文からもわかる。「女の子の服がブルー」。「ベッドマットが花柄」。これらは物や人の輪郭線で区切られた単位として、テクストから意味をすくい取っているのではなく、それらの人や物の色や柄という属性を意味構築している。

そこで、こういったテクストから意味を構築していく方法として、選択体系機能理論における「過程構成」(transitivity)という枠組みを援用した方法を提案する。

1.2. 選択体系機能理論と、意味構築の「単位」

図像テクストから意味を構築していく方法として、「過程構成」という枠組みを説明するために、まず本項では、その枠組みの基盤である選択体系機能理論に関する概略を述べ、その後、「過程構成」の枠組みについて紹介する。

1.2.1. 選択された諸要素の結合体としての「テクスト」と、意味構築の「単位」

　選択体系機能理論とは、マイケル・ハリデー (Michael Alexander Kirkwood Halliday) が、従来からの統語論的な文法に対して、社会的文脈における言語機能の解明を目指して提唱した言語を中心的対象とした文法理論である。「機能理論」における機能 (function) という語の規定は、これまで様々な学派によって歴史的に変遷を遂げてきた。例えば、ブルームフィールド (Bloomfield) は、形式の現れる位置が機能であると述べ、ある要素が行為者の (統語的) 位置に現れれば、それは行為者という意味機能が与えられたということになると述べている。他にも、イエルムスレフ (Hjelmslev) による規定や、プラーグ学派のマテジウス (Mathesius) 等による「テーマ (theme)」と「レーマ (rheme)」の2分法なども提起されてきた。また、その後これらを基盤として機能主義的な理論も複数展開されてきている。例えば、フォレイ (Foley) 等による機能的統語論、久野・高見 (Kuno & Takami, 1993) による機能的構文論、ギボン (Givon) による類型論的機能論等を挙げることができる。

　ハリデーはこういった中で、「意味は全て〈選択〉によって作りだされる」という考えを位置付け、選択された単語などの形態素や、音素などの形成素のテクストにおける機能を、検討する枠組みを多角的に開発・提示した。ハリデーの理論では、潜在的な記号の「選択肢の集合」から、「選択された諸要素の結合体」のことを「テクスト」と位置づけている。そしてそのテクストにおいて、全ての形態素や形成素は、ある機能をもっていると捉える。つまり、選択された形態素や形成素の機能を、選択されなかった「選択肢の集合」との関係で検討する立場や方法をとっているのである。

　さらにハリデーは、「コンテクスト」のことを「選択の要因の集合」と規定している。選択はランダムに存在する「コンテクスト」の要因によって引き起こされるのではなく、相互に共通特性をもった因子群からなる組織だった要因によって引き起こされると説明しているのである。

　またハリデーは、意味構築の単位について、「対人的相互作用として節を基本単位」とした意味構築の仕組みが解明されなければならないと述べている。ハリデーが主な対象として分析している英語の構造と日本語の構造は、勿論厳密には異なる。そして、英語における「節」の定義は、「主語+定性 (Finite)」とされている。「定性」とは、時制と言語のモードを示す機能を

もった、例えば助動詞のような要素のことである。しかし早川・佐野・水澤（2011）の検討によって、この英語の節の単位は、日本語における主部が一つ、述部が一つによって成り立つ「命題」とほぼ同じ機能や構造であることが論証されているため、選択体系機能理論の枠組みを日本語に援用して用いる場合には、この命題の構造を基本単位として枠組みを整理・開発していけばよいことが明らかになった。

1.2.2. 内的・外的な出来事を捉える「過程構成」の枠組み

　前項で述べたように、選択体系機能理論では、「節を基本単位」とした意味構築の枠組みが整理されている。その中の一つに、過程構成（transitivity）という、人間が自分の精神的な内的世界や、外的世界で起きていることを、解釈し理解するための枠組みであり、その基本単位でもある枠組みが提起されている。これは、私たちの経験世界における「出来事の際限のない変化と流れに秩序を与える『思索の様式（mode of reflection）』〔ハリデー，2003: 157〕」とも呼ばれている枠組みである。

　ハリデーは、私たちの心の中で起きていることや、外界で起きていることは区切りがなく重なり連続して起きているが、その意味を解釈しようとする時には、人は言語の枠組みを使って一連の「過程（process）」として捉え、その意味づけを行っていると述べている。勿論心の中で起きていることや、外界で起きていることを全て言語化することは不可能である。しかし、少なくとも私たちが意識して、心の中で起きていることや外界で起きていることを捉えようとするならば、音声や文字として表出するかどうかは別として、言語や言語の枠組みを用いている。

　そこで本研究では、この「際限のない変化と流れ」のある内的・外的な出来事を、ある過程（プロセス）として一つの単位で切り取り、意味づけを行う過程構成という方法とその枠組みを、稠密性という特徴をもった図像テクストからの意味構築に援用することとする。

　具体的には、過程構成とは、選択体系機能理論における以下のa～c三つの枠組みを用いて、内的外的に起きている事をすくい取り、その意味を解釈・構築（construe）することである。その際に用いる三つの枠組みとは、以下の通りである。

a. 「過程中核部(process)」
b. 「参与要素(participant)」
c. 「状況要素(circumstance)」

　aの「過程中核部」とは、起きていることが、まさにどういった種類の出来事なのかを、意味づけるための枠組みである。心の中で起きている感情や思考に関する出来事なのか、外界の物の変化の過程なのか等を、意味づけ捉える枠組みである。言語化した場合には、主に動詞群で表される「出来事の過程そのもの」のことなので、ハリデーはその動詞の種類に対応させて、この過程も次の六つの過程型(process type)に分類している。

　物質過程…物の発生、変化等に関わる過程。
　行動過程…心身活動に関わる過程。
　存在過程…物や人の存在に関わる過程。
　関係過程…物や人の同定、属性に関わる過程。
　心理過程…思考、感情等に関わる過程。
　発言過程…発言等に関わる過程。

　またbの「参与要素」とは、上記aの「過程中核部」に参与している主語や目的語に当たる人や動物、物などをすくい取る枠組みである。言語化した場合には、殆どが名詞群に対応する要素で、上の過程型として挙げた行動や会話、思考等の6種類の過程に参与する「行為者」や「対象」のことである。
　ここで、上に挙げた6種類の過程型について、ハリデーとマティスン(Haliday & Matthiessen, 2004)を基に、もう少し詳しく各過程の説明を行っておく。
　「物質過程」とは、「出来事や行為」といった「外的経験の諸過程」に対応する過程のことである。この過程は、「行動過程」と類似しているが、次の点で明確に分けることができる。「行動過程」は、「座る、歌う、咳をする」といった自動詞を中心とした「意識下での行動」に関わる過程である。このため、この過程の主な参与要素は、「行動者(behaver)」ということになる。
　これに対して「物質過程」は、その行動が他の「対象(goal)」に「向けら

れる(directed at)」という要素を含意しているという違いを持つ。つまり、この過程に関わる参与要素は、「行為者(actor)」とその行為が及ぶ「対象(goal)」ということになる。これは図像テクストに描かれた人や動物を、個別に例えば「犬がいます」のように意味構築するのとは異なり、犬が人を追いかけているのであれば、犬は「行為者(actor)」として意味構築され、追いかけられている人は、その行為が及ぶ「対象(goal)」ということになる。この方法で捉えることによって、テクスト中の各参与要素は、「行為者[2]」や「対象」といった機能でも捉えられることになる。そしてこれらの参与要素は、第3章で言及した「矢印(vector)」によって関係づけられ、一つの過程(プロセス)として意味構築できる。

　もう一種類、上記の過程に似た過程として「存在過程」を挙げる。この過程は、「事物の存在に関わる」過程で、「〜がいる」「〜がある」という動詞の種類をとる。例としては「小さなモルモットがいる」や「問題がある」等が挙げられる(ハリデー／山口，筧訳，2003, 2001)。

　また「関係過程」は、人や動物、物の属性に関わる過程で、「分類したり同定」したりといった諸過程に対応する過程である。「関係過程」という命名は、英文を基軸に考えた場合、be動詞の前と後にくる内容の「関係」を表す過程となることからきている。例えば「ピーターは賢い」や「ウサギの目は赤い」等の例を挙げることができる。国語科学習において使用する場合には、対象の参与要素の属性を表わすので、「属性過程」と別の名前を付けた方が学習者にとって使用しやすいと考えられる。

　さらに「心理過程」は、意識や想像といった内的経験の諸過程に対応する過程となっている。代表的に使われる動詞の例としては、「感じる」「思う」「知覚する」などを挙げることができる。

　そして「発言過程」は、「心理過程」という内的過程の外的表出の諸過程に対応している。この過程における参与要素は「発言者(sayer)」であり、その発言した内容については、この過程の参与要素とは区別して「投射節(projection clause)」という名前が付いている。

　これら六つの過程型を用いて言語化してみることによって、人は出来事の際限のない連続した変化や流れに、ある秩序を与え意味を構築することができるようになると選択体系機能理論では考えられている。それは、この過程構成及び過程型が、膨大なコーパスの分析によって、人間の言語にあまねく

見られるパターンとして分析・整理されているからである。そして、各過程を上記六つの過程形に分類してみることによって、一枚の絵や写真の中では単に一人の老人や一匹の犬が、個別バラバラな対象としてではなく、「行為者」やそのゴールとなる「対象(者)」というテクストの中での役割や機能をあてがわれ、関係項に含まれるユニットとして意味構築されるようになる。

　上で述べた三つの枠組みの内の、残りの一つの枠組みを、続けて説明する。

　三つめの枠組みcの「状況要素」とは、言語化した場合に副詞群や前置詞句に対応するもので、上記の「過程」で意味づけられた出来事の時や場における位置や様態等に関する意味構築に関わる要素のことである。例えばこのことを、ハリデーとマティセン(Halliday & Matthiessen, 2004)で用いられている例で考えてみよう。頭上で何かが動いているという現象を知覚した場合、私たちはその経験を上記三つの枠組みを用いて、次のように言葉で解釈構築することができる。「鳥(参与要素)が空を(状況要素)飛んでいる(過程中核部)」[3]。この用例は、用語の説明をわかりやすくするために、便宜上最低限の要素を用いた例にしてある。しかし、それでも自分の頭上で起きている事柄は、通常渾然一体としていて、「何が起きているのか」「その事柄は、何によって起こされているのか」「どこで起きているのか」といった分節化された形で意味づけを行うためには、言語の枠組みを用いる必要がある。

　そしてこの過程の種類は、先の六つの過程型の分類を使えば、鳥の行動という「行動過程」に分類することができる。このことによって、この鳥は、この行動過程の「行為者(actor)」であるという、「参与要素」の機能も明らかにすることができる。

　このように、選択体系機能理論では、私たちの内的外的な出来事を殆どこの3種類の要素から成る枠組みと、6種類の過程型の枠組みで解釈し、すくい取り言語化していけると考えられている。そこで、本書ではこの考え方を、図像テクストの中で展開されている出来事にも応用し用いることになる。

第2節　「過程構成」の枠組みを用いた
　　　　　図像テクストからの意味構築

　本書では、前節までの枠組みを、図像テクストに当てはめて用いる提案を

第 4 章　図像テクストから意味を構築する枠組み　143

行う。そこで、そのために次に示すような絵本の見開きを例として使い、上で説明した枠組みを用いて過程構成の実際を考えてみる。例として使用するのは、安野光雅(1977)の『旅の絵本』の中の見開きである。

2.1. 「過程構成」の枠組みを用いた意味単位の切り出し

　私たちの目には、同時に沢山の建物や人、動物が一覧できる。そしてそれらの区切りは、明確には判別しにくく、したがってこの絵は第 3 章で言及した稠密性の高いテクストであると見ることができる。

図2　安野光雅(絵／文)『旅の絵本』

　そこで、上で述べた「参与要素」「過程中核部」「状況要素」という三つの枠組みを当てはめて、このテクストから意味を構築し言語化してみる。すると、区切りが明確には判別しにくい形で描かれているように見えたテクストから、幾つかの「過程」をすくい取り、意味を構築できることがわかる。

　例えば、「広場の真ん中のポールの近くで(状況要素)、男の人(参与要素)が、花屋(参与要素)から花(参与要素)を買っている(過程中核部)」という、一つの行動過程を切り出すことができる。そして、この場合は参与要素が三つあり、その中の男の人(参与要素)は「行為者」であり、花屋(参与要素)は「被行為者」、そしてそれらの行為は相互交渉的に行なわれているので、行為者と被行為者の役割が交互に交替してこの過程が成り立っていることもわかる。もう一つの参与要素である花は、「行為対象」という機能的な役割を

持っている。

　この図像テキストにおける参与要素については、レン・アンズワース(Len Unsworth, 2004)が、次のような4種類の分類を利用して、テキスト中から参与要素を見つけさせる学習が有効であると述べている。

　　1)　人や動物、架空の生物などの存在。
　　2)　建物や家具、車、道などの人工物。
　　3)　川や山、木などの自然現象。
　　4)　○や□などの抽象的な像。

　つまり、この参与要素の枠組みを使えば、図における○や□といった抽象的な参与要素も、同じように扱うことが可能となる。

　また、第3章3節において図像テキストにおける構成要素の項でも言及したが、クレスは、上述のような行動過程や、物質過程という物の変化の過程には、一方向的な過程もあれば、双方向的な過程もあることを分類・整理している。また、その手がかりとなるのは、図像テキストにおける人や動物、物の向き (orientation) や、視線 (gaze)、参与要素の身体の部分を使って描かれた矢印 (vector) であると述べている (Kress & van Leeuwen, 1996)。もしもこの意味構築を、過程としてではなく、図像テキストの一般的な形態素で記述していくならば、人や物、建物を個別に言語化していくことになるはずである。

　同じテキストについて、もう一か所をとり上げ、その過程構成をみておこう。今度は右端で鳩を飛ばしている男に着目する。この男の様子を言語化することは、幾通りか可能である。例えば、右手に鳩がとまった帽子を持っている、と言うこともできる。また左手も挙げている、ということもできる。しかし「参与要素」「過程中核部」「状況要素」という三つの枠組みを使って言語化することによって、男の人(参与要素)が、観客に向かって(状況要素)、手品を見せている(過程中核部)、のような意味の構築がしやすくなり、そのことによってこの過程に参与する人の範囲が明確になる。この過程に参与する人とは、観客として周りを取り囲んでいる人たちである。この時も、どこまでの範囲の人を「参与している」と見るのかは、各人の視線の方向や身体の向きを手がかりに判断する。上記の「手品を見せている」の言語化の部分は、勿論「帽子から鳩を出している」でも、「鳩がとまった帽子を持っている」でも可能である。しかし、状況要素である「観客に向かって」

という言語表現と組み合わせて言語化することによって、「鳩がとまった帽子を持っている」という言語化よりは、「手品を見せている」という対人的な含意のある言語化の方がより自然な組み合わせになる。

　以上のように、過程構成の枠組みを用いることによって、私たちは際限なく連続し重なって起きている事柄から、意味のまとまり（unit）を切り出し、解釈して意味を構築していくことができる。また、輪郭線でくくられた形だけではなく、「過程」として意味を構築していくことによって、色や動作といった輪郭線で切り取ることの難しい形成素についても、意味の単位として扱っていきやすくなる。

2.2. 3種類の「メタ機能」から構築する図像テクストにおける意味

　上記に示した意味構築の枠組みを用いるだけでも、図像テクストからの意味構築の単位や方法は、ある程度明確になった。

　しかし、ハリデーは、私たちが文章を主とする全ての種類のテクストから意味を構築する際には、第2章でも紹介したさらに次の3種類のメタ機能から意味構築を考える必要があると述べている。それは選択体系機能理論では、意味の基本単位である「節は、異なる機能的領域で作りだされる三つの異なる種類の構造の組み合わせによる混合物である」と考える基盤があるからである。そしてその三つの機能的領域のことを、選択体系機能理論では「メタ機能」と呼び、その3種類のメタ機能として、第2章でも紹介した以下の①〜③を提示している。

① 観念構成的メタ機能（ideational）
② 対人的メタ機能（interpersonal）
③ テクスト形成的メタ機能（textual）

　まず、文章を主とする全ての種類のテクストについて、再度上記①〜③を説明し、その後本研究の主な対象である図像テクストにおける3種類のメタ機能からの意味構築について述べる。つまり、この枠組みを使うことによって、絵や写真から異なる3種類の側面からの意味を構築できることを示す。

2.2.1. 観念構成的メタ機能

1種類目の意味構築は、観念構成的メタ機能の領域における意味構築である。これは、テクスト中で展開される出来事やそこに関与する参与要素、またそれらが展開する場や時に関わる状況要素の質的な意味の構築に関わる。つまり、先の1.2で述べた「過程構成」の枠組みは、この観念構成的メタ機能の中心的な枠組みということになる。繰り返すならば、「過程構成」の枠組みとは、以下の要素を包摂する枠組みであった。それは「過程中核部」と呼ばれる主に動詞群で表される過程と、それに結び付く「参与要素」、さらには「状況要素」という枠組みであった。

また、6種類の過程型も、このメタ機能における枠組みである。私たちが一般的に、絵や写真を見て構築する意味の殆どは、このメタ機能の領域における意味構築である。

2.2.2. 対人的メタ機能

次の意味構築は、テクストと見る者との相互作用に関わる意味の構築である。つまり見えているものと見る者との関係、描き手と受け手との関係における質的な意味構築のことである。これについては、後の節で具体例を示しながら、さらに詳しく説明するが、読み手とテクスト中の参与要素との関係や、それに関して読み手側に生起する感情や判断に関する意味を構築する機能である。

2.2.3. テクスト形成的メタ機能

この機能領域における意味構築は、テクストにおける情報的価値の配置やレイアウト、テクストを構成している要素間における相対的重要性や強調点の選択的意味の構築を行う機能である。テクストにおける、新旧情報の配置等にも関わる枠組みである。これについても、後の節で例を示して詳述する。

以上述べてきたように、選択体系機能理論では、テクストを「選択された諸要素の結合体」と捉える。そしてそのテクストにおける全ての形態素や形成素は、テクスト内である機能を持つと捉える。したがって、上記の枠組みは、それらの機能を3種類の異なるメタ機能の観点から捉え、意味を構築する枠組みということになる。

2.3. 3種類の「メタ機能」の図像テクストへの援用

　上述した3種類のメタ機能の枠組みを、図像テクストにおける意味構築の過程にも応用・整理したのが、クレスとルーウェン（Kress & van Leeuwen, 1996）である。このクレス等の整理・提案によって、図像テクストからの意味構築は、言語同様、出来事や物のリアリティを表象するだけでなく、社会的リアリティという間人間的な相互交渉的な意味をも表象・説明できるようになった。この社会的リアリティという観点は、第1章、第2章において言及した「共示（コノテーション）」の側面に関係する。そしてこのことは、クレスらの提示する枠組みが、社会記号論の理論を基盤としていることに起因している。

2.3.1. 視覚社会記号論を基盤とする3種類の「メタ機能」の枠組み

　クレスらは、今世紀に展開された記号論の内、言語における枠組みを言語以外の領域に援用・発展させた研究として、次の三つの学派の研究を挙げて整理している。一つ目は、1930年代から1940年代の初頭に研究・提案されたプラーグ学派の研究である。ロシア・フォルマリズムの研究において提示された「前景化（foregrounding）」の概念を、芸術や劇、映画の分析に援用した研究がそれに当たる。そして二つ目は、1960年代〜1970年代を中心とした構造主義的記号論（パリ学派）の研究である。この研究は、ソシュールを中心とする言語学における研究を、写真や映画、ファッションや音楽などの分析に援用・発展させた。代表的な研究者は、第2章の先行研究の項においても言及したが、ロラン・バルトやクリスチャン・メッツ等である。現在もなお「メディア教育」として教えられている学習内容の殆どは、この時期の研究内容であると、クレスらは述べている（Kress & van Leeuwen, 1996: 5）。

　そして三つ目の研究が、1980年代前後からオーストラリアで発祥した、社会記号論を基盤とする研究である。この研究では、本研究で主にとり上げているハリデーの言語理論を、図像テクストや動画テクスト、音楽等に援用・発展させてきた。その中でも、ハリデーの言語理論を、図像テクストや動画テクストといった視覚的なコミュニケーションに援用・発展させてきたのが、クレスらの視覚社会記号論である。

　この視覚社会記号論を基盤とするクレスらの枠組みは、それまでの図像テクストや動画テクストといった視覚的なテクストからの意味構築に比べ、次

のような特徴を持っている。それは、テクストにおける形態素や形成素といった要素が選択される、テクストの生成プロセスへの着目である。その選択や組み合わせのプロセスに、意味や社会的な価値は「具現化」されるという考え方である。本章の1節においても述べたように、視覚社会記号論が基盤としているハリデーの理論では、潜在的な記号の「選択肢の集合」から、「選択された諸要素の結合体」のことを「テクスト」と位置づけている。そして、その「選択肢の集合」からの「選択」の意味を、三つの異なる観点から検討する枠組みが、2.2で提示した3種類のメタ機能の枠組みである。

　テクストにおける諸要素の「選択」の意味を、何が写され描かれているかといった「観念構成的」な観点からだけでなく、テクストの作成者と消費者との「対人的」な観点からも検討することによって、そのテクストが授受され解釈・消費される社会的な関係からも「選択」の意味を構築することができる。この点は、まさに第3章で述べた「視覚に変換を加える『創案』」や「変形」に深く関わる部分である。第3章では、記号論的な先行研究の検討から、図像テクストからの意味構築において着目すべきは、記号対象をテクスト化する際のこの「創案」や「変形」であるということを述べた。そしてリテラシーとして学習が必要なのも、この「創案」や「変形」にどういった価値や社会的な態度が編み込まれているのかを検討することであると述べた。

　また、この「創案」や「変形」が、テクスト全体の構成としてどのように整合的に表出されているのかといった「テクスト形成的」な観点からも検討することによって、対人的な意味構築はテクスト形成的な意味構築と相互補完される。このように、3種類のメタ機能の関係から意味を構築することによって、テクストは立体的に、その記号の生成過程との関係で、意味構築が可能となる。これら3種類のメタ機能は、便宜上3種類に分けて説明されているが、実際にテクストから意味を構築する場合には、相互に関連し合い、影響し合って統合的・有機的に意味の構築に関わっている。この枠組みを用いることによって、第2章で整理した教育課程における共通の4段階について指摘した問題は、解決することができる。第2段階の映像言語やコードの学習から、第3段階、第4段階の社会・文化的な批評へとつなげる学習の道筋である。そして、ここまで述べてきた過程構成や三つのメタ機

能の枠組みを用いることによって、第1章や第2章の検討から課題となっていた「言語化」能力の育成、あるいは言葉を介した視覚的テクストからの意味構築の方法を、整備していくことができる。

2.3.2. 図像テクストにおける3種類の「メタ機能」からの意味構築

前項で述べたような視覚社会記号論の流れの中で、図像テクストからも、我々は整合性のある意味を検討したり、一連の筋を多層的に構築していくプロセスを、社会的な意味も含めメタ的に説明・学習できる道が拓かれた。

そこで、先に図2で示した絵本の見開きを例に、この3種類のメタ機能の枠組みを用いた意味構築を行ってみる。図像テクストを、そこにどのような出来事や事柄が選択・表象されているかといった「観念構成的メタ機能」からの意味構築だけでなく、描かれ表象されていることと見る者との「対人的メタ機能」による意味構築や、一つのテクストとしてみた場合の構成や配置といった「テクスト形成的メタ機能」からの意味構築も行う。

例えば図2の絵では、見る者はこの街の光景を、少し高いところから全貌できる位置に位置づけられてテクストが構成されている。この見る者の位置づけも、一つの選択によって構成されている。選択肢の集合の観点から考えれば、この見る者の位置づけは、この街を行き交う人々の視線でもなく、またこの街の建物の窓から眺める視線でもない。この光景を俯瞰できる高い位置から眺めるという「創案」を施されることによって、この街に描かれている人や動物、建物は、どのような「奇矯」を施されているのだろうか。またそのことによって、私たち見る者は、対人的なメタ機能によって、このテクストからどういった意味を構築することができるのだろうか。

このように考えて見ると、このテクストに描かれている人や動物は、描かれている建物の窓から眺める視線よりも、さらに高い位置から俯瞰できるように描かれていることによって、顔の表情が判別しにくいほど小さく描かれている。このことによって、このテクストの「対人的メタ機能」による意味は、描かれている人や動物は、個体としての特徴よりも匿名性や一般性が強く描かれているという意味が構築できる。そしてここに描かれている人々や旅人と、見る者との対人的な関係は、虚構上の関係であっても、殆ど関係はないという意味が構築できる。つまり、見る者はこの光景を、この広場にいる参与要素とは異なる時間的・空間的な立場から眺めているという意味が構

築できる。

　また「テクスト形成的メタ機能」に着目するならば、テクストの端の部分を取り囲むように建物が描かれ、中央に広場や人々が描かれているので、クレスらが分類している「サテライト構造」という構造で描かれていることがわかる。この「サテライト構造」で描かれたテクストでは、見る者は中心から周辺に向かって視線を走査して見ていく傾向があるとされている。また、左端に馬に乗った旅人が右を向いて描かれているため、前頁、後頁とのテクスト形成的な関係で見ると、左から右に移動して、この広場に「やって来た」という意味構築ができる。クレスらは、西欧を中心とする舞台芸術を発展させてきた文化圏では、視覚的なテクストは絵でも映画でも、参与要素である人や動物、物が左から現れ右に去っていく方向性をもつ傾向があると述べている。

　これらを統合すると、この絵は旅人に焦点を当てて見るという見方ではなく、雑踏の中の一光景として、その雑踏に紛れた旅人として見るようテクストが構成されていることがわかる。そして見る者は、描かれている人たちとは対人的関係を持たず、異なる空間や時間から眺める作用を構築しやすくなっていることもわかる。

2.3.3.　「テクスト形成的メタ機能」と視線の走査

　上で述べたことは、先の図1の絵と比較してみると、よりよくわかる。図1のテクストでは、見る者は、描かれている参与要素である女の子と同じ部屋の中から、女の子と同じ視線の高さで、中央より少し左側に位置づけられている。このことによって、第2章で言及したフルッサーの「身体性」の観点から、見る者は部屋の中の光景を左側から見ることによって、その身体の向きや位置から、視線の先に窓が来ることが推察できる。つまり、テクストやテクスト中の参与要素に対して、見る者の身体がどのように位置づくのかによって、同じ光景でも、見えの意味が異なってくるのである。クレスら (Kress & van Leeuwen, 1996) は、テクスト中の選択された諸要素の機能は、周りの他の諸要素との相対的な関係で決まると述べている。これは、第3章3節でも述べた「際だち(salience)」という枠組みに端的に現れている。例えば、テクスト中のどの色が「際だち」として機能するかは、周りにどういった色が配されているかによって相対的に決まる。つまり、どの差異に意

味を見出すかという視点を含んでいるのである。そして、図像テクストにおいては、その「際だち」の部分に「主題」があるという見方が Kress & van Leeuwen によって提示されている。この図 1 では、それが窓の付近に沢山描かれているオレンジ色の気球であることが、この見る者の視線の設定によってわかる。このことは、上でも述べた図像テクスト中の視線の走査の順や方向にも関わるので、ヴィジュアル・リテラシーに関する重要な点である。つまりこの図 1 は、見る者の身体の位置づけによって視線の先に、「際だち」の要素が配されていることによって、この気球が、このテクストにおける「主題」にあたるという意味が構築できる。

またこの際、前章で整理・提示した色のコードは、単にオレンジの色の約束事として単独に適用できるのではなく、気球の周りに配された他の複数の色との関係によって機能する。さらに、図 1 を、テクスト形成的な機能に着目して「左から右」に向かった時間の枠組みを使って見ていくと、次のような順で、各参与要素をつなげて意味構築することもできる。

「机の上の新聞」→「複数の本」→「気球セットの材料」→「女の子の膝上の気球セット」。こういった順に、これら四つの参与要素をつなげて意味構築をすることによって、「新聞で環境問題の記事を読み、それに興味を持って関連する本を調べ、様々な材料を使って、気球の実験セットを作っている」という、左から右に向かって進む時間や因果関係に関する意味も構築できることがわかる。

2.3.4.「対人的メタ機能」に着目した下位の分析枠組み

さらに「身体性」の観点に結び付けて 2.3.2 で述べたように、テクストの中に描かれたり、写されたりしている参与要素（人や動物、物）と見る者との「対人的メタ機能」に着目して考えてみる。こういった「対人的メタ機能」から意味を構築するために、クレスら（Kress & van Leeuwen, 1996）は、次の三つのさらなる下位枠組みを提示している。それが、下記の a ～ c である。

a. 参与要素間及び参与要素と見る者との「社会的距離（social distance）」
b. 参与要素間及び参与要素と見る者との「眼差し（gaze）」の交差
c. 参与要素間及び参与要素と見る者との「角度（angle）」

aから順に説明しよう。aの参与要素と見る者との「社会的距離(social distance)」は、aにも書いたように、さらに二種類に分かれている。一つは、テクスト中に描かれたり写ったりしている参与要素相互の距離が、遠い方が社会的な距離も遠く、近い方が社会的な親疎関係も近い傾向があるという見方の枠組みである。

またもう一つは、テクスト中の参与要素と見る者との距離や位置関係に関する枠組みである。これも遠い方が社会的な距離も遠く、近い方が社会的な親疎関係も近い傾向があるという見方を示唆する。また、これは見る者が参与要素との関係で、どちらの位置や側からその場面を見ているのかによって、社会的な立場や立ち位置を意味構築する手立てとする枠組みでもある。例えば、次の図3の絵について、二つ目の「参与要素と見る者との位置関係」を検討しながら、見てみよう。用いる絵は『The Other Side(むこうがわのあの子)』(ウッドソン&ルイス，2010)の見開きである。

見る者は、柵で居住区を分けられた白人の子とアフリカ系アメリカ人の子双方を、等距離の位置からこの光景を見るよう位置づけられている。そのことから、この二者に対して、見る者は社会的にも中立に近い立場で、この光景を見るよう設定されているという意味が構築できる。もしもこの場合、どちらかの少女に近い位置からこの光景を見るように設定されていたら、同じように中立的に見ている感覚は持ちにくいのではないだろうか。この場面は、柵で居住区を分けられた白人の子とアフリカ系アメリカ人の子が、初めて柵越しに会話をする場面である。

図3　ウッドソン&ルイス(絵/文)『The Other Side』

さらに、この見開きでは、この光景を比較的近距離から、この二者の表情がわかるような距離の範囲に入って見るように位置づけられていることによって、見る者にとっては、三つ目の参与要素である柵が、逆説的に意識されやすくなっている。そして、こういった「参与要素と見る者との距離」によって、この見開きいっぱいに描かれている柵は、この二人の間に「立ちはだかっている」という意味をも構築する機能を果たしている。

　このように、見開きの枠いっぱいに描かれた柵の縦横に充満して見えている状態を、視覚社会記号論では、「図像の強度（graduation）」という枠組みで意味構築することができる。これは例えば、言葉で「こってりしぼられた」という場合の、「こってり」という副詞と類似した機能を、図像テクストにも用いる場合の枠組みである。叱られ方の強さを「こってり」という副詞で表現するように、図像テクストにおける柵の充満した描かれ方が、「立ちはだかっている」という意味を構築する機能を果たしている。そして、「柵が立っている」という観念構成的な意味からだけではすくい取ることが難しかった、こういった意味の構築を可能にする枠組みの提示が、本書で基盤としている視覚社会記号論における枠組みの特徴である。

　この同じ見開きでは、bの参与要素同士の「眼差し（gaze）」の交差も確認できる。二人の少女の眼差しの方向が交差していることによって、この二者間に相互交渉的な関係が成立していることを、この「眼差し」の交差は表す機能を果たしている。そして、cの参与要素と見る者との「角度（angle）」も、この二者を、見る者は見上げるでも見下ろすでもなく水平的なアングルから見る位置に位置づけられているので、この二者に対して見る者は、対等な社会的な関係であるということも示す機能を持っていることがわかる。

　このように、「アングル」や「フレーム」、「対象との距離」は、ミドル・ショットやロングショットといった第1章や第2章において言及した映像技法や映像言語といった知見から援用してきた枠組みであるが、国語科教育において上記のような意味構築に用いる場合には、そのまま映像技法とその効果という形で借用するだけでなく、先に提示した対人的メタ機能の枠組みとして、コミュニケーションにおける対人的な意味や機能として上述のように組み合わせたり解釈したりして導入・使用する必要がある。例えば第2章でも言及した「フレーム」という枠組みは、単に映像技術としての機能の他に、上掲の例で言えば、見る者とテクスト中の対象との距離観を「具現」し

ている。そしてそのことによって、顔の表情までよく見え会話できるくらいの距離から見るよう、読み手が位置づけられているのか、あるいは先の例のように、人の顔が判別できないくらい高いところから、匿名性をもって眺めるよう位置づけられているのかを、意識して意味構築を行うことができる。加えて、「アングル」や「対象との距離」も、社会的な人間相互の関係性を見る指数として翻訳し直して使用することができる。そしてそういう形で、具体的な絵や写真において、これら別の文脈で学習した用語を、異なる文脈の中でメタ言語として用いながら、私たちは手がかりを探す学習の経験を積むことができる。これは、第 2 章のマルチリテラシーズの項でカランジスら (Cope, Kalantzis, *et al.*, 2000) の論考を用いて示した、今後国語科学習において必要な学習の体験となる。これまで教師も出くわしたことのない新たなタイプのテクストに出逢った際に、これらを駆使し手がかりを探す方略を、具体的な新しく出遇った図像テクストの上で行ってみる学習である。同じ用語を学習して憶えても、こういった学習と単にコードを憶えて、他のテクストに当てはめてみる学習とは質が異なる。

　この項で論じている対人的メタ機能については、図像テクストにおける対人的な意味を構築したり分析したりするために、近年 SF-MDA において多くの分析枠組みが研究・開発されてきているので、こういった枠組みを活用して、上述のような視覚的なテクストに表象されている対人的な意味を検討したり考えたりする学習を構想することができる。例えば、図像テクストにおける読み手と対象との関係について、Kress & van Leeuwen (2006: 119–121) は、「社会的距離(SOCIAL DISTANCE)[4]」や、「関与(INVOLVEMENT)」、「力関係(POWER)」といった枠組みを提示している。そしてこれらを基に、Painter *et al.* (2013: 15–29) は次の 3 種類の改良を加えている。一つ目は、社会的距離の枠組みを、テクスト中の参与要素である登場人物と読み手との関係に使用し、登場人物相互の距離は「近接性(PROXIMITY)」という登場人物間の距離によって検討するよう、枠組みを 2 種類に整理するという改良を行った。クレスら (Kress & van Leeuwen: 1996, 2006) では、社会的距離は、写真のフレーム内や絵本の見開き内に占める登場人物の大きさによって具現(表現)されると説明しているが、ペインターら (Painter *et al.*, 2013) は、テクスト中の登場人物が隣り合わせで描かれたり写されたりしているのか、互いに遠く離れて描かれ写されているのかといった距離によって

具現される近接性の枠組みを加えることによって、登場人物同士と読み手との三者関係をより詳細に分析できるよう改良したことになる。

　また二つ目の改良は、クレスら（Kress & van Leeuwen: 1996, 2006）が登場人物と読み手との関与の度合いや力関係の枠組みを、登場人物と読み手や登場人物相互の視覚的角度によって具現されると考えた枠組みについての改良である。この枠組みについてもペインターら（Painter *et al.*, 2013）は、さらに登場人物同士の身体の向きという「対峙関係（ORIENTATION）」の枠組みを加えている。見る者に対して、登場人物や図像テクスト中の参与要素が正面に向いていると、見る者がテクスト中の人物や参与要素に巻き込まれる関与の度合いは高まり、斜めに描かれたり写されたりしていると、関与の度合いは低くなる。そして見上げる・見下ろすといった仰角によって、力関係は具現されると、クレスら（Kress & van Leeuwen: 1996, 2006: 121-127）では説明されている。これによれば、見る側が見上げる場合は、テクスト中の参与要素は見る者に力や権力を示し、見下ろす場合は、脆弱さや見る側の優位性という意味を構築することができる。こういった枠組みの基盤や原型は、第1章や第2章において検討した映像言語や映像技術にあるが、国語科学習において重要なのは、こういった位置関係や距離によって、見る側に様々な感情が湧き起こるという側面である。こういった見る側に湧き起こる感情を検討する手がかりとなる枠組みを考えてみることは、第2章で言及したフルッサーのテクノ画像に付随する見る側に湧き起こる感情や感覚を検討する学習につなげることができる。

　また、さらにペインターらによって加えられた「対峙関係（ORIENTATION）」の枠組みも、登場人物同士が向かい合う構図、あるいは背中合わせの構図によっても、双方の親疎関係を意味構築する手がかりを与えてくれる。ペインターらの三つ目の改良は、クレスら（Kress & van Leeuwen: 1996, 2006）で提示されている「接点（CONTACT）」と「モダリティ（MODALITY）」という枠組みを、以下の5種類の枠組みに整理し直したものである。ペインターらは、この二つの枠組みを以下のように再整理している。「焦点化（FOCALIZATION）」、「感情（AFFECT）」、「同調の度合い（PATHOS）」、色等による「雰囲気（AMBIENCE）」と「強度（GRADUATION）」である。「焦点化」とは、誰の視点から描かれたり写されたりしているのかを捉える枠組みであり、「同調の度合い」は、図像の描

かれ方や筆致によって、読み手がその図像にどの程度同調しやすくなるかという枠組みである。具体的には、「最小限の筆致（minimalistic）」、「一般的な筆致（generic）」、「写実的な筆致（naturalistic）」という3種類の描かれ方の分類が提示されている。この描かれ方と関連して、「感情」の枠組みは登場人物の感情の表出の仕方を捉える際に使用でき、「雰囲気」の枠組みは図像に使用される色の効果を捉える枠組みとして整理されている。最後に「強度」の枠組みは、先の図3の柵のように、図像中に描かれた対象の占める面積や描かれ方によって、その対象の意味を強めたり弱めたりする程度として捉えられるよう整理されている。

　上記の枠組みを使って、実際に話を先の絵本の分析に戻し、図2の人々の描かれ方と図3の描かれ方の違いを検討してみよう。そのための枠組みとして上述した「同調の度合い（PATHOS）」の枠組みを用いてみよう。これも、これまで美術において筆致と呼ばれていた概念を、言語教育の文脈に翻訳・援用した枠組みである。素朴な線画に近づくほど、その描かれている人物の個別性は少なくなり、普遍性が強く意味構築される傾向を持つ。そして逆に図3のような詳細な描き方に近づくほど、描かれている人物の個人名や詳細な背景、人格等が意味構築されやすくなるという作用を及ぼすという枠組みである。ペインターらは、写真も、この延長線上に位置付けている。この枠組みを使うと、図2の街の人々や旅人に、匿名性が高く詳細な背景や人格等が意味構築されにくいということが、より明確にわかる。

　一人一人の顔が詳細にはわからないようなこの筆致は、見る者を心理的に巻き込む度合も低くなる機能を持っている。以下の図4は別の文脈で紹介されている絵であるが、同じ対象でも描かれ方によって、見る者の引き込ま

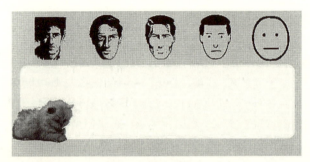

図4　マクラウド（1998: 78）『Understanding Comics: The Invisible Art』

れ易さ(同調の度合)が異なることがわかる例として示しておく。左に向かうほど、同調の度合は高まり易くなる。

　以上、2節では、図像テクストという稠密性の高いテクストから、「過程構成」という枠組みを用いて、意味の単位をすくい取り構築する方法を述べた。そしてその際には、3種類のメタ機能の枠組みを用いることによって、対人的、社会的な意味も構築できることがわかった。さらにこれらの方法に関連させて、絵の描かれ方や写真の写され方といったタッチや描画法からも、対人的な意味が構築できることがわかった。

　また同じ参与要素でも、テクスト中に描かれる位置や占める面積によって、テクスト形成的なメタ機能に着目した修辞的な意味も構築できることがわかった。そしてこのテクスト形成的なメタ機能と対人的なメタ機能とは、見る者のテクスト及びテクスト中の参与要素に対する位置や方向といった「身体性」によって、有機的な関係を構築しているということを、具体的に示した。

第3節　関係過程における「登場人物の造型」の検討

　以上述べてきたように、前節までで図像テクストから意味を構築する際の単位や基本的な枠組みについて整理・提示してきた。また、前節ではこれまで明示的には学習されることが少なかった、対人的メタ機能から意味を構築していくための枠組みについても、例を挙げて説明した。

　そこで本節では、先に提示した過程構成の枠組みの中で、さらに「関係過程」に焦点を当てて、図像テクストにおける人や動物、物等の属性から、どのように意味を構築していくことができるのかを検討する。「関係過程」とは、前にも述べたように参与要素の属性に関わる過程で、「分類したり同定」したりといった諸過程に対応する過程である。「関係過程」という命名は、これも先に1節で触れたように、英文を基軸に考えた場合にbe動詞の前と後にくる内容の「関係」を表す過程となることからきている。したがって、日本語による国語科の学習において使用する場合には、「属性過程」と別の名前を付けた方が使用しやすいと考えられる過程名である。

　これまで、国語科における「読むこと」の学習では、作品の「文学的要素」の一つとして「登場人物の造型(characterization)」の学習が行われてき

た。しかし、図像テクストから視覚的に人物の造型を意味構築していく方法は、これまで国語科の学習としては、明示的には行われてこなかった。またそのための枠組みについても、開発されてこなかった。そこで本節では、上述の過程構成の枠組みやその下位枠組みを活用して、人物の造形を検討する枠組みや、それを用いた人物造形に関わる学習活動や発問例の開発・提示を行う。用いる学習材は写真でも可能だが、前節で検討した「同調の度合い（PATHOS）」の枠組みで考えると、写真はこの度合いがかなり高いため、人物造型というよりは、その写真に写っている個別情報に同調することが考えられるため、その程度が「一般的」から「写実的」の範囲に入る絵本の絵を用いた。

3.1. 「属性的」な特徴と「同定的」な特徴を分けて分析・検討する枠組み

　図像に表わされた登場人物を見れば、着ている服の色やヘアースタイル、身体的特徴等、学習者はある程度それらの外見から人物像を分析することができるだろう。しかしそれらの属性がどのように絡み合い、その人物の造型を構築しているのかを検討するためには、それらの特徴を属性的 (attributive) な特徴と同定的 (identifying) な特徴に分けて分析・検討する学習が有効であるとペインターらは指摘している (Painter *et al.*, 2013: 54–55)。属性的な特徴とは、絵に描かれた外見などの物理的特徴で、服装や容姿、持ち物などの所有物、そしてその人物と関わりの深い周りの時間的・空間的な状況に特色づけられる登場人物の特徴のことである。これらは服装や持ち物等、登場人物の身体から切り離して移動させうる要素によって表現されている。それに対して同定的な特徴とは、直接描かれた外見だけでなく、それらを基に学習者が自らの経験的知識を用いて解釈し得るその人物の特徴である。年齢や社会的所属・役割、性格等、その人物の継続的な傾向性に関わる特徴のことである。

　同定的な特徴は、視覚的側面からの分析においては、多くの場合属性的な特徴が複数絡み合った形で表現されていたり、あるいは複数の属性的な特徴から読者自身が物語の展開との関係で推測したりしなければならないことが多い。

　したがって、実際の授業場面ではこれら2種類の特徴を区別しながら検討させた上で、同定的な特徴を考えさせ、最初に学習者各自の抱いた登場人

物への印象が修正されるプロセスについて話し合う学習が有効と考えられる。そこで以下の活動を開発・提示する。

(1)視覚的側面から「登場人物の造型」を検討させる学習
―「属性的」な特徴と「同定的」な特徴を区別して検討する学習―

対象を、小学校高学年で設定した。以下にこの学習に使用する学習材(絵本)と、主な指示や発問、さらには実際に協力を得られた学級で書いてもらった学習者のワークシートや、反応を示す。

①　使用する絵本：デイビッド・ウィズナー(絵／文)『1999年6月29日』(図1)

②　指示・発問：a. 次の絵は、絵本の1ページです。この登場人物について、わかることを次のワークシートの中に書き込んでください。最初にシートの周りにある一重丸の中に、登場人物の絵を見てわかったことを書いてください。服装や持っている物、この人と関係のありそうな周りにあるものやその様子など、この人の身体から切り離して移動させることができる特徴に着目して、この登場人物の特徴を書いてください。

b. 周りの一重丸の中が書けたら、その中に書いたことを基に、今度は真ん中の二重線の丸の中に、その登場人物の性別や年齢、性格などその人物の身体から離して移動させることができない(持続的な)特徴を書いてください。

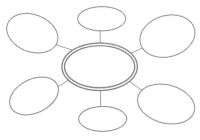

図5　ワークシート

③　学習者の反応：ちなみに下の図6は、図1の絵本の見開きを見て、神奈川県内の協力を得られた小学6年生に、書いてもらったものである。

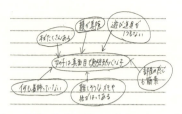

図6　小学6年生に書いてもらったシート

　上図のような方法で書いてもらうと、多くの学習者が周りの一重丸に次のような特徴を書いた。「服もヘアーバンドもシンプルで、飾りがない」。「実験装置のようなものを持っている」。「コップを見ている顔が真剣だ」。「難しそうな本が近くに置いてある」。「遊び道具が周りにない」。そして、これらを統合して中央の二重丸の中には、以下のようなことを書いた学習者が多かった。「実験や勉強に熱心になる子」、「まじめな感じの子」、「理系が好きな子」「女の子っぽくない子」などである。「熱心」という同定的な特徴は、登場人物の表情だけでなく、所有物の置き方が無造作であるなど、周りの一重丸の中に書いた内容を組み合わせて考えた末に書かれたものだと考えられる。また、「まじめ」という同定的な特徴を書いた学習者は、「遊び道具が周りにない」や「服装がシンプル」などの属性的な特徴を組み合わせたと考えられる。

　またこの過程で、最初に抱いた登場人物に対する印象が修正されていったかを話し合ってもらったところ、次のような学習者の意見を聞くことができた。最初に人物の表情から「怖い感じの子」と印象を書いていた学習者が、属性的な特徴を組み合わせて考えていく過程で、同定的な特徴として「集中する子」「熱心な子」と考えるようになったというものである。これは、自分が拾い出した属性的な特徴を組み合わせる過程で、この絵の人物に印象として認めていた初期の同定的な特徴を修正していった結果であると考えることができる。

　次に、この属性的な特徴と同定的な特徴を区別して検討する枠組を使いながら、さらに登場人物の周りの状況的（circumstantial）な特徴との関係で、登場人物の同定的な特徴を考える学習を開発・提示する。

3.2.「状況的」な特徴との関係で「同定的」な特徴を分析・検討する枠組み

　選択体系機能理論の枠組みでは、「関係過程」における下位枠組みとして、以下のような枠組みを整理・提示している(Halliday, 2004: 259–276)。登場人物の特徴を、3.1 で検討した属性的(attributive)な特徴と同定的(identifying)な特徴に分け、さらにその各々について、内包的、状況的、所有的という 3 種類の下位枠組みで整理・検討する体系である。属性的な特徴とは、ある「クラスの成員である」(ハリデー，2003: 179)と解釈できるような特徴で、容姿や能力(内包的)、持ち物などの所持品(所有的)、そしてその人物と関わりの深い周りの時間的・空間的な状況(状況的)に特色づけられる登場人物の特徴のことである。それに対して同定的な特徴とは、登場人物の特徴が継続的な傾向性に関わる「同一性を限定する」(ハリデー／山口，筧訳，2003: 183)もののことである。同定的な特徴は、視覚的側面からの分析においては、多くの場合属性的な特徴が複数絡み合った形で表現されていたり、あるいは複数の属性的な特徴から読者自身が物語の展開との関係で推測したりしなければならないことが多い。そこで、この状況的な特徴との関係で人物造形を検討する学習を提示する。

(2)「状況的」な特徴から「登場人物の造型」を検討させる学習

　対象は中学生〜大学生と広い範囲で設定した。使用する絵本が、対象によって多層的に理解できると判断したためである。以下にこの学習に使用する学習材(絵本)と、主な指示や発問、さらには実際に協力を得られた学級で得た学習者の反応を示す。

① 　使用する絵本：ショーン・タン(絵／文)『ロスト・シング』(図 7)
② 　指示・発問：絵本を 3 枚目の見開きまで、見せながら教師が音読する。
　　(そこまでの筋は、ショーンという学生がある夏、海辺で不思議な物体(ロスト・シング)と出逢ったというところまでである。)
a. (前掲のワークシートを使用して)この物体の絵を見てわかったことを、シート中の一重丸の中に書いてください。それら書いたことを基に、真ん中の二重丸の中に、この物体の性質や特徴を書いてください。
b. この物体の周りに落ちているものと、この物体との共通点を探して真ん中の二重丸の中に書いてください。
③ 　学習者の反応：これに対して、協力を得られた神奈川県内の中学 1 年

生からは、次のような反応が得られた。周りの一重丸の中には、学習者は以下のようなことを書いた。
・赤茶色のさびが見えるので、金属でできている。
・ドアやふたがたくさんついているので、廃品でできている感じがする。
・タコかイカのような足が生えている。
・人間の4倍くらいの大きさ。
・ベルが二つ付いている。
・下がふくらんだ丸い形の身体だ。
・めしべのようなものが生えている。

そして、これらのことから幾人かの学習者は、「攻撃してはこなそうだ」「異様な感じがする」などのことを、真ん中の二重丸に書いていた。しかし多くの学習者は、真ん中の二重丸の中を書きにくい様子であった（この物体は、ごく僅かな音を出す以外はしゃべらず、特に自分からは何か行動をとろうとはしないため、文章部分からも人物の造型が難しい）。

そこで、さらに先のbについて検討してもらった。すると、以下のような意見が出た。
・使わなくなったネジや、バネなどの部品、昔の電話の受話器、古い書類な

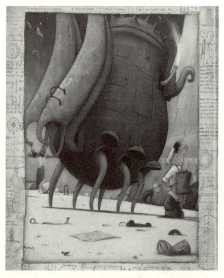

図7　ショーン・タン（絵／文）『ロスト・シング』

どが落ちている。これらとこの物体との共通点は、もう使われなくなった役に立たないものという感じがする。
・忘れられ、帰る場所がないもの。
・持ち主や名前がわからないもの。

　このように、図像テクスト中の登場人物自体の属性を分析しようとしても、それがこれまでに見たこともないような未知の参与要素の場合には、その特徴から人物造型を検討していくことは難しい。しかしそのような時こそ、この枠組みを使い、状況的な特徴との関係から人物造型に迫る検討の学習が有効である。

　この物語は、この物体の登場人物としての造型を構築していく過程自体が、物語の一本の織り糸となっているとも言える作品であるため、今回のような検討は学習者にとって、大きな足がかりとなったと考えられる。そしてこういったメタ的な枠組みを使って、未知の存在を分析しようとする学習の中から、第2章で提示した新たなリテラシー観に沿ったヴィジュアル・リテラシーが育まれると考えられる。

3.3.「シンボリック」な属性的特徴を分析・検討する枠組み

　クレスら（Kress & van Leeuwen, 2006）は、上記の属性的な特徴を検討する際に、さらにその中にシンボリックな属性がないかどうかを検討する必要があると提案している。シンボリックな属性とは、ペインターらが挙げた例を使うならば、アンソニー・ブラウンの『ZOO』に見られる、男の子たちがかぶっている帽子のような属性のことである。この帽子は、単に帽子をかぶっているという服装的な特徴だけでなく、「人とサルの類似性」をシンボライズするという機能を果たしていると説明されている。また、『ポッサムの魔法』におけるエプロンをかけたおばあさんも、その一例であると述べている。「エプロン」によって、「人の世話をする役割」というおばあさんの属性が、作品に一貫して表象されているからである。

　ペインターらは、この種の属性を析出したり検討したりすることができるようになることによって、図像特に絵本の物語における意味が、出来事のつらなりの中だけにあるのではなく、作品に一貫して用いられているシンボリックな属性の中にも語られていることを、学習者が理解できるようになるのだと述べている。

図8 アンソニー・ブラウン(絵／文)『ZOO』

　そこで、そのような理解を可能にする学習活動や発問として、次のような学習を提示する。

(3)「シンボリック」な属性から「登場人物の造型」を検討させる学習

　対象は中学生〜大学生と広い範囲で設定した。使用する絵本が、対象によって多層的に理解できると判断したためである。以下にこの学習に使用する学習材(絵本)と、主な指示や発問、さらには協力を得られた学級で得た実際の学習者の反応を示す。

① 使用する絵本：ショーン・タン(絵／文)『ロスト・シング』(図9)
② 指示・発問：a. 今度は同じ絵本に登場するショーンに焦点を当てて検討してください。(先の学習で読んだページまでの部分を見せながら、)身に着けているものや持っているものの中から、繰り返し描かれているものや重要だと思うものを拾い出してください。
b. ショーンは、aで挙げたものから考えて、どのようなものやことに興味をもっていたり、大切に考えていたりする人物だと思いますか。
③ 学習者の反応：同じく、協力を得られた神奈川県内の中学1年生からは、次のような反応が出された。
・王かんを集める大きな袋をしょっている。
・手に『ボトルの王冠図鑑』という分厚い本を持っている。
・このことから、使用ずみのものをおもしろがったり、それで遊んだりするのが好きな人ではないかと思う。
　また、これらの回答に関連して、次のような反応もなされた。
・ショーンのいる周りの様子を見ると、風景が未来っぽく見えるのに、明るく幸せそうに見えないので、そのことと関連しているような気がする。
・空や海の色が明るくない。

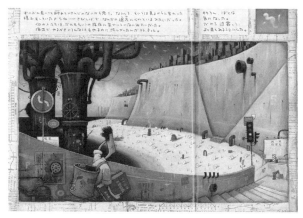

図9　ショーン・タン（絵／文）『ロスト・シング』

・植物が無い。
・工場やビルみたいな建物があるが、さびや煙みたいなものが出ている。

　こういった反応は、先の状況的な特徴からの検討学習の影響と見ることもできる。

　またさらに、先にも述べたが、この物語は登場する人物の造型の「同定的な特徴」を構築していく過程自体が、この物語の一本の織り糸となっているとも言える作品である。そしてその織り糸は、登場人物に関連する価値（観）に関わっていると考えられる。そこで上記の学習に関連させて、さらに次の問題についても検討してもらった。

c.（提示したページまで絵本を読み進め、図10を見せながら）この絵はショーンがこの物体の好物が何かに気づいて、食べさせてあげているところです。好物とは、どのようなものでしょう。
d. また、あなたなら、どのようなものをこの物体にあげますか。

③　学習者の反応：協力を得られた神奈川県内の中学1年生からは、次のような反応が見られた。

・使わなくなった古いクリスマスのオーナメントなどのおもちゃが好きだと思った。
・自分なら、古いおもちゃや、古くて動かなくなった時計をあげる。

　以上の学習や学習者の反応から、図像テクスト中の人物造型の学習は、登場人物の属性からだけでなく、3.2で学習した状況的な特徴の分析や、さら

図10　ショーン・タン（絵／文）『ロスト・シング』

にその特徴がシンボル的な属性である場合というように、学習した枠組みを組み合わせて人物造型を深化させていくことができるという性質を見ることができた。

　また、dの発問やそれに対する学習者の反応からは、第3章で検討した図像テクストの「自己指示的例示」という性質は、こういった形にすることで学習可能であるということも確認できた。図10に例示された数点のこの物体の好物から、この頁に描ききれない沢山の可能的な好物を意味構築する学習である。そして、この例示性やそこから可能的な他の例を考える思考によって、この頁に描かれた登場人物の造型はより深化させることができるのである。

　以上、選択体系機能理論における過程構成という枠組みを用いて、その1種類である「関係過程」（属性を意味構築できる過程）のさらに下位枠組みを活用して、図像テクストから視覚的に人物造型を検討する学習活動を開発・例示した。このことによって、上述のような選択体系機能理論の枠組みを、どのようにメタ的な枠組みとして活用し、国語科においてヴィジュアル・リテラシーの学習を行っていくことができるのかを例示した。

第4節　学習者の意味構築の状態を捉えるための枠組みの活用

　本章の最後に、前節までで述べた「過程構成」という枠組みや、意味の単位に関する考え方を、図像テクストの学習において、学習者の意味構築の状態を捉える目的にも活用できる方向が考えられるため、その活用の提案と分析例を示す。

4.1. 図像テクストからの学習者による意味構築の状況

　これまで、国語科において、図像テクストを見せて学習者に言語化してもらう場合には、どういった意味を構築できればよしとするのか、あるいはどういった言語化が必要、あるいは不足なのかについて、明確な目安や見方は示されてこなかった。しかし、言うまでもなく、学習者の意味構築の仕方やその現状を出発点として確認し、そこから学習を構想することは重要である。このため、本項では「過程構成」の枠組みを活用して、学習者の意味構築の状況を捉える活用法を、その一つの方向として提示する。

　まず学習者の自由に任せて、図像テクストを見てもらった場合、学習者はどういった絵の見方あるいは意味の構築の仕方をするのだろうか。このことをみるため、以下のような方法で、本章の冒頭で提示した図1の絵を見てもらった。そして、その絵から意味構築した内容を書いてもらい、その文章を前節までに述べた「過程構成」の枠組みを用いて分析した。

4.2. 分析の観点と枠組み

　今回行った活用の方法は、以下の通りである。中学3年生43人に、先の図1の絵を見てもらい、「気が付いたこと、わかったことを、20以上書いてください」という指示を出し、各人が意味構築したことを書いてもらった。これは、授業等で学習者に絵を見せて、自由に気づいたことを述べてもらう状況とほぼ同じである。

　こうして得た結果を、以下のように、3種類の観点から分析した。
① 　まず学習者の記述内容を、「過程構成」の過程型における6種類の枠組みで分析した。これは、学習者の自由に任せて意味構築してもらった場合、学習者はどの種類の過程型を多く使用して意味構築するのかをみるた

めである。この過程型とは、先にも述べたように、ハリデーが膨大な言語資料の分類から、私たちが自分の内的・外的経験を記述する際に用いる節の型を、6種類に整理したものである。それは、次の6タイプであった。

・存在過程(〜が在る、といった存在を表す型)

・関係過程(物事の属性を表す型)

・行動過程(行動を表す型)

・心理過程(感情、認識、思考を表す型)

・物質過程(生じる、変わるに関連した型)

・発言過程(発話に関連した型)

② 次に、上記①の分類を、記述された順番に着目して通し番号を付し、その順番と上の①の過程型との関係をグラフ化して分析した。このことによって、学習者が気づいたり意味構築を考えたりした順序と、それを意味構築するために用いた過程型の種類との関係をみるためである。

③ また、学習者によって記述された570レコード中に使われた形容詞、副詞の数や種類も検討した。これは、節の単位で意味のユニットを見た場合、形容詞群、副詞群が充当される〈状況要素〉の部分に、どういった語や表現を使用できているのかをみるためである。

ちなみに、本章1節で説明したように、選択体系機能理論では、意味の最少単位を〈節〉に定め、その構造を次のように定義している。

　参与要素　＋　過程中核部　＋　状況要素

　(名詞群)　　　(動詞群)　　　(形容詞群・副詞群)

　(主語や目的語)

4.3. 結果とその分析

上記の方法で収集した570レコードを分析したところ、以下のような結果が得られた(表1)。前項で設定した①〜③の観点の順にみていこう。

① 使用された過程型の分類については、次の表1の通り570件のレコード中「存在過程」が59.8%と最も多く、「関係(属性)過程」が30.0%、「行動過程」が12.1%と続く結果となった。つまり「○○が〜にある。」という過程型を使用して答えた生徒が多かったことになる。

表1　過程型の使用状況

	レコード数	存在過程	行動過程	心理過程	関係過程	二つ以上	回答者の考えや感想
N数	570	341	69	15	171	29	3
%	100.0	59.8	12.1	2.6	30.0	5.1	0.5

　なお、表1中の「二つ以上」の欄は、一文に二つ以上の過程を書いたもの、「回答者の考えや感想」は、絵の中で展開されている事柄ではなく、「きれいな絵だ」のような文が書かれた回答のため、別に分けて集計した。

　これは使用した絵が室内の絵であるという設定や、参与要素の数やその体位に影響を受けている部分が大きいと考えられるので、単純にはこの数字から結果を読み取ることは難しい。

　そこで、この調査の後に、もう1種類以下のような別のタイプの絵を用いて、異なるクラスの中学生に同様の調査も行った。その結果の分析や、図1の絵からの意味構築の結果と突き合わせた検討を、本節の最後に示す。別のタイプの絵とは、図1と対照的な要素で構成された絵である。場面設定が室内ではなく野外で、参与要素である登場人物が6人いる絵である。また参与要素の性別も、男性の絵を選んだ。この絵については次章でも別の観点から詳しく検討するが、本節末において学習者の回答を検討するため、以下に提示しておく。

図12　クーニー＆リン・レイ（絵／文）『満月をまって』

冒頭の図1の検討に戻ろう。今回の図1の分析では、絵の中に人物が一人であるために、発話に関する発言過程に関する記述がなかった。このため、発言過程の分析については省略した。また同様の理由によって、使用した絵の特性から、物の変化に関する物質過程についての記述も見られなかったので、この分析も省いて検討した。

② 次に、学習者の回答中に各過程型が出現する順序と、①の過程型の使用割合（％）との関係をみるため、データを表とグラフにしてみた。（表2, グラフ1）。表中左上の「順序」は、回答中に記述された順番を示す。同様にグラフ1では、横軸に順序が示されている。これらを整理してみることによって、どういった順番に、どの過程を頻繁に使って学習者が意味を構築しようとしたのかを考えることができる。

表2 過程型の使用割合とその使用時期

順序	全レコード数	存在過程の数	行動過程の数	心理過程の数	関係(属性)過程の数	回答者の考えや感想の数
1	29	11	7	2	8	1
2	26	9	7	1	8	1
3	28	13	6	0	8	1
4	27	14	6	0	7	0
5	28	17	5	0	6	0
6	28	18	1	1	8	0
7	27	20	2	0	5	0
8	26	18	0	0	8	0
9	27	18	3	1	5	0
10	28	17	3	0	8	0
11	26	15	3	0	8	0
12	27	20	2	1	4	0
13	26	15	5	0	6	0
14	27	14	3	1	9	0
15	30	16	0	2	12	0
16	26	17	3	1	5	0
17	26	16	2	1	7	0
18	25	15	2	1	7	0

順序	全レコード数	存在過程の数	行動過程の数	心理過程の数	関係(属性)過程の数	回答者の考えや感想の数
19	24	15	3	0	6	0
20	23	7	1	0	15	0
21	17	7	4	1	5	0
22	13	10	0	0	3	0
23	9	6	0	1	2	0
24	7	4	0	0	3	0
25	6	2	1	0	3	0
26	4	2	0	0	2	0
27	3	1	0	0	2	0
28	2	2	0	0	0	0
29	2	1	0	1	0	0
30	1	1	0	0	0	0
31	1	0	0	0	1	0
						［件］

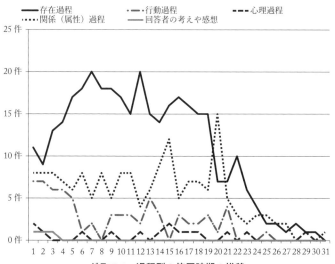

グラフ1　過程型の使用時期の推移

例えば、前掲の表やグラフから、以下のことが読み取れる。最初の頃（1番目〜5番目の回答の順）については、学習者は、テクスト中から構築できる6種類の過程の内、「存在過程」、「行動過程」、「関係（属性）過程」に着目しているが、この絵は行動に関する要素が少ないためか、5番目以降では、「行動過程」の割合が減り、「存在過程」が多く出現している。

その後、後半（15番目〜20番目）になると、属性を意味構築する「関係過程」の割合が増加し、「存在過程」の数と逆転する。このことから、どこに何があるかといった存在の認識や確認が一通り終わると、次の段階としてその「関係過程（属性）」に着目する学習者の様子がうかがえる。学習者はただランダムに絵を眺めていたわけではないのである。

20番目以降に使用されている過程型の割合が極端に変動しているが、これはレコード数が少なくなるため（20個以上挙げる設定による）、ばらつきが大きく、参考程度の参照とした。さらに、表2とグラフ1のデータから、学習者のテクスト上における視線の動きの様子を推測するため、これらのデータをパーセント換算し、表3とグラフ2を作成してみた。

表3　テクスト中の注視箇所の推移

順序	全レコード	存在過程	行動過程	心理過程	関係(属性)過程	回答者の考えや感想
1	100.0	42.3	26.9	7.7	30.8	3.8
2	100.0	34.6	26.9	3.8	30.8	3.8
3	100.0	50.0	23.1	0.0	30.8	3.8
4	100.0	53.8	23.1	0.0	26.9	0.0
5	100.0	65.4	19.2	0.0	23.1	0.0
6	100.0	69.2	3.8	3.8	30.8	0.0
7	100.0	76.9	7.7	0.0	19.2	0.0
8	100.0	69.2	0.0	0.0	30.8	0.0
9	100.0	69.2	11.5	3.8	19.2	0.0
10	100.0	65.4	11.5	0.0	30.8	0.0
11	100.0	57.7	11.5	0.0	30.8	0.0
12	100.0	76.9	7.7	3.8	15.4	0.0
13	100.0	57.7	19.2	0.0	23.1	0.0
14	100.0	53.8	11.5	3.8	34.6	0.0
15	100.0	61.5	0.0	7.7	46.2	0.0

第4章　図像テクストから意味を構築する枠組み　173

順序	全レコード	存在過程	行動過程	心理過程	関係(属性)過程	回答者の考えや感想
16	100.0	65.4	11.5	3.8	19.2	0.0
17	100.0	64.0	8.0	4.0	28.0	0.0
18	100.0	62.5	8.3	4.2	29.2	0.0
19	100.0	65.2	13.0	0.0	26.1	0.0
20	100.0	31.8	4.5	0.0	68.2	0.0
21	100.0	46.7	26.7	6.7	33.3	0.0
22	100.0	90.9	0.0	0.0	27.3	0.0
23	100.0	75.0	0.0	12.5	25.0	0.0
24	100.0	57.1	0.0	0.0	42.9	0.0
25	100.0	33.3	16.7	0.0	50.0	0.0
26	100.0	50.0	0.0	0.0	50.0	0.0
27	100.0	33.3	0.0	0.0	66.7	0.0
28	100.0	100.0	0.0	0.0	0.0	0.0
29	100.0	50.0	0.0	50.0	0.0	0.0
30	100.0	100.0	0.0	0.0	0.0	0.0
31	100.0	0.0	0.0	0.0	100.0	0.0
					[％]	

　グラフ２の形に換算をしてみると、次のような学習者の見方・意味構築の傾向が推測しやすくなる。まず、「20以上書いてください」という指示をしたため、20以上31まで書いた学生と20で止めた学生がいるので、23番目前後以降のデータの％表示からは、安定した結果を考察することは難しい。しかし、19番目〜21番目の部分で「関係過程」が上昇していることから、ある程度絵に描かれていることの概略がつかめた後に、気になった細部（にどのような、何があるのか）を詳しく再度見始めるという意味構築の仕方の傾向を、ここから推測することができる。また、ある程度どこに何があるかという「存在過程」の意味構築が行われ、それが終わると、その直後から19番目20番目で、属性に関する「関係過程」の意味構築に意識が移っていく様子もうかがうことができる。

　この点については、前掲の同じ絵本の見開きから意味を構築する場合について、視線の走査の様子や順を、アイ・トラッキング装置を用いて測定してみた。また、測定の直後にその映像を見ながらのインタビューも行った。す

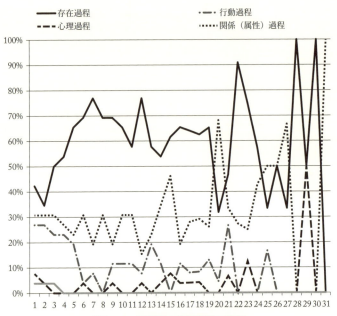

グラフ2　過程型の使用時期の推移

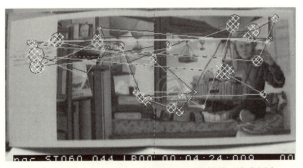

図13　アイ・トラッキング装置を用いた視線の走査測定

ると、前掲の結果と似た傾向の回答を複数見ることができた。図13のテクスト上に描かれた線は、この見開きを見ている際の実際の視線の動きを測定した軌跡である（2016年8月24日測定）。また、丸印とその大きさは視線を留めて見ている箇所と、その停留時間の長さを示している。この視線の走査時にどういった意味構築を行っていたのかを、併せてインタビューから分析したところ、「女の子の足下に置かれた袋には何の植物の種が入っているの

か」や、左に見える「新聞にはどのような記事が書かれているのか」を考えながら見ていたと回答していた。上記の内容との相関を証明できる程度の測定数は確保できなかったが、上述の内容を裏づけるような回答を多く見ることができた。

③　次に、生徒が使用した形容詞（句）、副詞（句）については、以下のような結果が出た。回答者26名の全回答数と、その中で使用された形容詞（句）や副詞（句）の数と割合を、表4にまとめた。この結果から見る限り、副詞（句）の方が若干多いものの、形容詞（句）も副詞（句）も1割前後と少ないことがわかる。

表4　形容詞（句）・副詞（句）の使用状況

回答者数		レコード数	形容詞句・群	副詞句・群
26	数	570	53	73
	%	100.0	9.3	12.8

また、使用された形容詞（句）や副詞（句）の種類を、以下の表5に整理した（同じ語でも、複数回使用されている場合は、加算してある）。

表5を見るとわかるように、副詞（句）については、一番多く使用されたのは量に関するもので、形容詞では、色に関するものが一番多く、厚さや気温に関する表現も複数使われたことがわかった。またその他には、登場人物が抱えている実験装置（このテクスト中では、第3章で述べた「際立ち」の

表5　使用された形容詞（句）・副詞（句）の種類と頻度

	形容詞（句）	件数		副詞（句）	件数
	合計	53		合計	73
1	青い	5	1	たくさん	23
2	分厚い	5	2	いくつも	7
3	オレンジの	4	3	沢山	6
4	赤い	4	4	いくつか	5
5	白い	4	5	少し	3
6	黄色い	3	6	高く	3
7	様々な	3	7	おそらく	2
8	いろいろな	2	8	目を細めて	2

	形容詞(句)	件数		副詞(句)	件数
9	ぶ厚い	2	9	かなり	2
10	寒い	2	10	遠く	2
11	長い	2	11	いっぱい	1
12	同じ	2	12	オレンジ色に	1
13	いろんな	1	13	細めて	1
14	ちがう	1	14	すべて	1
15	厚い	1	15	それほど	1
16	厚めの	1	16	相当	1
17	黒や灰色の	1	17	たくさんの	1
18	細かい	1	18	たぶん	1
19	若い	1	19	とても	1
20	暑い	1	20	どんどん	1
21	詳しそう	1	21	まだ	1
22	新しい	1	22	一つ一つ	1
23	真剣な	1	23	そこまで	1
24	難しそうな	1	24	常に	1
25	肌寒い	1	25	新しく	1
26	別々の	1	26	比較的	1
27	明るい	1	27	必ず	1
			28	無造作に	1

部分に当たる)の様子や、登場人物の態度に関する表現も使用されていることがわかった。しかし参与要素相互の属性や特徴を比較した回答はなく、その差異の意味を言語化した回答も無かった。勿論こういった回答は、用いた図像テクストによって影響を受けるが、その点を考慮したとしても、学習者の自由に任せて見てもらった場合には、テクストや参与要素相互を関連づけて見る見方はあまりみられないという傾向もみてとれた。

4.4. 考察

以上、前節までに述べた「過程構成」の枠組みを用いて、学習者が図像テクストから意味を構築するプロセスや、その捉え方を分析した。これらのことから見えてきたことを、以下にまとめる。

4.4.1. 学習者の意味構築の特徴―意味構築の「単位」と関係

　学習者は、図像的テクストから意味をすくい取り言語化していく場合、自由に任せると、見る順序も構築する単位もまちまちであるということがわかった。今回の調査では、一文で一まとまりの内容を書くよう指示をしたが、それでも単に「赤」や「女の子」など単語で答える者もいれば、一文に複数のことを入れる者もあった。そのために切り出した意味単位相互の関係を、自覚的に整理することも難しい状態の学習者が複数見うけられた。

　例えば、参与要素である女の子の髪の色は、「関係過程」で意味構築することができる。そしてそのことは、「女の子が外国人ではないか」と書いた生徒の判断に対して、理由という関係が成立する。また、天気(特に晴天)は図像テクスト中では、直示的には表現しにくいので、窓が開いていることや、外の雲の様子や空の色から統合的に判断することが求められる。しかし、気がついたことを気がついた単位で言語化していた学習者は、書いてもらった文章を見る限り、そういった統合的な判断が難しいように見えた。

　勿論楽しみのために自宅で絵や絵本を見る場合には、このような楽しみ方もあるだろう。しかし少なくとも、今自分が言語化している内容は、図像テクストの中で起きている〈現象〉なのか、それとも登場人物の〈属性〉に関するものなのか、さらにはそれらの〈関係〉から直接描かれていない意味を自分が言語化していることになるのかに無自覚なまま学習させることは難しい。

　同様の問題は、先に示した図12の絵を用いて回答してもらった生徒についても指摘することができる。図像テクスト中に描かれた個別の参与要素について、色や属性は言語化するが、他の参与要素との比較や、その差異の意味を言語化した回答は見当たらなかった。図12の絵について回答された形容詞(句)や副詞(句)を、以下に示す。全レコード数とサンプル数は、以下の通りである。

表6　形容詞(句)と副詞(句)の使用頻度

回答者数		レコード数	形容詞句・群	副詞句・群
41	数	380	101	38
	%	100.0	26.6	10.0

また、この内訳として回答された形容詞(句)や副詞(句)は、表7に整理した通りである。表7の回答から、形容詞は「白い」「黒い」「赤い」といった色の回答が多く、回答数が目立って多かったのは、「美しい」といった形容詞や、「きれい」「きれいな」といった形容動詞であったことがわかる。

表7 使用された形容詞(句)の種類と頻度

	形容詞句・群	件数						
	合計	101						
1	きれい	11	18	かわいい	1	35	重そう	1
2	白い	10	19	さびし	1	36	重そうな	1
3	きれいな	6	20	さびしい	1	37	少な	1
4	黒い	5	21	さみしい	1	38	色っぽい	1
5	小さい	5	22	すごい	1	39	色とりどりの	1
6	少ない	4	23	たくさんの	1	40	色黒	1
7	白	4	24	へんな	1	41	真っ白	1
8	暗い	3	25	まじめな	1	42	青い	1
9	赤い	3	26	やさし	1	43	赤	1
10	多い	3	27	黄色の	1	44	大きな	1
11	美しい	3	28	温暖な	1	45	年とった	1
12	黒	2	29	灰色の	1	46	薄い	1
13	寂しい	2	30	寒い	1	47	明るい	1
14	大きい	2	31	厳しい	1	48	立派	1
15	長い	2	32	細かい	1	49	立派だ	1
16	おだやかな	1	33	若い	1	50	立派な	1
17	オレンジな	1	34	寂しそう	1			

また、副詞については、「たくさん」「とても」といった副詞や「あまり」を含む副詞句のように、程度を増強する語の回答が多かった。具体的に意味構築に使用された副詞(句)を、表8に整理して示す。

表 8　使用された副詞（句）の種類と頻度

	副詞句群	件数						
	合計	38						
1	あまり	5	10	きれいに	1	19	暗そうに	1
2	たくさん	5	11	けっこう	1	20	意外と	1
3	とても	4	12	すごく	1	21	高く	1
4	たぶん	2	13	それほど	1	22	小さく	1
5	少し	2	14	たくさんの	1	23	全く	1
6	あたり	1	15	ちょっと	1	24	多い	1
7	いろんな	1	16	どんな	1	25	変な	1
8	おそらく	1	17	のんびり	1			
9	かなり	1	18	もくもくと	1			

　次章では、先に提示した図 12 の絵からの意味構築についてさらに詳しく検討するが、この場面を「きれい」や「美しい」と回答した学習者が多かったことは、意味構築における一つの重要な鍵となると考えられる。

4.4.2.　学習者の意味構築の特徴―「視線の走査」順

　次に、先のグラフ 1 とグラフ 2 から考察できることを述べる。先に述べたように、今回使用した絵の特徴を考慮すると、別の種類の絵を使った場合には、「行動過程」と「関係過程」の順位は変動する可能性がある。しかし、全体の傾向として、多くの学習者がまず、どこに何があるかを順序も頻度も高く意味構築し、その後に属性に関する意味構築を行っていることはわかる。また、②の分析でも述べたように、19 番目〜 21 番目の部分で「関係過程」が上昇していることから、ある程度絵に描かれていることの概略がつかめた後に、気になった細部（にどのような何があるのか）を詳しく再度見始めているという意味構築の仕方の傾向も見られた。このことから、学習者は、最初見た部分をいきなり深く細部まで意味構築することは珍しく、絵の上で視線を走査して全体と細部とを往復しながら意味構築をしていく様子が推測できる。

　また、この視線の走査における傾向は、用いた絵の特徴や構成の違いを超えて、共通する部分があることもわかった。図 12 から意味を構築する際に、頻繁に用いた過程型とその順番を、同じく以下にグラフにして示してみ

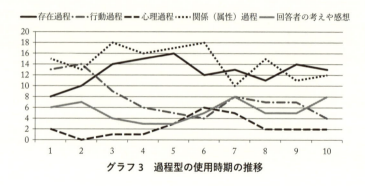

グラフ3　過程型の使用時期の推移

る。

　これをグラフ2と比較してみると、「関係過程」の値が高く、「存在過程」と重なってはいるが、グラフ1同様、最初の5～6回までは「存在過程」と「関係過程」が頻繁に使われて意味構築が行われていることがわかる。また、後半の第6回答以降は、「心理過程」やテクストと直接関わらない学習者の考えの記述が増加している。このことは、まずテクスト中にどういった参与要素が描かれているのかを、「存在過程」の枠組みを使って意味構築し、図12では人数も背景も細かく描写されているので、描かれている参与要素の属性を、「関係過程」の枠組みを使って意味構築しているのではないだろうか。このように、まず最初にテクスト中のどこにどういった参与要素が、この絵の見開きに参与しているのかを意味構築し、その後各参与要素の「心理過程」や、それらに対する自分の考えを回答していると考えられる。

　以上のように、2種類の絵を用いて、学習者はどの過程型は頻繁に使い意味構築をするのか、また、どの過程型は自由に任せていただけでは使用しないのかということを検討した。使用する過程型相互の使用順序を検討してみることは、一見単純なことのように見えるが、これまでの学習法を振り返る視点を私たちに示してくれているように思う。それは、これまでの図像テクストの見方の指導法では、スキャニングのような一回性の強い視線走査で、テクストの上から下、あるいは左から右に意味を構築していく方法の指導が散見されるからである。しかし、こういった調査や、次章における意味構築の過程を検討してみると、図像テクストの学習は、テクストのどの部分からなぜ見始めるのかや、一回だけでなく、幾度もテクストの上を、視線を走査させてみることによって、第2章で検討した多層的な意味構築が可能にな

るということが明確にわかる。そして、図像テクストのある部分から重要な意味を深く検討させたい場合でも、生徒はその部分からだけ一気に深く掘り下げて見るような意味の構築の仕方はしないということがわかった。テクストの概略をつかみながら、気になる部分や重要な部分を関連させながら、重要な部分を深く意味構築していく見方をする学習者像が、上記 2 枚のテクストを用いた検討から見えてきた。視線の移動や往復運動についても、「関係過程」や「心理過程」からいきなり入る学習者は少ないこともわかった。こういった点は、今後国語科で図像テクストを用いた学習を構想する際に活用することができる。

　以上のように、学習者の意味構築の状況や特徴を分析して捉えることによって、図像テクストを用いた学習を行う場合に、上記の結果を、学習者への指示や発問の出し方に反映させることができる。例えば、テクストから「存在過程」や「行動過程」に関する「過程」を先にすくい取らせて意味構築させ、それを基にその「過程」との関係で他の「過程」を言語化させ、それらの関係を考えさせていくという学習の方向性が考えられる。こういった方法を開発することによって、検討対象である図像テクストの分析だけでなく、「過程構成」の枠組みをメタ言語として利用した学習者の能動的な視線の走査を、学習に活かす可能性を見出すことができる。またその際には、学習者に使いやすいメタ的な枠組みの名称を、再考する必要性も見えた。

第 4 章小括

　以上、図像テクストからの意味構築の過程に焦点を当て、選択体系機能理論における「過程構成」の枠組みを用いた意味構築の単位や方法について述べてきた。この「過程構成」の枠組みは、言語の枠組みを視覚社会記号論に援用したものであるため、この枠組みを用いることによって、図像テクストからも言語同様、物のリアリティを意味構築するだけでなく、社会的リアリティという間人間的な関係性をも意味構築する方法を、具体的に説明し学習にも取り入れることができるようになった。またこのため、意味構築の過程を、3 種類のメタ機能によって整理・学習できることも例示した。特にテクスト中の参与要素である人物の造形を、視覚的な手がかりを使って整理・分析する枠組みと、その学習例も整理・開発して提案した。

さらに最後の節では、この「過程構成」の枠組みを用いることによって、これまで国語科において、図像テクストを用いた学習では、必ずしも明確に語られてこなかった読みの順序性や、どういった意味を構築できればよしとするのかといった目安を、実際の学習者への調査を基に検討した。これらはまだ使用した教材の種類が限られているため、学習者の傾向性を判断するためには充分とは言えないが、過程構成の枠組みを、意味構築の方法として援用するだけでなく、学習の目安を判断するためにも活用できるという方向性を示した。

注
1) 厳密には、クレスは輪郭線でくくれる形(figure)の他に、第2章でも言及した「動きやその向きを示す矢印(vector)」を挙げている。しかし、本文中で述べているように、存在や属性に関する意味構築もあるため、この方法を工夫して活用する余地はある。
2) この行為者となることができるのは、文字で書かれたテクストの場合は、自然現象以外に限定されるという、名詞に対する制約がある。
3) 厳密には、選択体系機能理論を言語に適応した場合には、「空を」と「空に」の機能を区別するが、ここではその違いは問わない。
4) ここではSF-MDA及びKressらの開発した特定の枠組みやシステム名を示すため、大文字で表記する。

第5章 「過程」と「過程」との関係を意味構築する枠組み

　前章では、図像テクストという稠密性の高いテクストから、意味の単位をすくい取り構築していく方法として、選択体系機能理論における「過程構成」の枠組みを用いた方法を提示した。またその枠組みを用いることによって、図像テクストから6種類の「過程」として、意味を構築できることも示した。さらに、図像テクストからの意味は、3種類のメタ機能を用いて統合的に構築できることも述べた。そしてその枠組みは、①観念構成的(ideational)メタ機能、②対人的(interpersonal)メタ機能、③テクスト形成的(textual)メタ機能であることも、具体例を挙げて示した。
　加えて、これら上述した枠組みは、図像テクストから意味を構築する際に活用できるだけでなく、学習者の図像テクストからの意味構築の様相を分析する際にも活用できることを、実際の学習者の例を挙げて示した。
　そこで本章では、前章までに提示した枠組みを用いて、図像テクストからすくい取り意味構築した「過程」相互を、どのように関係づけて、テクストにおける筋や論理といった一段階大きな意味のまとまりを構築していくのかという問題について述べる。

第1節　図像テクストにおける「過程」と「過程」との関係の構築

　上で述べたように、「過程構成」の枠組みを用いると、図像テクストから6種類の「過程型」として意味のまとまりをすくい取り、意味構築をすることができる。そして、これらの各「過程」は、テクストの中で様々な関わり合い方をして、より大きな意味のまとまりを形成している。例えば、第4章の図1のように、1人の少女が何かを作っているという「過程」と、その作られた装置が気球を付けて空を飛んでいるという「過程」は、ある行動に対

してその結果というつながりの構造を持っている。また同章の図2に描かれていた手品師と観客のように、どちらかの行動に対して、他方が反応して行動を起こし返しているというようなつながりの構造もある。

クレスら(Kress & van Leeuwen, 1996)は、これら図像テクスト中で展開し、関連し合う過程相互のつながりを、大きく次の2種類に分類している。一つが「語りや筋を構成する構造(narrative structures)」で、もう1種類が「概念的な構造(conceptual structures)」である。このことを、以下の項で、例を用いながら考えてみよう。

1.1. 語りや筋を構成する構造

まず、「語りや筋を構成する構造(narrative structures)」から考えてみよう。例えば、以下の図1のようなテクストから、意味を構築する場合を考えてみる。これは中学校における国語科の教科書教材(東京書籍中学1年)「オオカミを見る目」に示されている絵である。明治期の教科書にも掲載された「オオカミに襲われている少年」というこの絵からは、前章で提示した過程構成の枠組みを用いると、様々な意味のまとまりとしての過程を切り出すことができる。例えば「男の子が草むらを走っている」という行動過程、「男の子は着物を着ている」という関係過程等、様々な意味構築ができる。

そしてそれらの過程相互の関係をつなぎ、より大きな意味のまとまりを構築する鍵となるのは、図像テクストに内包された明示的、暗示的な方向性を指し示すベクトル(vector)であると、クレスとルーエンは述べている。ベクトルとは、方向性を示す線や矢印のことであるが、その線は、図像テクストの中では人の手や腕、足、視線、また木や建物の端の線等に内包されている場合が多い(Kress & van Leeuwen, 2006: 59)。この説明に関連する部分を、以下に稿者の和訳の形で示す。

> ベクトルはテクスト中の人や物の動きや、その動きの方向を意味構築する手助けとなる。絵や写真の中では、直接描かれたり写されたりしていることはほとんどなく、物の向きや傾き、人の手足の向きや角度等によって表されることが多い。　　　　(Kress & van Leeuwen, 2006: 59)

第 5 章 「過程」と「過程」との関係を意味構築する枠組み　185

図 1　ベクトルによる意味構築の例（中学 1 年）

　このベクトルに着目して、図 1 を見てみよう。逃げている男の子の腕の向きや足の向き、またオオカミの鼻先や足、尾の向き等によって、左から右に移動するベクトルを見出すことができる。こういったベクトルを含んだ男の子やオオカミといった参与要素は、そのベクトルの向きによって相互に関連し合い、「追いかけるオオカミ」と「逃げる子ども」という前章で提示した一まとまりの過程として意味構築することができる（以下教科書教材の例示では、対象学年を本文中で示し、出典は巻末にまとめて記載する）。こういった、テクスト中にベクトルを伴って描かれたり写されたりしている「すること（doing）」や「起きていること（happening）」、あるいはそれら相互のつながりを、クレスやルーエンは、図像テクストにおける「語りや筋を構成する構造」と呼んでいる（Kress & van Leeuwen, 2006: 59–71）。時間的空間的な関わりを持ち、図像テクスト中で展開されるこの「すること（doing）」や「起きていること（happening）」の関連構造は、いわゆる絵や図、抽象画においてさえも共通する、過程相互のつながりを示す枠組みの一つである。これは、文章における起承転結や問題解決的な構造を含んでいる場合が多く、いわゆる物語構造とまったくの同義ではないので、「語りや筋を構成する構造」という訳語をあて、本稿では使用し続けることとする。

1.2.　ベクトルの種類と添加的意味の構築

　上で述べた図像テクスト中のベクトルは、描かれ方によって次のような異なる意味をさらに添加することができると、クレスとルーエンは述べている。その説明の部分を、稿者の和訳の形で以下に示し、その後ベクトルの添

加的な意味を、第3章で用いた図を使って整理して示す。

> 以下の図に示すように、矢印の根元と先端とでは、各々に「開始される」や「到達する」のような意味が付加される場合がある。また、2本の平行する矢印や点線、太い線で描かれた矢印は、「往復」や「相互作用的」、あるいは「弱い変化」「強い変化」のような意味が付加される場合がある。　　　　　　　　　　　　　（Kress & van Leeuwen, 2006: 71）

このように、下図2のベクトルを見てもわかるように、太いベクトルは、その過程が強く進行しているような意味を構築する。そして、細いベクトルや点線のベクトルは、その進行の仕方や関係が弱い関係であるような意味を構築する。さらにベクトルの双方の先端に矢印が付くような関係のベクトルでは、その進行が相互交渉的に行なわれているような意味を構築し、右向きと左向きの矢印が交互に記されているベクトルの場合には、往復あるいは往還的な関係であるような意味が構築できる。

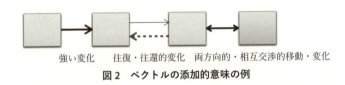

図2　ベクトルの添加的意味の例

例えば、前章で示した手品師と周囲にいる観客との「過程」としてのつながりは、以下の図3に示すようなベクトルで表現することができる。

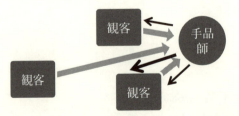

図3　手品師と周囲にいる観客との「過程」の関係図

観客に向けて、まず手品師が手品という行動を起こし、それに反応して観

客が手品師の方向に手を挙げたり拍手をしたりするという双方が相手に働きかける関係のベクトルで表わすことができる。したがって、ここでのベクトルの関係は、図2で示した往復・往還的な関係であることがわかる。これをクレスらは、「リアクション構造」と呼んでいる (Kress & van Leeuwen, 2006: 67–75)。

このベクトルを介した過程間の関係は、下のような写真(図4)においても、同様に意味構築することができる。下の写真は、中学校2年生用に掲載されている写真である。今度は、手足や視線から見て取れるベクトルを、稿者が写真中に描き込んで示す。すると、左側の二人の選手の動作や視線が、一つのボールに向かって交わり関係している様子が、各選手の過程相互の関係としてより明らかにわかる。また、このようにベクトルに着目すると、多くのベクトルが向かう先に、この写真の主要な参与要素があるということも確認することができる。さらに、この図4でベクトルに着目すると確認できるのは、この左側の二人の選手とは離れた所にいる右側の二人に関わる過程も、視線や手を介したベクトルによって関連付けることができ、そのことによって、過程間のつながりの単位が、より大きく統合できるということである。

図4 ベクトルによる意味構築の例(中学2)

このことは、逆に言うならば、複数の人や木といった参与要素が同じテクスト中に写っていたり描かれていても、その各々から見て取ることのできるベクトル相互が、向き合ったり交わったりしていない場合には、各過程相互の「語りや筋を構成する構造」を構築することは難しいということである。例えば、次頁の写真(図5)は、各選手から読み取れるベクトルが少なく、各選手や写っている物相互を関係づけるベクトルも見い出すことができないので、過程相互をつなぐ筋や構成を構築することも、図4に比べると難しい。

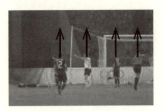

図5　ベクトル間の関係が見つけにくい例（中学2）

　このように、図像テクストにおける「過程」と「過程」との関係は、図像中に明示的、暗示的に描き込まれ、写し込まれたベクトルを介して、各過程相互の様々なつながりを構築していくことができる。またそのベクトル相互が交わったり行き交ったりすることによって、どの過程とどの過程の範囲までが、一つの意味を成す統合的な単位となり得るのかを検討する手がかりとなる。このような枠組みを用いて考えてくると、先に第3章3節で検討した「図像テクストにおける構成要素と単位」は、より包括的にとらえることができるようになる。第3章では図像テクストの構成素や形成素に焦点を当てて、より下位の構成単位を検討したが、本章では「過程」より上位の構成単位を、ベクトルを介して図像テクスト中に構築していく方法で意味の構造体を検討していることになる。

1.3. 概念的な構造

　次はベクトルでつなぐことの難しい過程相互の関係について、概念的な構造(conceptual structures)という枠組みを用いて考える。

　例えば、小学校4年に掲載されている図6のような写真においては、どのような過程相互のどのような関係を意味構築していくことができるだろうか。

　図6の写真には、10種類の食事の道具が写されている。日本の箸に似たものもあれば、スプーンやナイフのような道具もある。その一組一組の道具については、「赤い一組の箸があります」のような「存在過程」として意味を構築することができる。しかし私たちは、このような写真を見る場合、写されている各参与要素を「存在過程」として個別に意味構築するだけで充分なのだろうか。しかし、こういった写真では、先述したベクトルに着目する方法で、より大きな意味のまとまりを構成していくことは難しい。

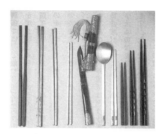

図6　概念的な構造の例（小学校4年下）

　このような、ベクトルに着目したのでは意味のまとまりを構築していくことが難しい図像テクストについて、クレスらは参与要素が提示されている際の状況要素や、その状況要素における参与要素の提示のされ方に特徴があるので、その特徴を手がかりに意味を構築していくことができると述べている。例えば、図6の写真で言えば、状況要素である「背景が無く」、「置かれている」という過程中核部に、さらに「平らな所に」「一直線上に等間隔に」という「状況要素」の、特に「方法・手段（manner）」を示す意味が構築できる。このような人工的な特徴を持つ状況要素からは、「実社会の文脈とは一線を画したテクストの構成になっている」という意味が構築でき、そこに写っている参与要素は、「物質世界での出来事を表象しているというよりは、むしろ写っている参与要素相互の概念的な関係を表象している」という意味が重要となってくる（Kress & van Leeuwen, 2006: 79–87）。

　そしてこの場合、その概念的な関係は、共通性と差異性を具えている。つまりこの教材文で扱っている地域では、食事に使う道具は日本で使われている箸に似た細長い棒状のものが多く、しかし比較して見ると、先端部と持ち手の部分との太さの比率が異なっていたり、装飾が異なっていたりしている。そして、この「比較して見る」という見方は、テクストにおける上述したような状況要素によって促されて（アフォードされて）いる。

　このように、ベクトルを介してつながったり関連したりしておらず、上述のような特徴的な状況要素において提示されている参与要素やそれらを中心とした過程相互の関係を、クレスらは、「概念的な構造」と呼んでいる（Kress & van Leeuwen, 2006: 79–81）。

1.4. 概念的な構造における下位分類

上で述べた概念的な構造を持つ「過程」相互のつながりは、その性質の違いから、さらに3種類に分類することができると、クレスら（Kress & van Leeuwen, 2006: 79-87）は分析・整理している。その3種類とは、(1)「分類構造（classificatory）」、(2)全体－部分関係等の「分析的構造（analytical）」、そして(3)ある参与要素が他の参与要素やテクスト全体に対してシンボル的な機能を果たす「シンボル的構造（symbolic）」の3種類である。これらの分類を、先の「語りや筋を構成する構造」も記入する形で整理すると、以下のようになる（図7）。

図7　過程間の関係の種類

この整理を基に、これらの概念的な関係構造を、以下に例を挙げて見てみよう。先に見てきた「語りや筋を構成する構造」も含め、本項以降で分類・整理する図像テクストの構造的な種類は、整理しておくことによって、今後国語科においてヴィジュアル・リテラシーを育成するために、何種類のどういった図像テクストを準備し、各学年にどのように配置・提示したらいいのかの指針となる。そこで、図7の分類を提示したクレスら（Kress & van Leeuwen, 1996, 2006）の枠組みを参照しながら、言語教育に役立つ形に再整理するため、言語教育研究者であるアンズワース（Unsworth, 2004）の研究を併せて検討し、日本の国語科教科書に掲載されている図像テクストも例示する形でさらに分類・整理を行う。

(1) 分類（classificatory）構造

分類構造とは、先の食事の道具と同様に、複数の参与要素をグループ化して、幾つかの分類やそれを用いた上位下位関係の意味構築を行うことができる構造である。テクスト中の参与要素間や、それらについて構築できる過程相互のつながりが、こういった分類関係や上位下位関係として意味構築できる図像テクストの例を、以下に3例選んで提示する。

第 5 章　「過程」と「過程」との関係を意味構築する枠組み　191

図 8　分類構造の例（Unsworth, 2004: 80）

(1)-A.　分類構造の例

　上で述べたアンズワース (Unsworth, 2004) では、下の写真（図 8）に写っているような各グラスをつなぐ構造は、「概念的な構造」における「分類構造」であると述べている。

　理由は、先の食事の道具の写真と同様である。参与要素である「様々な形のグラスが三つ」、それぞれに置いてある。しかしこういったテクストでは、先述のように、この各グラスを、バラバラに「左に円筒形のグラスがあります」「真ん中に背の低いグラスがあります」「右にワイングラスがあります」と個々に意味構築しただけでは、この図像テクストから充分な意味構築をしたことにはならない。そしてこの場合にも、「状況要素」が、「背景の無い」「平らな所に」という設定になっている点が重要な役割を果たしている。この「背景の無い」人工的な「状況要素」は、対人的メタ機能では、テクストを見る者との相互交渉的な機能として、一直線上に等間隔にグラスが置かれていることと相まって、「三つのグラスを比較して見るよう提示されている」という意味を構築することができる。そしてこのことによって、このテクストの写真は、物質世界での「出来事」を表象しているというよりは、むしろ三つのグラス相互の「概念的な関係」を表象しているという、「過程」相互の構造を意味構築することができる。このつながりや関係の構造は、「概念的な構造」の中でも特に「分類構造」という種類であると、アンズワースは述べている。

　この「分類構造」は、理科の教科書で多く用いられる他に、以下のような広告の手法としても援用されることが多い構造のため、意識せずにこの構造

図9　分類構造の例[1]

で見る見方を提示されている場合も多い。したがって、学習者は比較するよう構成され見せられている図像テクストを用いて、意識的にそこからの意味構築の学習を、国語科においても行っていく必要がある。

(1)-B.　分類構造の例

上述のような学習を行っていくため、例えば以下のような広告を用いた検討の学習を開発・提示していく方向が考えられる。次の図は、自動車の会社における広告である(図9)。

この広告においても、背景を最小限に設定して参与要素を等間隔に配置するという人工的な「状況要素」によって、対人的メタ機能でテクストを見る者との相互交渉として、「二匹のカバと右端の車を、関連づけて比較して見るように提示されている」という意味を構築することができる。そしてそのことによって、車はカバのように水中でも力強く走るという、内容的にもカバとの関係で車の性能について意味を構築できるよう促されている。こういった意味構築の仕方は、同時に三つのメタ機能の内の「テクスト形成的メタ機能」を用いた意味構築と説明することもできる。図像テクストは同時に三つのメタ機能から意味を構築することができるので、各メタ機能は相互交渉的に意味に関係するからである。この場合、テクスト中の参与要素の配置関係や、水面から出ている部分の形の類似性を関連づけて意味構築を行うので、右の車のサイドミラーが、カバの耳と似てさえ見えてくる。こういった図像や「過程」相互のつながりの構造によって、私たちは各参与要素からだけでない、より大きな構造的な意味も構築していることを、意識化させ検討する学習は、ヴィジュアル・リテラシーの学習として必要である。

図10　雲の種類と位置による分類構造の例（Unsworth, 2004: 81）

(1)-C. 分類構造の例

　もう一例、「分類構造」という関係構造の例を、図10において提示する。今度は、オーストラリア連邦のシドニー近郊で使われている理科の教科書にある雲の説明図である。これを見るとわかるように、数種類の雲が、その特徴や発生する位置も考慮されて描かれている。したがってこのテクストを見る際には、空の高い位置に出る雲や低い位置に出る雲、また雲の形状による分類や、そのために比較して意味構築する思考や学習が必要となる。つまり、漫然と上から下へあるいは左から右へと機械的に見て、幾つの雲が表象されているかや個別の雲の形状を別々に意味構築させるだけでは不十分である。

　そして、各雲についての「存在過程」や、各雲の形状等の属性を表す「関係過程」は、相互に雲に関する分類の構造で関係づけられている。つまりこの図も「分類構造」で示されているという意味を構築することができる。

　しかしこの雲の図は、教材研究として前の2例と比較して見た場合、先の図8や9の図のように、状況要素である背景や配置の仕方が最小限に統制されておらず、必ずしも「学習者にとっては、構造的な意味を構築しやすい提示にはなっていない」とアンズワースは指摘している。

　先ほどの図8と比較してみるとわかるが、状況要素という枠組みに着目してみると、その設定のされ方が異なっている。現実の風景に似た背景は一

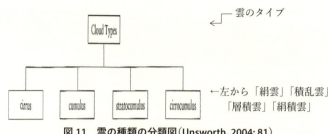

図 11　雲の種類の分類図（Unsworth, 2004: 81）

見学習者にとってわかりやすいように見える。しかし、このテクストではこの背景が、特にテクスト中の時間軸を操作しているため、「過程」間の構造をわかりにくくさせている。つまり同時にこれらの雲が空に出ることは無く、また各々の雲が出る際には異なる気象状況が発生しているはずであるため、背景を描くことによって各「過程」相互の構造が、比較して見比べるという「分類構造」として見ることを難しくしてしまっている。

したがってアンズワースは、状況要素を学習の目的に応じて操作し、例えば参与要素相互の関係を以下の図11のように抽象化して視覚化させ、上図との変換という往還的な学習を国語科の学習で行わせる必要があると述べている（Unsworth, 2004: 79-80）。

そしてアンズワースは、先の図8や、特に図9のような社会的実践の場で出会う図像的テクストについて、次のようにも述べている。それは、「これらのテクストの多くは、明示的には分類や階層構造が示されていない場合（covert taxonomy）が多」い。しかし、実際に「これらのテクストから意味構築すべきは、表象されている物質世界における事柄ではなく、その背後に編み込まれている概念的な関係性であることが多い」と。またこの分類や階層構造は、命名（ラベリング）に選択して用いる語との関係で、分類の仕方や上位と下位の関係性が相対的に変化する性質がある。したがって、具象化された図像テクストとその命名の為に選択された語との関係を、母語学習では言語の抽象度の学習と連動させて行う必要がある。

(2) 分析的（analytical）構造

次に、分析的構造について、例を挙げながら見てみよう。分析的構造とは、あるテクストやその中に提示されている参与要素が、全体とその構成要素である部分の関係で意味構築できる構造である。この構造には、主に以下

の 2 種類がある。

(2)-D.　全体―部分構造

　アンズワースは上述のような重要性から、図像テクストにおける「関係過程」の学習と関連させ、次のような 2 種類の学習の重要性を指摘している。それは、「全体と部分」という構造を捉える意味構築の学習である。

　一つは図 12 のような、小学生段階の学習者が昆虫や植物を学習する際によく目にする学習材を用いた例である。このテクストはクレスら（Kress & van Leeuwen, 1996, 2006）でも言及されている「構造化された概念的図像テクスト」として取り挙げられている。こういったテクストから意味構築をさせる場合には、どの構成単位を全体との関係で意識する必要があるのかを、各部の全体における機能と関連させて捉え意味構築させる学習が必要である。

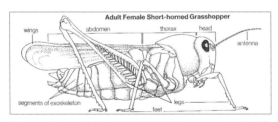

図 12　バッタの全身―部分構造の例（Unsworth, 2004: 85）

(2)-E.　ハイパーリンクにおける全体―部分構造

　二つ目も、同じ「全体―部分」の構造を捉える学習であるが、昨今学習が特に必要視されている「ハイパーリンク」と呼ばれる階層構造を備えた「全体―部分」構造の例である。アンズワースは、例えば、以下のような Web 画面における写真相互の関係構造を、ハイパーリンクの例として提示し、学習する必要性を指摘している（Unsworth, 2004: 85）。

　現代の学習者には、テクスト全体の表紙の役割をする第 1 画面と、それぞれの詳しい写真との「全体―部分」構造を意識的・メタ的に検討する学習が必要である。本のページをめくるのとは異なるこういった情報の配置に慣れ、ハイパーリンクにおける「全体―部分」構造を利用して、必要な情報にたどり着くことができる力もまた、今日におけるヴィジュアル・リテラシー

図13　ハイパーリンクによる全体―部分構造の例

の一部を構成しているということができる。そのためにも、こういった過程相互の関係構造を明示的に意識・検討する学習は必要である。

(2)-F.　国語科教科書における全体―部分構造

　この「全体―部分」構造は、現行版の国語科教科書でも関連した図像が掲載されているので、活用して学習させることができる。例えば関連教材として、図14に示すような小学校1年生の「部分と名前」を、その例として挙げることができる。勿論この教材は、「全体―部分」構造を学習するために掲載されているわけではなく、各部の名称を学ぶためのものである。しかし、こういった学習者に身近な素材で、「全体―部分」構造の図像テクストに慣れ、その関係を学習しておくことは、理科等他教科の学習における基盤を築くことにもつながる。

　この図14は、一つ一つの服の図については、「全体―部分」構造が意味構築できるが、テクスト全体として見ると、先に述べた「分類構造」になっている。そしてそのことによって、単に服という分類だけでなく、視覚的には「配列」の仕方と「状況要素」である背景を取り去ってあることによって、上下左右の他の服と比較・分析しながら、暗に「服の種類は異なっても、各部の名前は共通の部位から成っている」という構造的な意味も構築できることを検討することができる。素材の検討も含め、こういった視覚的側面からも、国語科の学習材を見直し検討していく必要を示唆することができる。

図14　全体―部分構造の例（小学校1年下）

（3）シンボル（symbolic）構造

　概念的構造の最後の種類は、シンボル構造である。シンボル構造とは、図15の右上に描かれた刺股のような罪人を捕らえる道具と、他の人や塀等との概念的な関係のことである。こういった道具は、特にベクトルを含んではおらず、かといって他の人や塀等の参与要素とは分類関係も無い。しかしこういった道具は、その象徴的機能によって、この場が御白洲の場であるという意味の構築に寄与している。

　このシンボル構造は、ある文化や儀礼、社会的力関係等を読み取る重要な鍵となるため、こういった機能を果たす関係構造も、学習する必要がある。

図15　シンボル構造の例（中学3年）

第2節　テクストの種類を超えた 「過程」と「過程」との関係の学習

　先に述べてきたように、図像テクスト中に書かれたり写されたりしている参与要素間の関係は、種類分けをすることができる。そして、そのことによって、図像テクストの種類やジャンルを超えて、構造的な視覚的意味構築の学習を可能にすることができる。

　このことを、以下にクレスら（Kress & van Leeuwen, 1996）やアンズワース（Unsworth, 2004）の研究で提示されている例を使って、紹介・検討してみよう。

2.1.　転換構造

　アンズワースは、「過程」相互の関係の内、「語りや筋を構成する構造」に属するものは、第4章で図1の少女の絵を使って検討したような、「机の上に置かれた新聞で環境問題の記事を読み」→「それに興味を持って」→「関連する本を調べ」→「様々な材料を使って」→「気球の実験セットを作って

いる」といった因果関係や所謂物語の筋のようなつながりだけではないと述べている。そして、図16に示されるような物質の変化や現象の「発生や変化の道筋」も、この構造に分類できると指摘している。そしてこれを「転換構造」と呼んで、この構造も「語りや筋を構成する構造」の下位の種類に入れる必要があると述べている。それは、先の2で述べた概念的な構造ではない形で、各参与要素相互がベクトルでつながれる構造になっているからである。

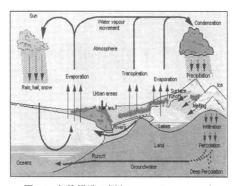

図16　転換構造の例（Unsworth, 2004: 76）

　図16、17を見てもわかるように、図中におけるベクトルの流れのような「過程」間の構造は、「概念的な構造」ではなく、「起こること（happening）」のつながりの中で元の物質が変化していく構造である。これはベクトルで表わすことはできるが、本章1節で挙げた因果関係とも物語構造の連なりとも異なる。アンズワースは、このような「過程」間のつながりの構造のことを、「転換構造（conversion）」と呼んでいる。

　そこで、この構造を物語や筋の構造の下位に位置づけ、学習に役立てる方向を考えてみたい。図16に示されるような物質の変化や現象の「発生や変化の筋」の構造を、言語化して考えてみる学習は、特に国語科において必要なヴィジュアル・リテラシーの学習だと考えられるからである。

　図中の各矢印からは、状況要素や参与要素との関連で様々な意味を構築できる。例えば、図中の水面から上空に向かっている矢印からは、「蒸発する」という「過程」を構築できる。また、雲から地上に向けて下向きに描かれた矢印からは、「降雨」が意味構築できる。また、山の頂上付近から地底

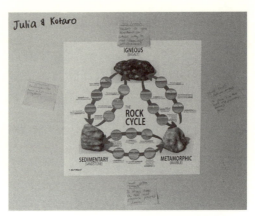

図 17　小学 4 年生の転換構造の学習材例

に向けて下向きに描かれている矢印からは、「浸透」を意味構築できる。このように、「物質過程」における各「過程」は、相互に作用を及ぼし合い循環の関係で起きている。

　図 17 の写真は、実際にオーストラリア連邦・シドニー市内の小学校において、4 年生の国語の授業で使用された学習材である。岩石の崩壊・生成の過程が矢印を伴って描かれている。図の周りに貼ってある付箋紙には、子どもたちの言語化された転換構造の分析が書かれている。こういった、描かれた対象だけでなく、それらの動的な関係を言葉によって意味構築する学習は、国語科教育において行う必要がある。

2.2.　双方向構造

　さらに、アンズワース (2004) は、図 18 のような磁石の間に描かれたベクトル相互のつながりの構造についても、前項同様に「語りや筋を構成する構造」の 1 種類として、「双方向構造 (unidirectional)」という位置づけを行っている。N 極と S 極との反発し合う磁力と、引き合う磁力というつながりの構造を分類した命名である。

　そして、一見上図とは異なる図 19 の絵においても、この兄妹の眼差し相互の関係は、やはり「概念的な構造」ではなく、上図の磁力のように向き合ったり反発し合ったりする力や方向性が含まれた意味として構築できるので、同じように「語りや筋を構成する構造」の 1 種類として、「双方向構造 (unidirectional)」に分類できると述べている。

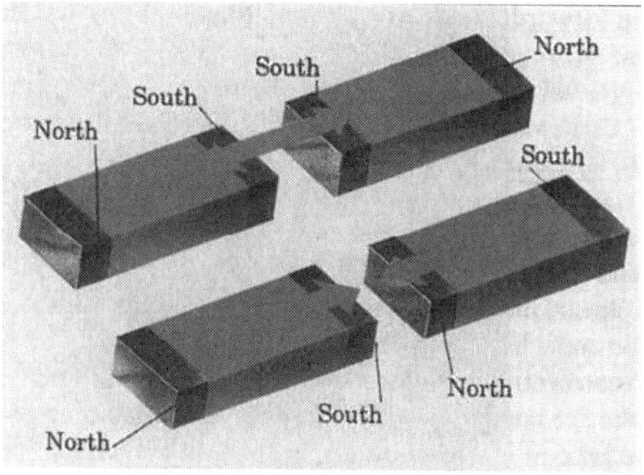

第 5 章 「過程」と「過程」との関係を意味構築する枠組み　201

図 18　双方向構造の例（Unsworth, 2004: 75）

図 19　双方向構造の例（Unsworth, 2004: 75）

　このように、過程間の構造を整理してとらえると、これまで国語科において説明的な文章と文学的な文章において別に扱ってきた学習材についても、通貫した形で体系的なヴィジュアル・リテラシーの学習を行うことができる。また、そのことが文章によるテクストと、図像テクストにおける学習の異なる面でもあることが明確になる。

2.3.　上記の枠組みが見られる教科書の例示

　上述のような文種を越えた過程間の関連構造を捉えてみると、日本の国語科教科書に掲載されている図像テクストについても、活用して学習する可能性が拡がる。例えば次のような図 20 は、先述した転換構造の分類として扱うことができる。

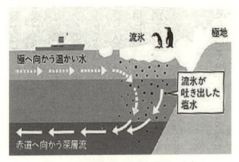

図20　転換構造の図（中学校1年）

　この図中に描き込まれたベクトルは、先の図16、17のように物質の転換過程を示している。図中の点線の矢印は、右方向に進行する「温かい水」の流入という意味を構築し、実線の矢印は赤道へ向かう「深層流」の流れと、その方向性という意味構築を行うことができる。また流氷の下では、この温かい水が「流氷が吐き出した塩水」の影響によって質的に変化する転換構造も、図中に描かれた複数の点と相まって意味構築でき、文章だけでは示しきれない部分を補強する機能を果たしている。このように、言語を介した図中の矢印の検討によって、この図の周辺に書かれた文章との関係で、テクスト全体が相互交渉的に説明をよりわかりやすくさせている機能をもつことを、学習させることができる。こういった「過程」相互のつながりの構造は、意識して検討してみる機会がなければ、単なる挿絵として補足的・印象的に見ておわってしまいがちであるが、一度「過程」をつなぐ構造が意識化できると、他の図像テクストを見る際にも、こういった構造の枠組みを用いて見ることができるようになる。

第3節　図像テクストと文章テクストとの関係における構造を捉える枠組み

　ここまでは、図像テクストにおける「過程」相互のつながりの構造を、どのように意味構築するのかという観点で分類を整理・提示してきた。そこで、本節では第1章、第2章においても、国語科の学習で取り組む必要のある課題として整理してきた、図像テクストと文章テクストとの関係の捉え方について述べる。

3.1. 前提となる理論的基盤

　本章1節で述べた内容についても同様だが、図像テクストにおける「過程」と「過程」との関係を検討する際には、最初にテクスト全体がどういったジャンルのテクストであるのかについて分類してから「過程」相互の構造を検討するという方法はとらなかった。それは文章テクストのみの場合には、文書構造やテクストの目的等からジャンルを特定することはできるが、図像テクストについては、それ自体ではジャンルを特定することが難しく、しかも図像テクストはどういった文脈に位置づけられるかによって、異なる機能を果たすことがあるからである。これに関連してバルト（2005）は、映像と言葉との関係について次のように述べている。「イメージはどれも多義的である。イメージはシニフィアンの下方に表面に出ない形でシニフィエという〈揺れ動く鎖〉を持っていて…〔略〕…シニフィエの揺れ動く鎖を固定するためのさまざまな技術が社会全体の中で発達するのである。言語的メッセージもそうした技術の一つである。」

　この「イメージ」を図像と読み換えると、揺れ動く〈鎖〉を持った図像の多義性を、限定する機能を持つのが言葉ということになる。そして、この〈投錨〉と〈中継〉というバルトが整理した図像に対する言葉の機能は、特に図像に台詞や解説をつける〈中継〉の場合、記号の構造が異なることに注意する必要があると、バルトは述べている。そのために、バルトは、映像を「言語の断片として扱うことができるようなシステム化」が必要であると述べている（Barthes／蓮實，杉本訳，2005: 8）。このため、本書では、第4章で述べたような選択体系機能理論を用いた、意味の単位を言語の節構造で統一して構築する枠組みを提示した。そして、このことは第1章から国語科教育の課題としてきた、図像と言葉との関係からの意味構築を検討するためには、重要な基盤となる。

3.2. 図像テクストと文章テクストとの関係に関する先行研究からの知見

　第1章、第2章から述べてきたように、滑川（1979）や浮橋（1988）の提言から長く国語科教育では、視覚的テクストと文字テクストとの関係を読む学習の必要性が指摘されてきた。しかし、いくつかの実践的提案はなされてきたものの、こういった学習を体系的に捉える枠組みは課題としてもち越されてきた。

また、アンズワースとクレイリー（Unsworth & Cleirigh, 2009）においても言及されているように、現代の学習者がとり巻かれているテクスト環境は滑川や浮橋が必要性を提起した時期よりも、さらに大きく変化してきている。そしてその中でも看過できないのは、図像テクストと文章テクストとの組み合わせのようなテクストの形態の増加である。この状況を捉えアンズワースらは、次のように述べている。「紙媒体においても電子媒体においても、テクストの多モード（multimodal）化の傾向を無視することはできず、この点を考慮した学習内容・学習方法の再構築を検討する必要がある」。

　モードとは第2章でも述べたように、歴史的な流れの中で社会・文化的に形成されてきた「物質の潜在的可能性から選択された記号資源（semiotic resources）」（Kress, 2010: 5-8, 28）のことである。そしてテクストの多モード化とは、これまで言語、特に文字を中心として生成され意味構築されてきたテクストが、映像や音声、またそれらの配置関係等といった他の記号資源を複合的に組み合わせて生成され、意味構築されてきている状態を指す。そして、上述のような背景を受け、第2章で見てきたように、昨今英語圏を中心に母語学習においてテクストの多モード化に対応するために、その枠組みの検討が、盛んに行なわれてきている。そして、これまでメディア教育が、各媒体の特性を踏まえたテクストの検討を学習内容としていたのに対して、昨今の多モード・テクストの学習は、言葉と図像という異なるモード間の関係からどのように意味を構築するのかという学習を主な目的としている。こういった背景の中、図像と言葉という異なるモードが対等な形で相互に関連して意味を構築するテクストとして、絵本や広告を「バイモーダル・テクスト」と呼んで異なる二つのモード間から意味を構築する枠組みの研究が行われている。

3.2.1. バイモーダル・テクストにおけるモード間の関係に着目した先行研究

　最初に図像と文字といったモード間の研究が明示的に出てきたのは、1994年前後のグラフィックノベルについての研究である。しかしこの種の研究は、モード間の意味構築としては継続的・明示的には行われず、その後1900年前後になると、絵本における絵と言葉との相互交渉に改めて焦点化した研究が継続的に行われてくる。ノーデルマン（Nodelman, 1988）やディビット・ルイス（Lewis, 1992）、マリア・ニコラエヴァら（Nicolajeba & Scott,

2001)の研究がそれにあたる。

　ここからは、絵本や新聞・広告といった図像テクストと文章テクストとが対等な関係でテクストを構成している媒体に焦点を当てて述べるため、特に前半は絵本を検討対象とする論考が主となる。またそのことによって、以下の文中では、文脈上「図像テクスト」という語より「絵」、あるいは「文章テクスト」というよりは「言葉」と書いた方が読みやすく意味も明確に伝わると判断した部分については、「絵」及び「言葉」という語を用いることとする。また本章2節でも述べた理由により、図像と言葉との関係の分析では、ひとまずテクストの単位としてのジャンル概念は外して検討を行う。それでは、(a)～(d)の四つに分けて、図像テクストと文章テクストとの関係から意味を構築する枠組みを先行研究を基に整理・提示する。

　(a)　特に絵本について、体系的に異なるモードに焦点化させ、その組み合わせの型の分類や説明を行っているものとしては、ニコラエヴァ(Nicolajeba & Scott, 2001)の研究が代表的である。ニコラエヴァは、絵と言葉における意味の相互構築性に着目し、絵本におけるその組み合わせの型を、次の四つのカテゴリーに分類している。
・絵と言葉が「対称・重複」して意味を構築している本
・絵と言葉が「補完」的に意味を構築している本
・絵と言葉が相互に各意味を「敷衍・増強」し合っている本
・絵と言葉が「対立・矛盾」する形で意味を構築している本
　「対称・重複」のカテゴリーに分類される絵本とは、絵と言葉が同じ物語をそれぞれに語る本である。そして「補完」のカテゴリーに分類される絵本は、言葉と絵が、お互いの空白部分を埋め合うような本である。「敷衍・増強」のカテゴリーに分類される絵本とは、絵による物語が、言葉による物語を強調したり詳しく述べたりして支えている本である。「対立・矛盾」のカテゴリーに分類される絵本とは、言葉による物語と絵による物語が、異なっていたり矛盾していたりする本である。

　また、同種の研究としてバーバラ・ジョーダン(2002)による、分類もある。ジョーダンは絵本における絵と言葉との関係を、次の5種類に分類している。
・言葉の意味を絵が拡張する場合

・言葉と反対の感情を、絵が表現する場合
・相互に対比の関係を作ることによって、意味を強調する場合
・言葉の意味を絵が補う場合
・言葉の意味と別の意味を絵が表現する場合

　これら2者の分類は、分析している単位が各ページであったり、絵本1冊を通した分析であったりと揃えてあるわけではないため、単純に比較することは難しい。しかし、並べて眺めると絵と言葉との関係を、ほぼ同様に分類しようとしているようにみることができる。ニコラエヴァによる「補完」の分類は、ジョーダンでは「言葉の意味を絵が補う場合」となっている。また、「敷衍・増強」に対しては、「言葉の意味を絵が拡張する場合」が対応していると見ることができる。しかし、ニコラエヴァの「対立・矛盾」に関しては、「言葉の意味と別の意味を絵が表現する場合」「言葉と反対の感情を、絵が表現する場合」と、ジョーダンは意味と感情を分けて整理している。また、「相互に対比の関係を作ることによって、強調する場合」というジョーダンの分類は、ニコラエヴァの分類では項目として整理されていない。

　(b)　次の段階として出てきた研究は、タリア・ジル (Gill, 2002) による選択体系機能理論を援用した分類枠組みの研究である。ジル (Gill, 2002) は、特に絵本の絵と言葉との「一致性 (concurrence)」に着目した研究を行っている。上で見た分類は、絵や言葉から解釈できる意味のレベルでその関係性を整理していたため、ニコラエヴァの「対立・矛盾」に関して、ジョーダンが「言葉の意味」と「感情」を分けて分類しようとしたように、この種の分類で判断が分かれる。しかしジル (Gill, 2002) 以降の研究では、選択体系機能理論における3種類のメタ機能の枠組みを用いて、次の三つのレベルに分けて絵と言葉との関係を整理する研究が多くなってきているため、このような問題を防ぐことができる。4章で見てきたように、観念的な意味と対人的な感情にまつわる意味とは、別のメタ機能の枠組みで構築することができるからである。3種類のメタ機能とは、第3章でも詳述した、次の①〜③である。

　①そのテクスト中でどのようなことが展開しているのかという「観念構成的メタ機能」
　②テクストが読み手との関係でどういった印象や意味を生じさせるかとい

う「対人的メタ機能」
③テクスト中の時間的空間的な情報の配置やその効果に関わる「テクスト形成的メタ機能」

　この3種類のレベルに分けて、絵と言葉との関係を検討することで、テクストに書かれている意味のレベルの関係と、対人的に発生する感情のようなレベルの関係は、別の次元に分けて検討することができるようになる。対人的なメタ機能における図像と言葉との関係では、アンズワース（Unsworth, 2008）によると、「相互交渉的」な枠組みと「評価的」な枠組みの2種類の枠組みが研究されている。「相互交渉的」な枠組みでは、登場人物や対象の「眼差し」が向けられる方向と、同ページ内に書かれている「言葉の部分の文型」との関係に関する枠組みが研究・整理されている。例えば「眼差し」が読み手に向けられていて、近くに書かれている文の形が「疑問型」であれば、その二者の関係によって読み手は、その疑問文の答えを「要求されている」という対人的な意味が構築できる。また評価的な枠組みの研究では、マーティンとローズ（Martin & Rose, 2003）等によって選択体系機能理論における「アプレイザル」という対人的な評価表現の枠組みを用いた分析が研究されている。「アプレイザル」とは、テクストに表現されている要素から、テクストの発信者のそのテクストへの態度を評価する枠組みである。

　「テクスト形成的メタ機能」においては、テクスト中の上下左右における、図像と言葉による新旧情報の配置関係や、ジェウィット（Jewitt, 2002）による、テクスト中における言葉の部分の分量や、その文章が一塊として書かれる際の形状、テクスト中のその位置や図像との関係による意味構築に関する研究等が行われている。

　こういった研究によって、先に示した「相互に対比の関係を作ることによって、強調する場合」というジョーダンの分類も、③の「テクスト形成的メタ機能」のレベルにおいて分析することができるようになった。

（c）　この前提を確認した上で、ジル（Gill, 2002）の一致性（concurrence）の研究に話を戻そう。ジルは観念構成的メタ機能における、絵と言葉との一致性に着目し、絵本の分類を試みている。ジルは、アンソニー・ブラウン（1983）の『Gorilla』を使って、ハナという主人公の女の子が床に座っている間、ゴリラについての本を読んでいる絵を例にして、同見開き中の言葉と

絵との一致性を、単なる重複ではなく「トランスコードを用いて、敢えて重ねて表現し、物語りの展開を予測させる効果」を表現しているという分析を行っている。また、同じ本の他の見開きも例にして、次のような分析も提示している。それは、「彼は毎日<u>仕事</u>に<u>行きます</u>。」という文と、スーツケースを持って道を歩いて行くゴリラの絵との一致性の分析である。スーツケースを持っている様子を絵で示すことによって、文中の「仕事」がどのような種類の仕事であるのか、また道を歩くゴリラの絵によって、どうやって「行」くのかという手段を、規定する機能が働いていると分析している。

また、この一致性における質の違いを、さらに選択体系機能理論から「語彙的結束性」という概念を導入して整理したのが、ロイス(Royce, 2002)の研究である。ロイスの分析対象は、絵本ではなく主に経済紙であるが、書かれている言葉と画像との関係の分析は、2節や本項の冒頭でも述べたように、ジャンルを越えて参考になる。記事の中から重要語句を抽出し、それを本文と画像との関係でどのように表象されているのか分析する方法で検討を行っている。この分析で得た以下の6種類の分類は、絵本における絵と言葉との一致性の下位分類としても、現在も多くの研究者に使われている。

その6種類の下位分類とは、次の(1)～(6)である。
(1)　繰り返し関係(repetition)
(2)　同義関係(synonymy)
(3)　反意関係(antonymy)
(4)　全体―部分関係(meronymy)
(5)　上位―下位関係(hyponymy)
(6)　共起(傾向)関係(並置関係)(collocation)

このように、バイモーダル・テクストにおける一致性の下位分類を、選択体系機能理論における「語彙的結束性」の概念を援用して分類・整理できたことによって、一致性とは単なる情報の重複ではなく、異なるモード間で上記6種類の組み合わせを行うことによって、ユーモアや皮肉等のニュアンスを積極的に表現しているということを検討することができるようになった。そしてバイモーダル・テクストにおける一致性がみられるテクストでは、(1)(4)(6)の関係で絵や図像と言葉とが組み合わされている場合が多く、特に(4)(6)の関係において、単なる意味の重複を越えた意味構築が行われやすいということも、ロイスの研究によって明らかになった。

(d) 観念構成的メタ機能のレベルにおける、絵と言葉とのもう一つの関係性は、相補性（complementarity）である。これはレムケ（Lemke, 1998b）において提示された、絵や言葉は各々「機能的特殊性（functional specialization）」を持つ、という考えを基盤にしている。例えば絵などの画像は、空間的な関係を表象する点で特殊性を持ち、言葉は時系列の関係を示す点で特殊性を持つため、こういった点で特に相互補完し合う性質を持つという考え方である。この相補性は、上で見たような単語に相当するレベルの関係ではなく、より大きな節や幾ページかを単位としたテクスト関係として記述・分析できる。そしてその関係は、選択体系機能理論においてハリデーとマティセン（Halliday & Matthiessen, 2004）が提示している「論理－意味的関係（logico-semantic relations）」の枠組みを用いると記述・分析できるという研究が発表されている（Chan, 2011 Painter et al., 2013）。

「論理－意味的関係」の枠組みとは、節と節、あるいは複数の節が結合した節グループ相互の関係を記述できる枠組みである。この枠組みを用いると、絵と言葉との相補性の種類は、次のように分類できる。絵などの図像と言葉との相補的関係は、お互いに「増強（expansion）」する関係であり、さらにその増強の質は「敷衍（elaboration）」「拡張（enhancement）」「拡充（extension）」に分類することができる。これをエヴェリン・チャン（Chan, 2011）を基にさらに詳しく説明してみると、「敷衍（elaboration）」とは、言い換えや詳しく説明し合うような増強の仕方である。そして、「拡張（enhancement）」とは、理由や方法等をより詳しく補完し合う増強の仕方である。「拡充（extension）」とは、情報を付加したり、異なる情報を組み合わせることによって、ある意味を拡げるような増強の仕方である。

この分類の枠組みを、同じく選択体系機能理論におけるシステム・ネットワークと呼ばれる図を用いて書いたチャン（Chan, 2011）の整理を以下に示す（図21）。この枠組みは、オーストラリア連邦ニューサウスウェールズ州の義務教育期間における読みの州テストの基盤としても用いられているものである。

図の一番下に書かれている「投射（projection）」は、絵が「話主」で言葉の部分がその「発言内容」といった関係の組み合わせである。また、図の左上の「一致性（concurrence）」については、先の(c)で既に述べた。図を見ると確認できるように、「敷衍（elaboration）」ではさらにその下位に、詳しい

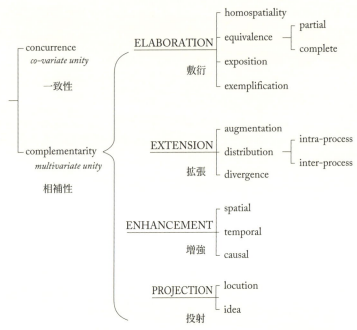

図21　図像と言葉との相補性の枠組みのシステム（Chan, 2011: 175）

説明や例示といった敷衍の仕方が整理されている。また「増強（enhancement）」の下位には、空間的、時間的、因果的な拡張の仕方が整理されている。そして「拡張（extension）」の下位には、テクスト中の文章や図像相互のギャップを埋める「補填（distribution）」や、テクスト中の異なる文章や図像が各々別の方向に分岐するような「放散性（divergence）」が整理されている。テクスト中の文章や図像相互のギャップを埋める「補填（distribution）」については、ジル（Gill, 2002）が「過程間的な補填（inter-process）」と、異なる観点からの図像や言葉相互の補填性である「間過程的な補填（intra-process）」との2種類があることを、テクスト分析の研究からつきとめている。

第4節　国語科学習で活用できる　バイモーダル・テクストの分析枠組みの提案

前節までに、図像テクストと文章テクストとの関係を分析・記述する枠組みについて、その主な研究と明らかになった点を整理・提示した。

そこで本節では、前節で提示した枠組みを援用して、国語科学習で活用しやすいようなバイモーダル・テクストからの意味構築の枠組み表を作成し提案する。それは、前項で示した一致性の種類（6種類）に関する枠組みと、相補性の種類を検討するための枠組みの内の3種類を組み合わせて開発したものである。そして、さらにそれぞれの図像テクストと文章テクストとの関係によって構築できる「拡充される意味や効果」、その意味や効果への「それぞれの記号資源の貢献度（commitment）」を加えて整理した枠組みである。

　この場合記号資源とは、図像テクストであれば、「参与要素」や「過程中核部」及びその形態素、形成素等のことである。また文章テクストにおいても、形態素や書記素がこれにあたる。また貢献度とは、マーティン（Martin, 2012）が用いている用語に稿者が和訳を施した概念で、構築できる意味全体における、各記号資源の要素がどのように貢献し加算され合っているのかを考えるための枠組みである。マーティン（Martin, 2012）では、具体的な記述の仕方まではまだ言及されていないが、この欄を今回の表に設けることによって、学習者が使用しやすい簡単な記述の仕方であっても、モードの違いやその特性、そして異なるモード相互の協応関係を意識させる学習の助けになるのではないかと考えられる。

　小学校中学年までは、学習者ではなく、教師が教材分析や発問開発の道具として使用する目的で考案した。また、小学校高学年以降は、段階的に学習者に以下の枠組みを用いて、バイモーダル・テクストの分析・検討を意識的に学習してもらえるよう考案した。

　その提案する枠組みとは、次のような表で示すことができる。表の左端のA欄から右に向かって、表にそって活用の方法を説明する。

　表の左端のA欄にある「一致度」というのは、テクスト中に言葉で書かれている人や動物、物といった「参与要素」や動詞群で表される「過程中核部」、さらには背景等の「状況要素」に対応する箇所が図像テクスト中にあるか無いかを分類するA欄である。検討したい表現が、文中にも書かれていて、図像中にも描かれていたり写っていたりする場合には、上部の「一致性」の項目を選んで○印をつけて使い、その先の分析を行う。

　これに対して、文中には書かれているが、図像中には描かれたり写されたりしていない場合や、その逆の場合には、下部の「相補性」の枠組みに○印をつけて使う。

次に「一致性」について、その先の分析法を説明する。検討したい表現が、文中にも書かれていて、図像中にも描かれていたり写っていたりする場合には、その双方の図像と言葉の表現の関係を、「繰り返し関係」なのか、「同義関係」なのか、「反意関係」なのかと、B欄に書かれた分類項目を見ながら検討する。そしてそれらの関係が判別できたら、その項目に○印をつけてさらに右に進み、それらの図像と言葉との「重複・組み合わせによって、どのような意味やニュアンスが拡充されたか」を、バイモーダル・テクスト全体における作用として検討し、C欄にメモをする。その後、右端のD欄にあるように、左の検討で「拡充した意味において、貢献している記号資源・記号要素」を、具体的に検討してD欄にメモをする。

表1　バイモーダル・テクストからの意味構築の枠組み表

A. 一致度 ➡	B. 図像と文の関係 ➡	C. 合・構築できる意味 ➡	D. 貢献している記号の要素
一致性	繰り返し関係	左記の重複・組み合わせによって、どのような意味やニュアンスが拡充されたか。	左記の拡充した意味において、貢献している記号資源・記号要素
	同義関係		
	反意関係		
	全体―部分関係		
	上位―下位関係		
	共起(傾向)関係		
相補性	敷衍	左記の組み合わせや相補によって、どのような意味やニュアンスが拡充されたか。	左記の拡充した意味において、貢献している記号資源・記号要素
	拡張		
	増強		
	投射		

例えば、このことを、国語科の教科書を例に述べてみる。図22は小学校1年上の『とりのくちばし』の1頁である。この教材を例にするならば、「するどくとがったくちばし」という言葉と、描かれている絵は、「一致性」があると見ることができる。そしてその関係は「繰り返し関係」ということになる。さらに、これらの表現を繰り返し絵と言葉で表現することによって、「どのような鋭さ」なのか、また「どのようにとがっているのか」というくちばしの様子を、具体的に表していることがわかる。そして、その様子を具体的に表している要素は、くちばしの形という形成素であり、黒く光ってい

くちばし

さきが するどく とがった くちばしです。
これは、なんの くちばしでしょう。

図22　繰り返し関係の例（小学校1年上）

るその色や質感という形成素であるということが検討できる。

　このように、表で提示した枠組みを用いることで、学習者が日頃無自覚に処理しているバイモーダルな情報は、便宜上モードに分けて考えてみたり、形態素や形成素に着目してみたりしながら、意識的に分析することができるようになる。

　このように、同じテクスト内における絵や図像と言葉との関係は、国語科の学習にとって、取り組むべき重要な学習である。特に、絵や図像と言葉との意味構築における役割を検討する学習は、これまで明示的にはほとんど行われてはきていない。そこで、次の章において、さらに具体例を用いて、これまでの章で示してきた枠組みや、異なる記号間における相補性について検討・提示したい。

第5章小括

　以上、第5章では、図像テクストにおける「過程」相互のつながりの構造と、バイモーダル・テクストにおける図像と言葉との関係性から統合的に意味を構築する枠組みを整理・提示した。特に前半の図像テクストにおける「過程」相互のつながりの構造では、「語りや筋を構成する構造（narrative structures）」と、もう一種類の「概念的な構造（conceptual structures）」に大別して、構造を整理・提示した。

　さらに後半では、図像と言葉というモードの異なる記号資源を組み合わせ

たバイモーダル・テクストについて、図像と言葉における意味の「一致性（concurrence）」の枠組みと、図像と言葉とが相互に「補完し合う（complementarity）」枠組みの2種類に分けて、それぞれの関係の分類を、整理・提示した。そしてこれらを基に、国語科の学習で活用できる図像と文字で混成されたバイモーダル・テクストの分析枠組み表を開発・提示した。

　これらモードの異なるテクストにおける関係の整理は、現在英語圏でも、授業や教科書、学力テストの枠組みに援用しようとする研究が出始めているところである。日本の国語科においても、上で提案したような枠組みの整理を進め活用を図っていく必要がある。

注

1) http://www.vernisdeconduire.com/wp-content/uploads/2011/06/Campagne-de-pub-Land-Rover6-e1307439674605.png（参照：2017/08/26）

第6章　図像テクストから意味を構築する
　　　　枠組みの活用と、学習の要点

　第4章、第5章において、国語科の学習に求められるヴィジュアル・リテラシーの基盤的枠組みを整理・提示した。具体的には、図像テクストという稠密性の高いテクストから、「過程」として意味の単位をすくい取り、意味構築する「過程構成」という枠組みを提示した。その枠組みとは、人や動物、物といった「参与要素」と、主として動詞群に対応させることのできる「過程中核部」、そして背景や状態等の主に副詞（句）に対応させることのできる「状況要素」という組み合わせで、一つの「過程」をすくい取り意味構成する枠組みであった。

　また、その「過程」は、6種類の「過程型」として構築できることも述べた。このことによって、これまで一つの単語のみで回答していた学習者は、図像テクストからすくい取り構築できる「過程」は、人や動物、またそれらの動作や存在だけでなく、人や物の属性も物質の変化も、「過程」として意味構築できる方法を学びやすくなったのではないだろうか。この枠組みは、図像テクストにおける「参与要素」を巡って、存在の「過程」も属性の「過程」も、そして動作や発言、思考・心情、物質の変化の「過程」も複層的に意味構築することができるということを意味している。また例えば、池に飛び込もうとしている蛙の写真から、その動作に着目して「行動過程」として意味を構築する際にも、「状態要素」との関係を意識しやすくなるので、大きな岩の上から飛び込もうとしている蛙であれば、言語化する際にその岩の大きさや水面までの距離との関係で、蛙の行動を意味構築しやすくなる可能性が拡がる。さらに、色という属性に着目した場合にも、第3章において述べた図像テクストに特徴的な形態素や形成素との関係において、整合性のある意味構築の側面を説明することができる。例えば蛙の写真の例では、蛙の体の鮮やかな緑色の模様と岩の黒色といった形成素が、蛙や岩といった形態素の単位を越えて、意味の構築に機能する場合も考えられる。

加えて、これらの複層的な意味は、3種類のメタ機能の観点から構築できるということも、第4章において例を挙げて述べた。そして第5章では、すくい取り意味構築した「過程」相互のつながりの構造を、分類する枠組みも、全体構造も示す形で提示した。さらにこの発展として、図像テクストと文章テクストにおける関係から意味を構築する枠組みについても先行研究の知見を整理して、バイモーダル・テクストの分析枠組み表を開発・提示した。

　そこで、本章では、これら第4章、第5章において示した基盤的な枠組みを活用し、ヴィジュアル・リテラシーを育むために有効な学習の要点や、多層的な意味構築の具体的な方策を示して、実際の学習への活用の展望を示す。このことによって、第4章、第5章において示した基盤的な枠組みが、実際の教材分析においてどのように役立ち、どのような学習の可能性を示すことができるのかを示す。またそのプロセスで、第4章で言及しながらこれまで殆ど具体的には触れることのできなかった、意味構築における「テクストの生成プロセスへの着目」についても、具体的に説明したいと考えている。この意味構築における「テクストの生成プロセスへの着目」は、第2章においても言及したように、本書で理論的基盤として参照している選択体系機能理論及びSF-MDAの特徴の一つである。このテクストの生成プロセスにおける「選択」に着目することによって、テクストから構築できる意味や、そこに編み込まれている社会的な価値を検討する方法やその実際についても、例示する。

第1節　図像テクストからの意味構築における枠組みの活用

　まず、用いる図像テクストについての説明を行い、その後1.3.において、第4章で提示・説明した「過程構成」の枠組みを用いた、図像テクストからの意味構築の実際を示す。このことによって、テクスト中の参与要素相互の関係と、それらに対する見る者との3者関係を分析する学習への展望を示す。

　次に、1.4.において、その同じ図像テクストについて、すくい取り意味構築できる「過程」相互のつながりの「構造」を、第5章で提示した「語りや筋を構成する構造」と「概念的な構造」という2種類の枠組みを活用し

て構築する例を示す。このことによって、この2種類の枠組みが、様々な種類のテクストにおいて組み合わせて活用できるという展望を示す。

さらにその後、1.5. において、第1章・第2章からの課題であった図像テクストと文章テクストとの関係からの意味構築を、第5章で提案した分析用のワークシートを用いて示す。

そして本節の最後に、1.6. として上記の過程において、テクストを構成している要素の「選択」が持つ意味を、選択肢の集合との関係で検討する。このことによって、本研究が基盤とする視覚社会記号論の特徴である、「テクストの生成プロセスへの着目」について、具体的に述べる。

以上述べてきたような目的のために、本章では『満月をまって』(リン・レイ＆クーニー, 2000) という絵本のクライマックス部に当たる場面(pp.17–18)を、例として用いる。このため、まず 1.1. 1.2. において、絵本の粗筋と使用する見開きの場面を示す。

1.1. 検討対象のテクストとその粗筋

この『満月をまって』は、百年以上前にコロンビア郡の山間に住んでいた実在の人々をモデルにした物語である。その人々は「風の声」を聞き、山の木で丈夫な籠を作る能力と技術を持っていた。そして人々は、籠を作ってはニューヨーク州のハドソンに売りに行き、現金収入を得て生計を立てていた。

主人公の少年はその中で成長し、父や叔父の籠作りの能力や技術に憧れ、そのことに誇りと憧れを持って大きくなる。しかし、やっと憧れの籠作りの手伝いができるようになり、父とハドソンの町に籠を売りに行けるようになった少年は、その初めての帰り道、町の男たちに蔑むような言葉を浴びせられてしまう。今まで誇りに思っていた籠や父、叔父たちをあざ笑われてしまったのである。それ以来籠作りは少年にとって色褪せて見え、憧れの対象ではなくなってしまう。暫く悶々とする少年。しかし叔父の言葉や「風の声」を実感できるようになった少年は、葛藤を乗り越え再び自分が大切に思ってきた籠作りに誇りを持ち直す。その姿が絵と言葉で表現されている絵本である。

1.2. 分析に用いる場面

　上述の目的のために、この絵本のクライマックス部に当たる下に示す場面 (pp.17–18) を使用する (図1)。この場面は、上述の粗筋に対応させて示すと、主人公の少年が初めて父とハドソンの町に籠を売りに行けるようになり、その帰り道に町の男たちに蔑むような言葉を浴びせられてしまうという場面である。見開きのこの頁には、左半分に頁を超えるように広場の様子が描かれている。草木の美しい緑色と、中央の白と水色の噴水、そして噴水を巡るように整備された白い道が十字の形に延びて見える。

図1　クーニー＆リン・レイ（絵／文）『満月をまって』(pp.17–18)

　手入れされた芝生の上一面には、小さな丸いタンポポのような花が咲いている。背景には、煉瓦色とクリーム色の家々が整然と並んでいる。

1.3. 3種類のメタ機能からの意味構築

　第3章・第4章において述べてきたように、本書で提示するヴィジュアル・リテラシーでは、テクストを3種類のメタ機能から意味構築できることが、一つの要点となる。それは、言語のテクストと同様に、モードや形態が異なっても、テクストとして構成される過程に必ず様々な選択のプロセスが入るため、テクストから構築できる意味は一面的ではないからである。つまり、テクストの中でどういった事象が展開しているかだけでなく、それが登場人物や読み手にとって、どのような対人的な影響や効果を生じさせる可

能性があるのか。またそれらのことが、テクスト中の情報の配置と相まって、どのような意味として影響を与えているのか。このように、テクストから構築できる意味は多面的・複層的である。したがって、図像テクストからの意味構築の学習においても、こういった3種類のメタ機能からの学習を意識させ行わせる必要がある。

そこで、絵の中央にズボンつりを付けた男の人がいるので、まずこの男の人について、3種類のメタ機能から意味を構築してみよう。するとこの同一の参与要素であっても、3種類の観点から立体的に意味が構築できることがわかる。

1.3.1. 観念構成的メタ機能に着目した意味構築

まず観念構成的メタ機能に着目して意味を構築すると、中央に描かれた男の人については、「ズボン吊りを付けた男の人が、腰に手を当てて、親子の方を向いて立っている。」という「行動過程」として意味をすくい取り構築することができる。

1.3.2. 対人的メタ機能に着目した意味構築

しかし、同じこの男の人を、対人的メタ機能に着目して意味構築すると、次の2種類の意味構築が可能となる。本来は対人的メタ機能は、テクストに対する見る者との関係を検討するための枠組みであるが、第4章でも述べたように、ペインターら (Painter et al., 2013) は、「テクストに対する見る者との関係」といっても、絵本のように複数の登場人物が参与するテクストでは、次の2種類の対人関係的な意味を検討する必要があると述べている (Painter et al., 2013: 67)。この場合で言えば、まず広場にいる男性たち相互の関係や、彼らと右端の親子との関係といった「登場人物相互の対人的メタ機能」の枠組みによる検討が必要である。そして、それら登場人物相互の関係に対する「見る者の位置や立場に関する対人的なメタ機能」の観点、という2種類の観点からの枠組みによる検討が必要となる。まず「登場人物相互の対人的メタ機能」の枠組みに着目して、先ほどの男性を意味構築すると、第4章で紹介した「近接性 (PROXIMITY)」という枠組みを使って、「ズボン吊りを付けた男の人は、(右端の親子より白髪の老人の近くに居るので、親疎関係はこの親子より) 老人と親しい」という可能性を意味構築でき

る。そしてその男性と読み手との対人的メタ機能に着目すると、「ズボン吊りを付けた男の人は、見開きのページ中央近くに、読み手である私の目の前に背中を向けて立っている。（そのため）読み手である私は、この男の人の背中越しにやや上方から、この見開きで起きていることを見ているような感じがする」のような意味構築が可能となる。

さらに、「対峙関係（ORIENTATION）」の枠組みを使って、この見開き中の登場人物相互の対人的意味を構築すると、どの人物も身体の向きが向き合っておらず、視線も交叉していないことから、この場面での「人物間の関係性の意味構築は、難しい」ということになる。また同じ枠組みを使って、見る者との対人的な意味を検討すると、少年が少しだけこちらに身体を開いて向けているが、他の登場人物は誰もこちらを向いていないので、読み手が「この人物たちに巻き込まれる『関与の度合い』は低い」という意味が構築できる。

このように、観念構成的メタ機能に着目して、テクスト中に何が描かれているのかという意味を構築するだけでなく、対人的メタ機能を用いて、テクスト中の参与要素相互の関係と、それらに対する見る者との3者関係を分析することによって、見る者はこのテクスト中で起きている事を、どういった位置や立場から眺めるよう位置づけられているのかという、第4章で提示した「参与要素間及び参与要素と見る者との関係」等の学習ができる。

これまで第1章で検討した視聴覚教育やメディア教育においても、テクストに対する見る者との関係は検討されてきた。しかし、上記で検討したような、参与要素相互に対する見る者の立場や位置づけという、3者関係で「対人的意味」を検討する枠組みは、明示的には提示されてこなかったのではないだろうか。こういった意味でも、3種類のメタ機能から意味を構築する枠組みやその学習は、図像テクストの学習において有用であるとみることができる。

1.3.3. テクスト形成的メタ機能に着目した意味構築

最後に、テクスト形成的メタ機能に着目してこの場面を意味構築する。すると、「広場の芝生が読み手の方に向かって拡がって描かれている」ので、この絵本を身体の前に持って読もうとすると、「読み手である自分は、（ズボン吊りの男の人と同じ芝生の延長上に居て、）そこからこの光景を見ているような感じを持つ」のように意味構築できる。

第6章　図像テクストから意味を構築する枠組みの活用と、学習の要点　221

　勿論上述のような意味構築の例は、3種類のメタ機能を説明するための例示なので、全ての読み手が上述のように読むとは限らない。しかしこの例示で、絵の同じ箇所から3種類（2種類の対人的メタ機能を数えると4種類）の意味構築が可能であり、必要であるということは、示せたのではないだろうか。このように、選択体系機能理論のメタ機能の枠組みを用いることによって、絵の部分から3種類の異なる意味を構築する学習の基盤を築くことができる。

1.4.「語りや筋を構成する構造」と「概念的な構造」による意味構築

　次に、前述の分析を基に、このテクスト中からすくい取れる様々な「過程」を、第5章で提示した「語りや筋を構成する構造」や「概念的な構造」を用いて、意味構築する。

1.4.1.「語りや筋を構成する構造」を援用した意味構築

　まずテクストから構築できる様々な「過程」を、「語りや筋を構成する構造」を援用して意味構築する。第4章で述べたように、見ているテクストは絵のような静止画であっても、その中に表象されている出来事は、各々異なる動的な「過程 (process)」として意味構築することができる。例えば、例示した見開きで考えてみると、公園の噴水も、水音をたてて流れているという「物質過程」としてすくい取ることができる。そして白髪の老人は、右上の親子に向けて話しかけているという「発言過程」として構築できる。そしてその親子については、移動し続け公園から歩いて離れて行っているという、「行動過程」として意味構築することができる。

　このような各「過程」相互のつながりは、第5章で提示したベクトルを手がかりとして構築・検討することができる。例えば、この白髪の老人の「発言過程」に対して親子の「発言過程」は無く、その「行動過程」は、一方向の矢印でつながれる関係に描かれている。したがって、双方の参与要素から発せられるベクトルは、往復する「双方向構造 (unidirectional)」にはなっていない。それは、先述したように、親子の身体の向きや足の向き、老人の手の向きや身体の向きからも分析することができる。つまり、この老人と親子との過程間の関係は、老人から一方的に親子に向けられる左から右に向かう「語りや筋を構成する構造」を成しているということがわかる。

そして、このような方法で各過程や参与要素相互の関係を検討してみると、この絵の中で起きていることは、上記の例のように顕現化された行動もあれば、直接的には見えない内的過程もあることがわかる。さらに、絵のそこここで起きている現象は、時間性を伴って動的に展開し、あるいは重なってあるいはずれながら、進行していることがわかる。

1.4.2.「概念的な構造」を援用した意味構築

今度は、同じ場面に描かれている6人の登場人物たちを、その「属性を手がかりに分類」し、「概念的構造」を援用して意味構築をしてみよう。この観点に関しては、例示のページの言葉の部分では単に「男の人たち」とだけしか書かれていないので、第5章で提示した枠組みを用いると、絵の部分がその男の人たちがどのような年齢や風貌なのかという内実を「敷衍・増強」する機能を担っていることが分析できる。

そして、この6人の登場人物たちの属性という各「関係過程」は、「概念的構造」をあてはめて関連づけて見ることによって、3種類のグループに属する人たちであることが見えてくる。右の2人は周辺の山に住む人、ベンチに座っている人は、旅人かたまたまここを通りかかった人。そして残りの噴水近くにいる3人は、おそらくこの広場の近所に住んでいる人である。

なぜこの6人を、こういった三つのグループに分けて見ることができるのだろうか。それは、服装や持ち物といった各「関係過程」を、「概念的構造」を用いて相対的に関連づけて見るからである。まず芝生の上にいる人と右上の人の属性を関連づけて見てみると、芝生の上の4人は荷物を持っていないが、右上の2人はたくさん荷物を持っている。さらに噴水近くにいる3人は、他の二つのグループの人たちに比べ、軽装・薄着である。それに対して右手に描かれた親子（特に父）は、この3人に比べると厚着で、靴もブーツと違う。ベンチに座っている人は、上下お揃いのスーツを身に付け、同色のよそ行きの帽子をかぶっていて、軽装には見えない。この人の帽子がよそ行きに見えるのは、勿論形もあるが、噴水の縁に座っている人の茶色の帽子と関連させて見るからである。このように、「概念的な構造」を用いた見方は、能動的に思考力を使った分析的な見方を要求する。描写的・静的に上から下、左から右に向かって、見えるものを単に言語化する過程とは異なる。

以上第4章、第5章で示した基盤的な枠組みを用いて、上記の例を提示し、意味構築の実際やそこでの学習の要点を示した。そこで、今度は同じ場面の絵を用いて、第5章の最後に述べた図像テクストと文章テクストとの関係からの意味構築の実際を示す。

第2節　図像テクストと文章テクストとの関係からの意味構築

　前節までで提示したこの同じ頁には、右ページ中央から下にかけて、次のような言葉が書かれている。

> …〔略〕…広場をあるいていた時、男の人が大声でどなった。『おんぼろかご、くそったれかご、山んなかのくされっかご！　山ざるがしっているのは、それだけだ』。ぼくはふりかえった。とうさんは、しらんぷりをしていろといった。まえにも、なんどもいわれたことがあるんだ。…〔略〕…。

　このうららかな風景の中で響いているとは思えないような痛烈な言葉である。ちなみに神奈川県内の私立中学1年生34人（全員男子、2014年2月16日調べ）に同ページの絵の部分のみを示し、左の老人はどのような発言をしていると思うかを質問してみたところ、半数の17人が次のような好意的な発言内容を答えた。

　「ほら、見てごらん。長い棒に上手に荷物をたくさん結びつけて運んでいるよ。小さな子どもまで手伝って、えらいなあ。気をつけて帰れよ」。勿論残り17人の中には、次のような反対の発言内容を答えた生徒もいた。「時代遅れのへんなかっこうをした二人が通っていくぞ」。「しかも、あんな小さな子どもにまで手伝わせて。荷物の山が歩いていくようだ」。しかし、こういった内容を回答した生徒でさえ、上記の本文を知らせると、さすがにこのようなひどい言葉を浴びせているとは思わなかったと述べている。

2.1.　「相補性」からの意味構築

　例示で用いている見開きの絵と言葉との関係は、このように一見「対立・矛盾」するように見える構成になっている。このような絵と言葉との関係か

ら意味を構築するために、第5章で提案した図像と言葉との関係から意味を構築するための分析枠組み表を使って考えてみよう。まず表1の左端Aの項目で、この部分の関係を整理する。すると、言葉の部分には上述のようなひどいことが書かれているが、絵からは積極的に意味構築できるような同様の意味は構築できない。したがって、この場合は「一致性」ではなく、文と絵各々から異なる意味が構築できる「相補性」の関係ということになる。

そこで、さらに「相補性」の下位枠組みに進んで検討することになる。この場合は、言葉で表現している内容を、絵で白髪の老人にしゃべらせているという関係が、この下位枠組みのどの関係にあたるかを検討することになる。これは、前述した枠組みを用いると、「男の人が大声でどなった」とあるので、「発言過程」ということになり、「男の人」が発言者（sayer）、「大声で」が状況要素の「様式（manner）」、「どなった」が過程中核部（process）となる。

この場合には、この発言した内容は絵の部分からはわからず、言葉の部分に全て書かれているので、「投射」の枠組みで検討することになる。この

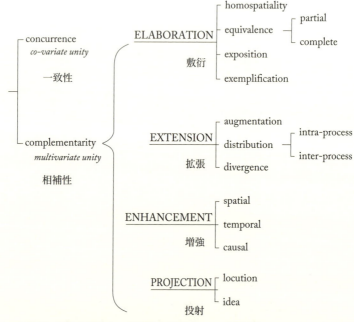

図2　図像と言葉との相補性の枠組みのシステム（Chan, 2011: 175）

「投射」及びその上位の「相補性」の枠組みは、前章でも言及したように、オーストラリア連邦ニューサウスウェールズ州の義務教育期間における読みの州テストの基盤として長年検討を重ねられてきており、チャン（Chan, 2011）においてほぼ安定的に使用できる枠組みが整理されているので、これに当てはめて検討する。下図が、その枠組みの整理であった。

2.2. 「投射」による相補的な意味構築

　図2を参照すると、先の見開きで示した言葉の部分と、男の人の絵は「投射（projection）」という相補関係と捉えることができる。そして、そのことによって、発言者である男の人の絵と、「どなった」内容である被投射節の言葉の部分とは、往還的に意味の構築を補い合う、あるいは相乗効果を構築する関係となる。男の人の絵に対して、被投射節の言葉の部分は、その男の人が親子に対してどういった言葉を向けたのかを補うことによって、「立派な家々の近所に暮らす、白髪のお年寄り」という絵の部分から構築したこの男の人の人物造型について、ある種の修正を要求することになる。そして被投射節の言葉の部分の側からは、これを「どなった」参与要素とは、どのような人物であり、またそういった人物によって発せられたことによって、この言葉の意味は、どのような解釈を加える必要が生じるのかを検討することになる。

2.3. インスタンス化の観点からの検討

　このことを検討するには、この見開きをインスタンス化の観点という枠組みからも検討してみる必要がある。インスタンス化の観点から検討するとは、この見開きやその中に描かれている男の人、その発した言葉、またその場面となっている広場を、潜在性（potential）の具体的な例（instance）と考え、そのインスタンスの側からと、その「あらゆるインスタンスを生成する可能な選択肢の総体」である潜在性の側から検討してみることである。このインスタンスと潜在性との関係は、ハリデーとマティセン（Halliday & Matthiessen, 2013: 27）によって、下の図3を用いて、天気と気候との関係に喩えられて説明されている。そしてこのインスタンスという選択体系機能理論の枠組みを用いて、この頁に描かれている登場人物は、どのような人や人々の例示として意味構築する必要があるのかを考えることは、第3章で

検討した「自己指示的例示」という図像テクストから、意味を構築する際に、重視すべき最も根本的な検討を行うことになる。この検討ができなければ、この親子はたまたま意地の悪い老人に出会ってしまったという物語になってしまう。

　選択体系理論では、例えば、描かれている白髪の老人をインスタンスと考えた時、そのクラインと呼ばれる抽象度を左の潜在性側に移動させて考えてみる。するとインスタンス、つまりこの老人以外にこの場に描かれる可能性のある人々の型（type）は、どのようなものになるだろうか。このように考えると、この被投射節の言葉の部分を発するために選択された人物は、若い柄の悪い男性でもなく、井戸端会議をしている噂好きの女性グループでもないことが検討できる。選択体系機能理論では、図像テクストに選択され描かれている参与要素は、このように文化や状況のコンテクストとの関係で抽象度を変えながら、その過程で様々な選択を経て具体的なテクストになると考え

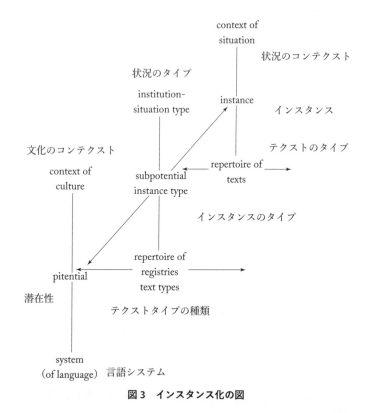

図3　インスタンス化の図

られている。ペインターら（Painter *et al.*, 2013）は、このインスタンス化の過程で、登場人物にコミット（commit）される意味の質と量が変わることを、「コミットメント（commitment）」という枠組みを用いて示している。

そしてこのインスタンスの型（type）を検討することによって、被投射節の言葉の部分は、この公園に居合わせたこの老人が、たまたま意地が悪かったために述べたのではないのではないか、という意味も構築できる。この人物の発した被投射節の3文め「おんぼろかご、くそったれかご、山んなかのくされっかご！」についても併せて検討してみよう。この3回繰り返される罵りの言葉は、アプレイザル分析という語彙文法層において対人的意味を明らかにするテクスト分析法と、佐野（2012）の「日本語アプレイザル評価表現辞書」とを使って分析してみると、「社会的評価（Judgment）」の中の「性情（disposition）」という枠組みで分析することができる。「性情」とは、佐野によれば「評価対象の特定の内属要素を指定して評価を示す表現を使って、評価を表すもの」（佐野，2012: 40）で、「異端」「下手（かて）」「劣勢」（佐野，2012: 35）等の枠組みに分析することができる。つまり、父親たちが作っている籠を「指定して」、「異端」で劣っているものと評価していることが分析できるのだ。また、「山んなかの」は「位地（social location）」を表す枠組みで分析することができる。このように、言葉の部分を重ねて検討してみると、この老人の言葉は、籠やその籠を作る技術、あるいは社会的な居住地域や位置に関する評価の優劣を含んだものであることがわかり、言葉の部分も分析することによって、絵で表された老人のインスタンスのタイプは、より明確に検討することができる。つまり、この老人はどのような人たちのインスタンス、つまり例示として描かれているのかと言えば、周辺の山に住むこの親子たちの作る籠やその技術を低く見、彼らに偏見を持っている、街に住む一般的な市民の代表例として選ばれ、描かれていることがわかる。

そしてこのことは、この老人1人、あるいは一緒にいる3人が、この親子をそのように見て発言しているという意味に留まらない。ここに描かれているような、近所に住む普通の地味な色の服を着た一般の市民、しかも一般的には、分別があると考えられている老人が発言しているということは、この街の多くの人は、この親子に対してこのような見方をしているという意味の構築が可能となる。

また、言葉の部分の7文めに、「まえにもなんどもいわれたことがあるん

だ」という節がある。これは、「まえにも」という時間表現を、「Theme ポジション」という通常主題の置かれる位置にもってきていることから、この見開きで起きていることが、たまたま一回だけ起きたことではなく、幾度も繰り返されている恒常的なものであることを示唆する機能を果たしている。ここでも、見開きに描かれている場面が、言葉の部分で伝えていることの一つのインスタンス、つまり例示であるという「自己指示的例示」の観点からの検討が重要となってくる。そしてこのことによって、この見開きに描かれている場面自体が、時間的・空間的な拡がりをもってくる。つまり、陽射しの明るい手入れの行き届いたこの広場で、この街に住む普通の老人がこの被投射節にあるような言葉を、しかも見ず知らずの子どもに向けるというインスタンスを提示することによって、別の時間、別の広場や街角で、この父親が受けてきた、直接的にはテクストに描ききれない差別の経験の集積を、この見開きから意味構築することができるのである。

　さらに、そういった場面の背景として、緑と白の明るい色を選択・使用している点についても、第2章や第3章で言及したコードのずらした使用を検討することができる。本来くっきりとした鮮やかな緑色や白色の色のコード、またそれらの組み合わせは、さわやかさを意味構築する場合が多い。しかしこの場面では、先に示したような酷い場面に、この色の背景を用いている。これは第2章で言及した三つのデザイン概念の枠組みを使って分析すると、緑色や白色の元々のコードを既存のアベイラル・デザインとして使って、通常は使用しない暗く思い印象の場面に敢えて使うことによって（デザイニング）、ここで起きていることが夜の薄暗い街角での出来事ではなく、日中の明るい陽射しの中、立派な美しい広場で起きたより厳しく日常的な出来事であることを表現している（リデザインド）と分析できる。

　また、アングルと呼ばれる仰角や伏角は、この頁では組み合わされ、読み手からは罵倒している老人たちは少し下に、罵倒されている親子は視線より上に配置されてリデザインされている。つまり、この見開きを読む読者には、この親子は見下されるようには描かれていないのである。

第3節　選択されなかった要素との関係による意味構築

　第1節第2節で検討してきた同じ見開きについて、さらに「選択されな

かった要素との関係で意味構築」するという観点で検討してみよう。例えば、この近所に住んでいるように見える3人の男性は、「他の服装や髪型で描かれる可能性」もあったはずである。もっと派手な色や装飾の付いた服装も、選択肢の中にはあったはずである。しかしこの人たちの服装は、地味な中間色の茶色で特別な装飾も無く、ごく一般的な近所の老人が広場に来る服装に見えるよう選択され描かれている。こういった意味構築は、選択されなかった他の構成要素との関係において相対的に構築できる。この3人の性別や年齢も、多様な選択肢との関係でみると、この場面に選ばれ描かれている意味がより明確に構築できる。単なる（若者による）冷やかしでも、（女性によく見られる）うわさ話でも、個人的ないじめでもない。この広場で起きている事は、近所のごく一般的な老人の発言によって、より重い意味として構築することができる。

　そしてこれらの参与要素をとり巻いている背景や時間といった「状況要素との関係で分析」することも重要である。この観点に沿って分析すると、この親子と町の男性との対比関係は、絵の部分でより顕著に意識できる。左の男たちの周りは緑の芝生に覆われ、近くには立派な噴水もあり、後方にはしっかりとした感じの家々も並んでいる。しかしそれに対して右上の親子の周りには、背景も無く足下の道も土だけのように見える。

　実際にこの男性たちがいる公園も、多くの選択肢から選ばれた要素で構成されている。手入れされたきれいな芝生や立派な噴水、そしてゴミも落ちていない立派な公園は、下の図で示されるような選択肢から選択された要素の集合で構成されている。

　図4は、選択体系機能理論において開発された「システム・ネットワーク」と呼ばれる選択肢の関係を示す図である（Halliday & Matthiessen, 2014: 22-23）。こういった図を用いて選択されなかった選択肢の可能性を検討することによって、上述の検討のように、この公園は町にある立派なもので、その近所に住むこの男性たちは「中心」におり、右上の親子は「周辺」に住むという、社会的な関係においても「中心―周辺」の構造を析出することができる。

　このように、テクストが生成されるプロセスにおける要素の選択は、なぜどの要素は選ばれ、なぜどの要素は選ばれないのかといった価値を含んだ選択となる。したがって、この過程の検討を丁寧に行うことによって、本書の

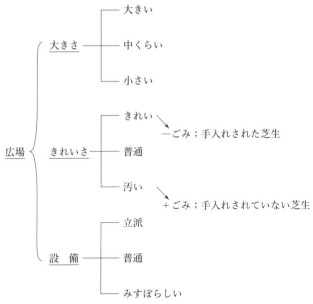

図 4 広場に関する選択肢のシステム・ネットワーク

第 2 章から重視してきた図像テクストからの多層的な意味構築に迫る方策とすることができる。

第 6 章小括

　以上、第 4 章、第 5 章において整理・提示した枠組みを、具体的な学習に向けた活用可能性という観点から、例示を用いて述べてきた。絵本を中心に用いたのは、第 2 章、第 3 章においても述べたように、図像と言葉とが対等な関係で構成されている媒体において、上記のような学習を検討・考案する必要があると考えたからである。

　最後に、本章で述べてきたインスタンス化やシステム・ネットワーク等の枠組みを使って、授業をしていただいたクラスの作文を紹介する。上に述べたような観点からの検討によって、実際の学習者の読みの質がどのように変わる可能性があるのかを、例示したい。下の作文は、神奈川県内の協力を得られた中学校の 1 年生に書いてもらった文章（2014 年 2 月 10 日作文）である。初読の段階では次の A、B のように書いていた生徒が、上述のような検

討の結果、どのような文章を書いたのかをC、Dに示す。

A.
> でも、そこに住んでいる人の心が汚なければ、その街は本当に良い街とは言えない。

B.
> いるが、実はその明るさや希望の裏にある人々の冷酷さや陰険な性格、全体主義的な他を排除しようとする思想

C. ↓
> ハドソンの町の人達の中には、山から来た親子をあまり良く思っていない人がいる。この親子は、ハドソンの人達から好かれていない。

D.
> ハドソン町の人々の周りは、高級な建物や噴水など、鮮やかな色彩で色どられていたが、僕と父さんの2人の周りは寂しい白一色だった。この背景の色彩の違いでハドソン町の人々と山に住む人々の格差、そして生きる世界が違うことを表している。

　先述のような検討を経ない段階の生徒は、この絵本の見開きで起きている事の原因を、この老人個人の性格に起因させる傾向を見てとることができる。これに対し、検討を経た生徒は、この老人の言動の原因を、社会的・構造的に捉える傾向を見てとることができる。つまり、本書で提示してきた枠組みを用いて学習することによって、図像テクストからより多層的な意味構造へと向かわせる学習の可能性を見い出すことができたのではないだろうか。

　勿論ニコラエヴァも指摘するように、絵本の検討は今回の見開きを単位とした検討だけでなく、ページ相互の関係も含んだ検討が必要である。しかし、国語科教育におけるヴィジュアル・リテラシーの学習では、例示したような見開きにおける異なる記号間の往還的な意味構築の多層性を検討する学習と、それを支えるメタ言語の学習が必要であるということは、例示できたと考える。

第 7 章　ヴィジュアル・リテラシーを育む学習の発展

　本章では、第 4 章・第 5 章で提示したヴィジュアル・リテラシーの基盤的枠組みや、第 6 章で例示した多層的な意味構築の方策を基に、2 種類の学習の発展例を提示する。一つは、文字のみによって記されたテクストを視覚的側面から検討する学習例である。この例では、ヴィジュアル・リテラシーを必要とする対象テクストは、図像だけでなく、序章においてクレスの論を紹介して提起したように、文字のみで記されたテクストも、重要な対象となるということを具体的に示す。またこの中で、私たちは情報駆動の社会を背景に、どのようにテクストに容易に巻き込まれず、クリティカルに吟味・検討することが可能なのかも示す。このため、第 1 節ではこれまで第 4 章から第 6 章において整理・提示してきた枠組みに加え、批判的談話分析（critical discourse analysis，以下 CDA と称す）という分析法も併せて示す。批判的談話分析とは、後に詳述するが、1970 年代末から批判的言語学（Critical Linguistics）と社会記号論（Social Semiotics）という二つの流れを基に発達してきた談話分析法である。

　そして二つ目に学習の発展として例示するのは、一例目の文字で記されたテクストの視覚的側面からの検討に加え、写真とこの文字との組み合わせによる検討の例である。第 4 章・第 6 章では、図像と言葉とが対等に表現されているテクストの例として、絵本における絵や見開きを用いてきたため、本章では写真と文字との組み合わせによる広告を例に、これら異なる 2 種類の記号システムからの意味構築について分析を示す。これら 2 例を例示・検討することによって、第 2 章で整理したヴィジュアル・リテラシーの系統性における、3 段階や 4 段階で目指されていた社会・文化的な価値や、アイデンティティーについての意味構築、さらにはそれらのクリティカルな吟味について論じる。

第1節　文字で記されたテクストの視覚的側面に焦点化させた意味構築

1.1.　文字テクストから視覚的に意味構築を行う学習の意義

　序章でも言及したように、社会的枠組みが、かつてない速度・範囲で大きく変わりつつある中、第2章で提示した言語教育の研究者グループ、ニューロンドン・グループ（New London Group）は、社会・文化的な多様性に対応した言語の複数性や、情報通信技術の革新に伴う多様なコミュニケーション様式に対応させた言語教育の枠組みを提案している。この提案は英語圏を中心に広く支持され、上記の提案以降はこの枠組みを基盤とした実践の開発・提案が数多くなされている（Kern, 2000, Anstey & Bull, 2004, Jewitt & Kress, 2008）。

　このような流れを受け、本節では上記研究者グループの内、クレス（Kress, 2000）やフェアクロフ（Fairclough, 2001）の書記テクストにおける視覚化（visualization）に伴う指摘・提案に着目して、国語科の学習への応用可能性を例示する。クレスらの論考は、一部中国語を中心とした漢字に関しては言及しているものの、主には英語のようなアルファベットを用いる表記体系について論じられているため、本書では、これらの理論や枠組みを日本語の表記システムに当てはめ、その可能性を検討する。

1.2.　書記テクストにおける変遷と学習の必要性

　序章でも述べたように、クレスは、あらゆる場面において情報駆動（information-driven）、知識基盤（knowledge-based）の影響力が増している現代社会では、情報や情報技術は、多様な背景を持つ人々の思考や感情をより効果的に駆り立て対応できるよう、視覚化（visualization）という現象を起こしていると分析している（Kress, 2000: 183）。序章や第2章で述べた点を繰り返すならば、クレスの指摘する視覚化とは、上でも述べてきたように、例えば文字だけで記されていたテクストに、単に絵や図、写真等を組み合わせるようになったことだけを指しているのではなかった。文字で記されたテクストに焦点化すると、その表現・提示の仕方自体も、これまで主流だった書記の原理から、視覚の原理を含んだものへと変化しているという指摘であった。書記の原理とは、記された時間の順序や単語の配置に沿って、時系列に線状的に

表現したり意味を構築したりする原理のことである。そして視覚の原理とは、空間における配置や位置関係、さらには色や大きさといった要素によって、同時性の中で表現したり意味構築をしたりする原理のことである。

クレスは、このように文字で記されてはいるが書記の原理だけで記されているのではないテクストを、マルチモーダルテクスト(複モードのテクスト)の一つとして位置づけ、言語教育においてこの種のテクストの学習を行う必要性を論じている。それは、マルチモーダルテクストにはこれまでの読みの学習だけでは意識化したり読み解いたりしにくい、他のルールや規範、価値が編み込まれているからである。

同類の提案は、フェアクロフによってもなされている。記されたテクストは、印刷され、フィルム化され、スクリーン上に映し出されることによって視覚的な意味を増している。そしてその中で、従来からの話しことばと書きことばの二項関係は、「かぶせ取り(overtake)」されてきている(Fairclough, 2001: 31)と、フェアクロフは述べている。

書記テクストは、かつてオング(Ong, 1991)も指摘したように、本来もっと視覚的あるいはマルチモーダルな要素を有していた。中世の色彩写本は主に声に出して読まれる音読を前提としていたため、聴覚優位であり、その色彩と形態が視覚的に訴えることで産み出される触覚的な感覚を喚起するものであったと述べている。それが16世紀以降、特に西欧を中心として、文字で記されたテクストは印刷技術の登場によって、視覚的あるいは聴覚的、触覚的といったマルチモーダルな要素がそぎ落とされていき、均質で画一的な内容重視、論理重視の大量複製へと変質していった。そしてそのことと引き替えに、多くの人の手に大量のテクストを迅速に届けることを可能にし、それらを速く読むことをも可能にしてきた。

クレスは、このように書き言葉の性質や機能を経時的に再考してみると、コンピュータや携帯の普及といった技術革新の先端で、私たちは逆説的にも中世の写本の再来のようなテクストを生産・消費するようになってきていると述べている。多くの字体やフォント、レイアウト、色、アイコン等を駆使し、伝達内容だけでなく、口調やその時の表情までをも「喚起する」、画一化とは逆のテクストである。こういったテクストの広範なそして頻繁な授受の中で、私たちの思考や感情、行動は駆り立てられ影響を受けている。したがって、こういったテクスト環境にある現代の学習者にとって、本稿で検

討・提案するような分析の学習は、必要になってきている。

1.3. マルチモーダルテクストとしての学習材案

上述のような背景を受け、マルチモーダルテクストの一例として *AERA with Kids*（2009，秋号，朝日新聞社）に掲載された次の記事を提示する（図1）。これは、思春期にあって反抗期を迎えた受験生を持つ親に向けた記事の1頁である。この記事は文字で書かれているが縦書きと横書きが混用されており、5色（オレンジ、赤、青、紫、黒）で色分けされている。また、文字の大きさも3種類ほどで表現されており、通常見かける書記テクストとは異なっている。つまり、これは第2章で言及した教師も学習者も初めて出くわすタイプのテクストと見ることができる。そこでこのような特色を持つテクストを、本書では前述したマルチモーダルテクストの一種類として例示し用いる。（印刷の都合上、色名を下図に矢印で書き入れた。）

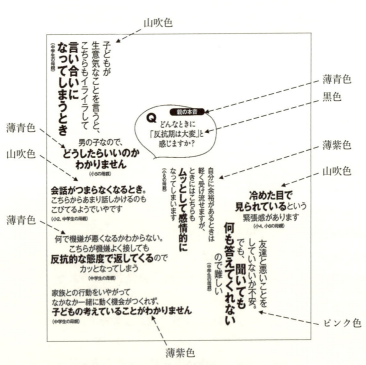

図1　*AERA with Kids*（朝日新聞社，2009，秋号）

1.4. 学習を支え・構想するための枠組み

　それでは、1.3で例示したテクストを用いて、どのような意味構築の学習が可能となるのだろうか。このことを具体的にテクストに沿って検討するために、第4章から第6章で整理・提示してきた枠組みに加え、次のような理論的枠組みを援用する。ただし、図像テクストからの意味構築ではないので、厳密に節の単位でそろえることはせず、三つのメタ機能等幾つかの枠組みを用いて検討する。一つ目は、第2章で提示した三つのデザイン概念の枠組みである。そして二つ目は、本章の冒頭で予告した批判的談話分析の枠組みである。

1.4.1. 三つのデザイン概念の枠組み

　それでは、まず第2章で提示した三つのデザイン概念の枠組みから、振り返り確認しておこう。上掲のテクストは、先述したようにこれまで学習してきたいわゆる一般的な書記テクストとは異なる特徴を持っている。そのため、これまで国語科等で学んできた書記テクストについての既習知識を用いただけでは、充分にこのテクストからの意味構築を行うことは難しい。第2章で言及したように、ニューロンドン・グループは、急激な社会の枠組みの変化や情報技術の発達の中で、生成されるこのような新たなタイプのテクストから意味構築を行ったり、あるいは新たなタイプのテクストを産出したりする過程を、三つのデザイン概念を用いて説明している。三つのデザイン概念とは、次のような①〜③であった。

　　①アベイラブルデザイン（Available Designs）
　　②デザイニング（Designing）
　　③リデザインド（The Redesigned）

　①は、既にデザインされて在るものという意味で、そこから意味構築を行うためのテクスト等を、意味構築のための資源として見たものであった。前章までの検討を踏まえると、広い意味でコードやコンベンションもこの①に位置づけて考えることができるのではないだろうか。ある時代や社会、領域でコードとして機能しているものは、他の社会や時代ではこの①となることがあるからである。

②は、①の既に在るデザインを使って、学習者の既習・既有の知識等を使ったり組み合わせたりして、新たな意味構築を行う記号過程のことであった。

③は、②のデザインするその記号過程によって、新たに意味が付与されたり組み合わされたりしたテクストのことであった。

このように、①〜③の概念を用いることによって、学習者の状況を整理してみると、幾つかのことに気づくことができる。まず、国語科の授業で習った文字や文法等は、新たな社会的実践の場は①のアベイラブルデザインとして使われることが多いのではないかということである。そして、図1に示したテクストは、それらを組み合わせたりずらしたりしてデザインした③のリデザインドであるということである。つまり、この例示のテクストから意味を構築していく過程で、学習者は自らがどのような①の知識を組み換えて使っているのかを省察してみることができるということになる。これは、先のコードやコンベンションも含め、自己の記号資源の使い方を、社会的・文化的に考察してみる意義ある学習となると考えることができる。そこで、本節ではこの枠組みに着目し、特に意味構築の過程における学習可能性を検討・説明する。

1.4.2. 批判的談話分析(critical discourse analysis)の枠組み

本節ではさらに図1のテクストを、それが生産され解釈される社会との関係で検討したいと考えたため、批判的談話分析の手法を援用する。批判的談話分析(critical discourse analysis, 以下CDAと称す)とは、1970年代末から批判的言語学(Critical Linguistics)と社会記号論(Social Semiotics)という二つの流れを基に発達してきた談話分析法である。そしてCDAでは、談話(以下ディスコースの語を用いる)は、その社会に内在する価値や力関係が編み込まれ、そういったものを再生産することを助けている側面を持つと捉えられている。しかしヴォダック(2001)によれば、この大きな枠組みは共有しながらも、現在は一つの方法論というよりは研究者グループによってアプローチの方法が複数存在すると言う。

そこで本節では、国語科への還元を目的に援用するという観点から、CDAの中でも言語構造がコミュニケーションの社会的機能に呼応して発達してきたと見る、選択体系機能理論を拠り所とするフェアクロフの論を援用

する。ハリデーの理論を拠り所として、この流れを汲み発展してきた学派は、イギリスやオーストラリア、ドイツ、フランス、オーストリア、オランダ等に存在し、言語教育に影響を与えてきたが、その中でもフェアクロフは中心的存在とされている。そしてその流れを汲む CDA は、ルークら（Luke & Freebody, 1997）等によって言語教育に活かす試みが提案され、英語圏では実践の開発もなされている。

しかし竹川（2010）においても述べられているように、我が国では CDA の紹介や言語学研究における分析はあるものの、国語科教育等言語教育への応用、特にマルチモーダルな書記テクストにおける CDA の援用の事例は、未だ殆ど見られていない。

1.4.3. CDA における批判の枠組み

CDA は上述のように、談話分析の中でも社会に内在する価値や力関係を析出する点に特色がある。しかしフェアクロフは、CDA が台頭し始めた1970 年代末に比べると、力関係は依然継続・存在し続けてはいるが、その表出方法が抑制され変質して見えにくくなっていると述べている。そしてそこでは、力関係の変質した表出の一形態として、「連帯感」や「合意」の形成が着目されていると述べている。

また竹川（2010）において指摘されているように、これまで国語科の文脈で批判的学習が議論される際には、社会的過程としてというよりも個人の情報処理過程の問題として、テクスト内の整合性の検討が中心に扱われる傾向があった。このため、次の分析で例を挙げ詳述するように、この CDA の枠組みを援用し、例えば、「主体位置」というディスコースに関与する者相互の社会的役割や、「共有資源（members'resources：以下 MR と称す）」という社会や共同体で共有している言語的知識や価値観、信念等の枠組みも、意識化して用い検討を行う方法を、国語科に導入する意義がある。

1.4.4. ディスコースにおける三つの次元

さらに、フェアクロフはテクストとディスコースという概念を以下のような枠組みで説明して分類し、その分析過程やそこからの意味構築、さらには産出の過程を、下に示すような図を用いて説明している。テクストとディスコースという概念については、塚田（1999）や野呂と山下（2001）、等数多く

の定義や意義づけがなされているが、本節ではCDAの枠組みを援用するため、以下のフェアクロフの定義づけを用いる。

下記の図は、フェアクロフが2001年2010年の論考において示した図を、稿者が和訳に伴って一部語を加え修正したものである（Fairclough, 2001: 25）。これに沿ってディスコースとテクスト、さらにはディスコースの三つの次元について見ていく。テクストから構築できる意味を、この三つの次元で考えてみることは、国語科におけるヴィジュアル・リテラシーの学習を検討する際に重要なことである。フェアクロフはディスコースを記号過程における「社会的相互交渉の全プロセス」を含むものとして位置づけている。そしてそのプロセスを、以下の三つの次元に分けている。（図との関係を示すために、図中に以下の三つの次元を(1)～(3)の記号で書き入れてある。）

まず図を示し、その図に沿って、(1)～(3)の順に説明する。

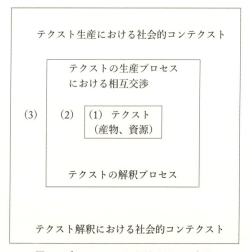

図2　ディスコースにおける三つの次元

(1)は記述ステージで、語彙—文法的資源としてのテクストの次元のことである。

(2)は解釈ステージで、テクストの生産プロセスや解釈プロセスとの相互交渉の次元である。

(3)は説明ステージで、テクスト生産・解釈の過程における社会的条件や

社会的コンテクストとの関係に関わる次元である。

　つまり、ディスコースを社会的記号過程の「産物」として、図2の一番内側の枠組みで見た場合に、それをフェアクロフは書記も口頭も含め「テクストとしてのディスコース」という言い方で示している。これが(1)の「記述ステージ」の次元である。そしてそれを「テクストの産出プロセス」あるいは「解釈プロセス」との相互交渉との関係で、動的に捉えたものを(2)(3)の二つの枠組みに整理して示している(Fairclough, 2001: 162)。(2)の観点から捉えたものを「相互交渉としてのディスコース」、(3)の社会的観点から(2)や(1)との関係を捉えたものを、「コンテクストとしてのディスコース」という言い方で提示している。

　図2を基に他の語で言い換えるならば、(3)は「テクストの産出プロセス」あるいは「解釈プロセス」を、社会的慣習や秩序をも包含する社会的コンテクストとの関係も含んで見たディスコースということになるだろう。そして各々に(2)を「解釈ステージ」の次元、(3)を「説明ステージ」の次元としている。実際にはこれら(1)〜(3)の次元は、有機的に同時的に作用し合っているため、次項の分析も厳密には分けて論じることは難しい。しかし、便宜上三つの次元を意識することは、先にも述べた通り、国語科への応用といった観点からも有効である。

　本節では以上のようなフェアクロフの定義づけに沿い、次項以降はこれら三つのディスコースの次元を意識して、分析や意味構築を行っていく。具体的には、これら三つの次元に沿ってフェアクロフが示している、次の記述を手がかりとして用いていく。

(1) 記述ステージ

　　語彙―文法的資源に関する分析、展開の技法の分析等。

(2) 解釈ステージ

　　産物としてのディスコースと生産プロセス、あるいは解釈プロセスとの相互交渉として、ディスコースをそれらの共有資源と見なすことに関わる分析。

(3) 説明ステージ

　　社会的コンテクストとの関係や、ディスコースの生産・解釈の過程における社会的効果等の分析。

　また、これに伴い前項まで用いてきたテクストという語は、以降三つの次

元を備えているものとして、ディスコースの語に置き換えて用いる。そして各次元を区別する必要がある場合には、適宜図2中に示した(1)～(3)の番号等を用いながら論じていく。

1.5. 3種類のデザイン概念と、ディスコースにおける三つの次元を意識した意味構築

それでは、上で示した枠組み、及びそこで用いられている関連用語を使って、図1で提示したディスコースを、国語科での学習可能性を検討するために分析する。図1で提示したディスコースは、先述したように縦書き横書きの混用や、文字の大小等がデザインされているという点で、マルチモーダルなディスコースと見ることができる。しかし一見すると、その意味は難解な箇所もなく、特別な学習をしないと構築できない意味があるようにも見えない。このような、学習者が日常の社会生活で目にする可能性のあるようなディスコースから、どのような国語科の学習可能性が見えてくるのだろうか。そしてそのために、どのような意味構築の可能性を拓くことができるのだろうか。

1.5.1. 構造の解釈と、読みの道筋

まず全体的な構造から分析してみる。私たちはこのようなディスコースを目にした時、どのように読んでいくのだろうか。一般的に我々は文字で記されたディスコースを読む場合、上から下へあるいは左から右へ向かって読んでいく。しかし、この例に挙げたようなディスコースでは、必ずしもそういった読みの方向性あるいは順で読んでいくわけではないし、その方が理解が促進されるわけでもない。つまり、学校で学んだ文字の読み順は、そのままではあまり役に立たない。

そこで上で示したCDAの〈記述ステージ〉に着目して、(1)としてのディスコースの特徴を分析してみる。このディスコースは、先述のように縦書きと横書きが、一見ランダムに混用・配置されている。しかしよく見ると、中央部に吹き出しがあり、そこにQというアルファベットの文字が書かれていて、吹き出しの中にも文字が書かれている。そこで、こういった(1)としてのディスコースの特徴を使って、〈解釈ステージ〉を意識した分析を行ってみる。私たち日本語が理解できる読み手は、吹き出し内を読むと「どんな

時に『反抗期は大変』と感じますか？」と書いてあるので、質問だということはすぐに理解できる。この過程は、前章まで用いてきた選択体系機能理論の三つのメタ機能を使うと、どのような内容が書いてあるかを意味構築することになるので、観念構成的メタ機能を用いていることになる。しかし私たちが、この部分が全員への中心的な問いかけで、他の部分は全てこれに対する回答であるという問─答え構造でディスコース全体の構造を理解できるのは、この部分が吹き出しに囲まれていたり、中央部に配置されていたり、Qというアイコン的な文字が目立つ色で太く書かれているからである。つまり、今度は三つのメタ機能の内、テクスト形成的メタ機能によって意味を構築していることになる。私たちがこのディスコースを目にした時、問─答構造で読むことができるのは、このように内容によってだけではなく、配置や色、文字の大きさ、アイコン等にマルチモーダルに支えられているからである。そしてこのことは、単に(1)としてのディスコースの特徴からだけではなく、読み手が例えばQというアイコン的な文字が、質問を意味するということを知っているかどうかといった〈解釈ステージ〉の次元における意味の構築ということになる。

　CDAでは、このように吹き出しを見て、この記号のディスコースにおける機能や役割の理解に活用できることを、MR（members' resources）を用いて理解しているという言い方をする。MRとは、フェアクロフによると、次の様に説明される概念枠組みである。「我々は単に発話を『解読する』のではなく、様々なレベルにおいて発話の特徴を長期記憶に貯えてきた表象とマッチさせるという能動的プロセスを経て解釈に到達するのである。これらの表象は極めて多様な事物の集積のためのプロトタイプである。…〔略〕…これらのプロトタイプをまとめて共有資源」としMRと呼ぶことにする (Fairclough, 2001: 11)。

　この「吹き出しの意味や機能」、「Qのディスコース中の機能」がわかること、そして「本来日本語の書記のディスコースは、縦書き横書きどちらかで統一して書かれるのが一般的である」こと等は、現代社会のこの種の記事を読む読者間では共通して保持しているMRであると考えられる。このMRを用いることによって、同時に一覧して見えていたバラバラな情報は、問─答えの構造として私たちを読みの方向に誘ってくれる。

　このように、ディスコースのある特徴によって読み手はある読みの方向性

(あるいは道筋)をたどり読んでいく。このように読み手がディスコースとの相互交渉によってたどり読んでいく道筋のことを、クレス(Kress, 1996)は読みの道筋(reading path)と呼んでいる。そしてこのような意味の構築過程は、〈解釈ステージ〉や〈説明ステージ〉との相互交渉において行われる。

1.5.2. 三つのデザイン概念と意味構築

　もう少しこのディスコースを、レイアウトというテクスト形成的メタ機能の観点から詳しく分析してみよう。このレイアウトは、先述の「Q」のアイコンの配置も含め、クレス(Kress, 2003)によると記号資源であるモードの1種類であると説明されている。このディスコースは前にも触れたように、日本語の特徴である縦書きと横書きが、混ぜて敢えて整然と並べずに配列されて書かれているという特徴を持っている。したがって、この表現の仕方によって幾人かの親たちの声は、整然と順番に述べられているというよりは、座談会風にランダムに話されているのではないかといった読みが誘われる。これは、先述のように日本語には縦書きと横書きがあり、一般的にはどちらかで統一して書くというMRを読み手が持っているためである。この縦書き横書きというレイアウトも、クレスらの言う表現のための視覚的な記号資源の一つである。そして、3章で検討したように、図像テクストにおいて参与要素やその構成素の選択によって意味が構築されるように、書記テクストにおいても同様の選択が行われる。

　この過程を、先に提示した三つのデザイン概念を用いると、次のように説明することができる。縦書き横書きという従来からある書き方の資源を、アベイラブルデザインとして、ディスコースの生産者も読み手も用いている。そして、それらを組み合わせ混用するという新たなデザイニングの過程を経て、新しいタイプの例示に見るディスコース(リデザインド)を生産し、そしてまた、読み手の側も既習の知識やMRを参照・利用して、それに新たな意味を付与するという一種のデザイン活動を行っている。読み手はその過程で、TVのワイドショーなどで観たことのある座談会の座席設定についての既有の知識や経験も使い、ラウンドテーブルのように座って語り合っている様子を、ディスコースに重ね合わせて読む読みも可能となる。そしてこのような過程は、ディスコースの(2)の次元における読み手の「解釈プロセス」との相互交渉だけでなく、それらに影響を与える(3)の社会的コンテクスト

との相互交渉を意識することによって、意味構築をすることができる。

　このように、読み手はディスコースの三つの次元から、読む順序や読み方にまで影響を受ける。縦書きか横書きに統一されたディスコースでは、ほとんどの場合、右から左あるいは上から下に向かって読み手は書かれた時間の順番に読んでいく。しかし例示したような、マルチモーダルなディスコースの場合には、どこから読み始めてどこに向かうかといった読みの順番は、先述の問—答え構造や、座談会風といったディスコースの特徴、②③のディスコースの次元との関係で作られていく。また、書かれた内容からだけでなく、こういったレイアウト等のデザインとの相互交渉から、読み手は逆に書かれている内容の解釈を構築していく面も否めない。例示のディスコースは、その配置等のデザインから、順序立てて一つの結論に向かって集約的に議論されている性質の記事ではないのではないか、という意味構築も行っていく可能性が見える。

1.5.3. モードの転換とマルチモーダルな意味構築

　次にクレスら（Kress & van Leeuwen, 2006）の提示している、目をひく「際立ち」(salience) という第 3 章においても言及した観点から分析する。例示したディスコース（図 1）は、一見してわかるように、何種類かの色で書き分けられている。このことから、読み手は内容からだけでなく、視覚的にもここに記されているディスコースには、一人の人の声ではなく幾人かの親たちの声が表現されているという意味構築が可能となる。読み手の多くは、文字で記されたディスコースは（ジャンルにもよるが）、一般的に同色（主に黒）で統一して書かれることが多いという MR を持っているからである。

　そしてこのディスコースをさらに詳しく見てみると、表現のされ方の特徴によって、読み手がさらに幾つかの読みの方向に影響を受ける箇所を見出すことができる。例えば、このディスコースは色分けされているだけでなく、フォントの太さや文字の大きさも異なっている。しかもディスコース中では、見出し部分以外の箇所の文字が太く、しかも文字自体が大きくなっている。したがって、この場合は所謂見出しやタイトルのような機能を持った太字ではないということが理解できる。そして先述の色から発話者の区分を意味構築したことと関連させ、声の大小や強調点ではないかという意味構築も可能となる。

ここからも読み手は、単に述べられている内容だけでなく、述べている人の声の大きさの違いや、強調して述べている点等も三つのメタ機能の対人的な意味として、同時に考慮するような読みが可能となることが見てとれる。つまり、文字が視覚的にも色や大きさを変えて表現されていることによって、多種類(幾人か)の親たちの大小の声という多声性を読み取る方向に影響を受けているのである。この過程で、読み手は文字の色や大きさ、太さといった視覚的要素から聴覚的な意味構築へとモードの転換を行っている。

1.5.4. 「連帯感」「力関係」の構築

　同ディスコースについて、さらに次の面からの分析も挙げておきたい。表記やことばの選択といった観点からの分析である。

　このディスコースには、「ムッとする」や「カッとする」「イライラ」など、直接的な感情表現をカタカナで表記する方法が取り入れられている。こういった文体や表記が使われていることによって、読み手は対人的メタ機能を使って、ディスコース及びディスコースの生産者が、本音で自分に率直に語りかけてくれていると捉え易くなる。感情を率直な表現で飾らずに表出しているように見えるからである。そしてこういった効果によって、読み手である親の中には、この記事に書かれていることは、子どもの受験を経験したことのある親たちが、自分たちに対して本音で真剣にアドバイスしてくれているのだという信念が無自覚に形成され易くなる。

　また、このディスコースに用いられていることばの選択が、上記の分析と相まって親子の関係性も構築する機能を果たしている。例えばこのディスコースでは、親側から述べられているディスコースに主語がなく、その代わりに「こちら」ということばが多用されている。例えば「<u>こちら</u>からあまり話しかけるのも〔下線は引用者〕」、「<u>こちら</u>が機嫌よく接しても〔下線は引用者〕」などの表現である。ここには他にも「私」や「親の方から」など様々なことばを入れる可能性が考えられる。しかしそれらの中からこのことばを選び反復することによって、現実には存在しない子ども側対親側という二つのグループの対立構造を作り出している。これはCDAの用語で述べると、ディスコースに関与する者相互の社会的な役割＝主体位置の「設定」の問題ということができる。そしてこれは同時に、読み手を「こちら」で表現する親側に組み込んで読ませていく、という対人的機能を果たしていると見

ることができる。ここに、まさにことばの選択・提示による「現実社会の構成」機能や、「読み手の連帯感」を形成するという対人的な機能を見てとることができる。

　さらに、文末の「〜してくれない」といった親からみた子どもの言動に対する否定形表現の繰り返しも特徴的である。この「表現の反復」もCDAの重要な分析手法の一つであり、選択体系機能理論においても、対人的意味を強める要素となっている。この場合には、この表現によって、直接的には語られていない子ども像が、「当然してくれるべきことをせず、親側を拒絶する対象」として、対人的な意味を構築され易くなる。そしてこのことは、子どもの言動に対する親のディスコースに、「緊張感」や「反抗的」といった熟語が使われていることによっても、その手強さや頑なさが強調されていると読むことができる。この熟語の使われている部分には、似た意味の表現や表記が複数ある。例えば、前者には「キンチョー」「トゲトゲした感じ」「身が硬くなるような感じ」等、後者には「はむかうような態度」「素直でない態度」等を入れることもできる。とりわけ日本語は語種や表記の選択・組み合わせができるので、他の言語よりも選択の幅も広い。この日本語表記の選択肢の関係を、第6章で検討した選択体系機能理論のシステムネットワークで書くと次の図3のようになる。

　これらの選択肢の中から「緊張感」や「反抗的」という語種や表記が選択された意味を相対的に検討すると、硬く手強いという思春期の子どもの特徴がより効果的に表現されていると読むことが可能になる。そして親側（あるいは編集者）が、こういった語種や表記を選択することによって、このディスコースは単に親と子という対等な関係ではなく、「拒絶され不安で困惑」させられているという被害者的な一種の「力関係」を表象しているとみることができる。

　このことによって、読み手である親たちは似た質の「連帯感」を持って読みやすくなる。そして「拒絶され不安で困惑」させられている親たちの被害者的なアイデンティティーは、このテクストの読みを通して再生産される。こういった分析や意味構築は、図2で提示した(3)の社会的コンテクストをも含んだ次元で行われる。そしてこのように、(1)〜(3)というディスコースの三つの次元を意識し、マルチモーダルな側面に着目してCDAの分析を行うことによって、次のことが明らかになった。それは、読み手側もそして

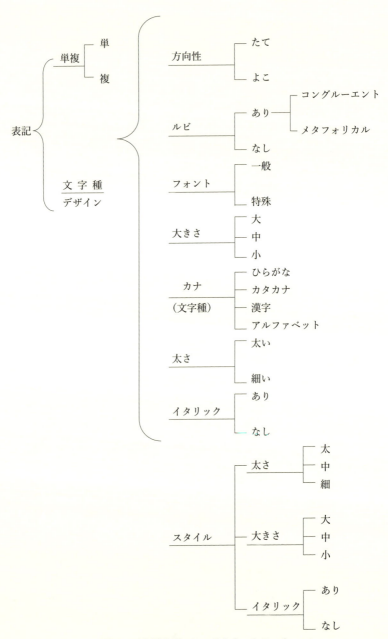

図3　日本語表記のシステムネットワーク

発信者側でさえも、無自覚の内に例示のディスコースで検討したような、「連帯感」や「力関係」、さらにはアイデンティティーや価値等を、やり取りしたり再生産したりしてしまっているということである。

1.6. 国語科の学習への応用可能性

　以上のように、マルチモーダルなディスコースを例示し、ニューロンドン・グループの三つのデザイン概念、及びフェアクロフの提唱する CDA の枠組み、そして本書で整理した枠組みを用いて、そこから構築できる意味を視覚的な側面に焦点化させて分析した。

　そしてそのことによって、一見難解な点のないように見える例示のようなディスコースでも、そこには多層的に読み手を位置づけ、ディスコースに関与する者相互の「力関係」や「連帯感」を誘う仕組みが編み込まれていることを分析することができた。このような学習を今後国語科に応用して導入する必要性を、例示の分析で示すことができたのではないだろうか。

　本節の分析では、CDA の援用可能性を検討するためこのような形で分析を行ったが、学習者に向けては今回の分析を基に、幾つかの要点に絞った発問を構成して行うことも可能である。例えば、ディスコース中の太字の部分を、他の部分に変えた場合、意味構築はどう変わるかを発問することができる。また、熟語の歴史を調べ、近代化における専門用語(例えば反抗期)の表記や機能を議論させる学習も可能である。さらに無自覚だった MR (members' resources)やコード、コンベンションを前景化させる学習も考えられる。主体位置、主語の選択、文末表現の反復等、その社会的文脈における機能を検討する学習への応用は、本節の分析から可能性が拓かれたと考える。

　例えば現行の小学校国語科教科書では、「身の周りのメディアを研究しよう」というコラムで、お菓子の包装紙を持ち寄りそこに書かれた文字やデザインを検討する学習が記載されている(学校図書, 4年下)。そして、その活動では、アルファベットやカタカナで表わされた商品名に、欧米(風)の価値が編み込まれている点や、「濃厚」や「芳醇」などの漢語が高級感を意味構築する機能を果たしている点などが、パッケージの図像との関係で検討されている。この学習材例からも、今後のこの文字テクストの視覚的検討の学習を国語科に導入する方向性が示されている。

　泉子・K. メイナード(2008)は、もはや現代のコミュニケーションが多モー

ドによって実現することを否定することは難しく、「言語表現」が「複合的にどのようにして意味を具現化するか」を分析・検討する学習が必要になってきていると述べている。上で見てきたように、私たちは例に挙げたような日常目にする一片のディスコースを読む際にも、社会的実践の中では、情報をマルチモーダルにそして社会的なコンテクストや価値、力関係の影響を受けて意味を構築しているという学習は重要である。

第2節　図像テクストと文章テクストとの関係からの意味構築
―広告における新たなタイプの写真と文章との関係―

　前節において用いた CDA の分析方法を用いて、もう一例、今度は写真と文章との関係から意味を構築する発展学習の学習材案とその分析例を提示する[1]。

2.1.　バイモーダル・テクストとしての学習材案
　分析に用いるのは、新聞に掲載されていた自動車の広告である（図5）。この広告を本節で使用する理由は、二つある。一つ目は、広告は作成意図が明確で、その意図の下に図像テクストと文章テクストとが対等に意味を構築しているテクストだからである。さらに、二つ目は広告中に使用されている写真が、新たなタイプの図像だからである。前章までは絵本の絵を用いた分析が多かったので、本節では写真を検討する。昨今の写真は、その多くがリタッチと呼ばれる処理を施されたものが多く、後に詳述するように私たちは新たな見方を身につけていく必要がある。
　図4に例示する写真は、周りの状況要素が絵で、二人の参与要素の顔だけが写真になっている例である。
　このことによって、観念構成的には同じ意味だが、周りの状況要素と二人の人への見る者の対人的な「同調の度合い（PATHOS）」は異なる。周りの風景は、何となく昔見た懐かしい風景という意味だが、二人の顔への「同調の度合い」はより強くなり、その組み合わせの感覚を味わう写真となっている。広告は、これまでもメディア・リテラシーの学習において、制作者の意図や、ターゲットとするオーディエンスとの関係で検討されてきた。しか

図4　リタッチされた写真例

し、本節では、これらとは異なる社会・文化的な価値やアイデンティティーの形成・提示といった観点から検討を行う。視覚的な意味構築におけるこういった社会・文化的な価値やアイデンティティーの検討は、先述したように、第2章で整理したヴィジュアル・リテラシー学習の第4段階で検討することが求められている課題である。

2.2. 分析例

それでは、検討に用いる図像テクストを提示し、その後その検討について述べる。検討の順番として、まず、選択体系機能理論におけるテクスト形成的メタ機能の観点からテクスト全体の分析を行う。

図5 車の広告（朝日新聞掲載, 2008.3.7）

　特にテクスト形成的メタ機能の中でも、空間的デザインに着目してこのテクストにおける全体的なレイアウトから分析する。この広告（図5）は真ん中を横断するように、「OMOTENASHI」というキーワードが白抜きの大文字でローマ字によって記載されている。そしてこのキーワードで紙面が上下に分割されている。そこでこの点から検討を述べる。

2.2.1. 2枚の写真をつなぐ機能を果たす言葉

　この上下という空間的な配置関係で表象されている写真と言葉の意味を、中央のキーワード「OMOTENASHI」に着目して、さらに分析する。おもてなしという語は、『広辞苑』第6版によると、元々『落窪物語』や『平家物語』において、「丁寧に扱うこと」、「ご馳走すること」という意味で使われたのが語源となって発達してきた語である。この広告では、この語をテクストの真ん中、見る者の視線の位置に大きく表示していることから、このローマ字で書かれたおもてなしという語が「際立ち」(salience)であり、この

語をキーワードとして現代(広告当時)の日本車が提案する製品イメージを表す概念として用いているととることができる。そしてその意味は、広告下方の自動車の写真の下に文字で書かれている。それによると「おもてなし」とは、「絶妙な心遣い」によって、「くつろぎと期待感に満ちた空間をしつらえ、かけがえのない時間をつくりだすこと」となっている。つまりこの中央のローマ字と、車の写真の下に書かれた文章とは、第5章で整理・提案した枠組み表を用いると「一致性」の「上位―下位関係」と捉えることができる。そして中央にローマ字で書かれた「OMOTENASHI」の下に、おもてなしが「　」で括られてひらがなで書かれ、「『おもてなし』の空間をクルマに。」と添えられている。

　つまり、このことから、このおもてなしという和語をローマ字表記したり、ローマ字とひらがなで併記したりすることによって、昔からの意味を引き継ぎつつ、現代的な新たな概念として再提示しているという意味を構築することができる。このように、日本語では「文字シフト」(岡本，2008：41–44)と呼ばれる、敢えて本来の表記をずらして使用することによる新たな意味構築の可能性を提示する使用法が見られる。文字を視覚的側面から解釈する学習では、この日本語における特徴的な意味の提示法は重要である。

　ここまでを通してこの広告を見ると、これらのことから、この広告の上半分はその(「おもてなし」という)キーワードを図像で表現したもの、そして下半分がそのキーワードを具現化した製品の写真という関係(的意味)が構築できる。この上下に表象されているテクスト相互の関係は、クレスら(Kress & van Leeuwen, 1996)のレイアウトに関する枠組みを用いると、「上方はより抽象的なデザイン、そして下方はその具現化したデザイン」という関係で捉えることができる。つまり下方の車という製品のコンセプトを、上の写真が表象しているという関係になっている。

2.2.2.　「一致性」による社会的価値の意味構築

　次に、上半分の写真を選択体系機能理論を援用した枠組みで分析してみる。特に第4章で整理・提示した観念構成的メタ機能に焦点化させて「参与要素」や「状況要素」、「過程中核部」に着目して検討してみる。すると参与要素として着物を着た女性が右側に確認できる。この女性の年齢層や着物の色や柄、髪型から、第4章で同じく整理した「関係過程」の枠組みで、

他の選択肢との関係において見てみると、次のような意味が構築できる。髪飾りも付けず、無地の深い青の着物に身を包んでいるから清楚、洗練、シンプルといった意味構築が可能となる。

　また過程中核部に着目すると、この女性は正座して微笑んでいる。この姿勢や動作は、この広告が表現したい「おもてなし」の質を表象しているとみることができる。さらに状況要素に着目すると、この参与要素である女性は、床の間があって掛け軸（絵も字も書かれていないシンプルなもの）と一輪差しのある和室にいることがわかる。さらに、その和室は、道具や畳の切り方から、茶室を連想させるという意味構築ができる。しかし、その掛け軸や屏風、ふすま等には、まったく柄や絵は描かれていない。この上の写真は、このように通常見る茶室とは様子が違っていて、初めて見るタイプの写真となっている。このような場合、この写真を現実の類似で見ることは難しいので、新たな見方が必要になる。そこで活用できるのが、前節でも用いた三つのデザイン概念である。この場合①のアベイラブルデザインは、一般的な茶室である。そしてそれを、敢えて一部を②のデザイニングしたのが、この写真の茶室③ということになる。したがって、この敢えてリデザインドされた絵や柄のない屏風やふすま等に、重視されるべき意味が構築できる。そして、それはおそらく「そぎ落とされた」というシンプルさではないだろうか。また、金属を感じさせる近未来的な茶室空間ではないだろうか。つまり、この図像テクストの構成素は、同方向の意味に向かい相互交渉的に「清楚で洗練された」という意味を表象しようとしているのではないかという意味が構築できる。

　さらに文字のデザインに注目すると、ひらがな表記は、明朝体、ローマ字表記はゴシック体で書かれている。明朝体で書かれた「おもてなし」と、ローマ字表記の「OMOTENASHI」とを対比的に読み解くと、ひらがな表記の方が和風で古風なやわらかいイメージが対人的に構築できる。また、ローマ字表記の方は、洋風の新しいスマートなイメージといった差異を、意味構築することができる。そしてこのことから、この自動車はこの和と洋のスマートさという双方の良さを融合させた製品であると意味構築できる。また、広告の商品である車を、本来の漢字表記ではなくあえて「クルマ」とカタカナ表記にしている点も注目できる。日本の現代表記ではカタカナは、外来語や敢えて特別の意味を強調する場合に用いられる。つまり、これらの文

字を本来の表記からあえて違う表記にシフトすることによって、「日本発の価値観＝おもてなし」→「世界へ発信する価値＝OMOTENASHI」＝「新しい日産」が提案する価値という意味を視覚的にも構築しようとしていると見ることができる。

　また、車の写真の下には、"SHIFT_hospitality" と書かれ、「おもてなし」が「hospitality」という英語に訳されている。「シフト」という言葉のみからでも、車の写真からギアチェンジといったシフトも連想できる。そして何をシフトするのかと検討してみると、その下に「ティアナは、おもてなしをシフトする」と書かれている。しかもこの "SHIFT_hospitality" が赤字で書かれており、"SHIFT" は、太字のフォントと強調した書き方になっている。これらは、前節で提示した用語で言うと、「際立ち」である。

　以上の分析を、第5章で提案した表を使って行うならば、図像の部分も文章の部分も同方向の意味を担っているので、「一致性」による「共起関係」ということができる。

2.2.3. 新たな価値の提示とアイデンティティー

　以上、これまで見てきた日本語の文字表記の特徴や図像テクストから、この広告全体のデザインについてどのような意味が構築できるのかを考えてみる。まず、上で述べたように、日本的な価値観である「おもてなし」を世界で通用する価値観へとシフトさせ、それを「OMOTENASHI」とローマ字表記にシフトさせることによって伝えようとしているという意味構築ができる。また、ここにCDAの対比構造の分析を用いると、車という動的で多機能、スピードや効率性を重視する金属製の商品と、畳、掛け軸、一輪差し、着物、茶道といった静的でそぎ落とされたシンプルな美、落ち着いた柔らかなイメージとの対比という意味構築をすることができる。さらに、明朝体で書かれたひらがなと、ゴシック体で書かれたローマ字という2種類の文字の対比によって、ひらがなからは、「和」という意味を構築し、カタカナやローマ字からは、欧米風な意味を構築できると見ることができる。そして前者のひらがなには、上方の和室の写真との視覚的なコンビネーションを通して、「和＝日本」という意味が構築でき、それをローマ字にシフトすることで、その伝える価値観もシフトさせて、同社HPでも説明されているように、「新しい日産」へと「日産自身が変わる」、つまり「アイデンティティー

の変化の表明」を、視覚的なデザインを通して伝えようとしていると見ることができる。

このように、文字や言葉をひらがなからローマ字、日本語(和語)から英語にシフトさせることで、時代の変化に合わせて日本語の表記の多様性を利用し、たくみにアイデンティティーをシフトさせていこうとしているという意味構築が可能になる。つまり、マルチリテラシーズの枠組みを用いるならば、リデザインしていることになる。また、ターゲット・オーディエンスを考えると、先の「おもてなし」の表記方法から、この広告の読み手は車を購入する可能性のある日本人が主なターゲットであることがわかる。つまりこの広告に埋め込まれた意味を理解するのは日本人であり、したがってこの広告においては、日本人に現代社会で新たに提示していく価値を、欧米との関係において形成しているという考え方を意味構築することが可能ではないだろうか。またその根底には、「世界＝英語＝欧米」、「欧米へとシフトすることが発展である」というイデオロギーが編み込まれているという意味構築が可能ではないだろうか。そしてこの広告は、その上に日本で古くから培われてきた特有の「おもてなし」の概念を、現在のグローバリゼーションの火付け役である物質主義や多機能、スピード、効率といった概念に対峙させ提示しているとも意味構築することができる。

第7章小括

以上、第4章・第5章で提示した選択体系機能理論の枠組みを基盤としたSF-MDAや、CDAの手法を用いた分析を、例を挙げて示した。そして、そのことによって、次の3点を具体的に例示し、こういった学習を国語科に導入する必要があることを示した。1点目は、文字で書かれたテクストも視覚的な観点から分析・学習する意義や価値があるという点である。そして2点目は、加工を施された新たなタイプの写真は、新たな見方を必要とし、その過程では、三つのデザイン概念が有用であるということである。そして3点目は、文字の表記を敢えてずらした使用をすることによって、そこに新たな社会・文化的、あるいは歴史的な価値や意味を包含していくことができるという点を、意識化して学習することの重要性である。また、こういった学習材や検討方法を工夫することによって、第2章で整理したヴィジュア

ル・リテラシーの4段目である最終段階の学習につなげていくことができる。そしてそこでは、望まれる社会・文化的な価値やアイデンティティーを取り上げ、検討することができる。以上検討してきたように、図像テクストも文字テクストも、その書記素や形態素、形成素を、選択肢の総体から選択する過程として捉え、その選択や組み合わせの際に、どういった意味が編み込まれ、どういった意味は排除されているのかを、意識化して検討する学習が重要である。そして、こういった検討・学習のためにも、本書で整理・提示した枠組みやその学習が必要である。

注

1) 2節で分析・提示した例は、Okuizumi, K. & Okamoto, N (2013) The creation of new values in Japanese texts through the use of multimodal communication, *Exploring Visual Literacy Inside, Outside and through the Frame*. Oxford: Inter-Disciplinary Press, 59–66. を基に、和訳し本書の枠組みに照らして再構成したものである。

終章　研究の成果と課題

　本書では、国語科の学習において必要なヴィジュアル・リテラシーを探究し、その学習を行うための枠組みを整理・提示するという研究課題を設定して、検討・考察を行ってきた。そしてその結果、次のような成果を得ることができた。その成果を、6点に整理する形で提示する。そして最後に、それらをまとめた考察と、今後への課題を述べる。

第1節　本研究における成果

1.1.　「ヴィジュアル・リテラシー(Visual Literacy)」概念の明確化

　本研究における成果としてまず挙げられるのは、ヴィジュアル・リテラシー(visual literacy)という概念を史的に考察し、その包含内容を明確化したことである。特にこの検討を、関連する先行研究に言及しながら国語科教育の観点から行った。その結果、次のような知見を得ることができた。

　ヴィジュアル・リテラシーという語は、テレビの普及によって、一般市民に視覚的な理解力や吟味力が必要とされるようになった背景の中で、ディブズによって様々な視覚的能力群の基底となる力として定義された。しかし、このディブズの定義の幅広さによって、その後この概念は、多領域において拡張し、現在国際ヴィジュアル・リテラシー学会においても、その解釈や定義が一致を見ていない。

　この語は、日本に紹介される際に、映像リテラシーと訳され、視聴覚教育を中心とする研究において、「映像再認」能力や「順序の再生」能力等として、テレビの学校放送における活用実践の開発と相まって検討されてきた。さらに、この語の包含内容は、「グルンバルト宣言」を経て、「映像への批判的な検討能力」や、作文指導の延長としての「映像を用いた表現能力」も取り込んできた。

国語科教育の文脈では、視覚的テクストを活用した実践は、主に文学的認識との関連で議論されることが多かった。また、その中で視覚的テクストと文字テクストとの相補関係、相乗関係を読む学習の枠組みの開発が国語教育の課題として持ち越されてきた。

　これら第1章の検討から得られた結果によって、国語科学習に必要なヴィジュアル・リテラシーの次のような基盤を確認することができた。それは、この語が登場した時点では、このヴィジュアル・リテラシーとは、テレビや映画といった特定の媒体における視覚的能力ではなく、絵や写真、図といった広く図像テクストの学習で必要となる基盤的な視覚能力群のことであった。

1.2. 英語圏における教育課程の検討から析出したヴィジュアル・リテラシーに求められる4段階

　英語圏における五つの国や州、地域において、母語教育の教育課程に選択され記述されてきたヴィジュアル・リテラシーの内容を検討し、その結果、それらに共通して記述されてきた項目は、4種類の層化された能力群として整理することができることを明らかにした。また、これらの教育過程の記述に影響を与えてきた学問領域の知見とも、これらの層化は整合性をもっていることが確認できた。このことから、ヴィジュアル・リテラシーの教育を行う際、多層的な意味構築を前提として、学習を組む必要があることがわかった。

　また、この4層のヴィジュアル・リテラシーの内、従来からメディア・リテラシー教育で、映像言語として学習されてきた用語は、先の層化の整理の第2段階に集中していることもわかった。そして、第1段階の言語化の段階から、この第2段階への接続、また第2段階から社会・文化的な批評へと向かう第3,4段階への接続において、指導法やそのための枠組みの検討が必要であることがわかった。

　さらに、リテラシー観の変遷という側面から2000年以降英語圏を中心として影響力を持つマルチリテラシーズ研究を背景として、視覚は「モード」という概念で捉え直しをされ、文字で記されたテクストからの意味構築も、言語モード・視覚モード双方から検討の学習が必要であることもわかった。このことによって、従来からの図像テクスト、文章テクストという区分は単純には機能しなくなったことが確認できた。またヴィジュアル・リテラシー

の学習対象にも、文字で記されたテクストが明確に位置づけられた。

　加えて、これらの検討によって、「コード」概念の捉え方も修正が必要であることがわかった。それは、コードを所与の決まりとして憶え適用する学習から、テクストから意味を構築する際の「資源」の一つとして捉え直し、組み合わせたりずらしたりして活用する学習への転換である。このことは、コードを規定している社会的枠組み自体をも吟味の対象として相対化し、現実社会の枠組みを越えたテクストからの意味構築を行うマルチリテラシーズの学力観の捉え直しと連動している。

1.3.　前提とされてきた図像テクストの特徴の修正

　これまで図像テクストからの意味構築の学習が基盤としてきたテクストの特徴についても、以下のような知見を得て、修正する必要があることがわかった。

- 図像テクストは、各要素や部分の和が「連続」的に連なってテクストが構成されているのではなく、多層的で「充満した」「稠密性」を有したテクストである。
- 色や線、形といった「形成素」では、どういった「差異」が有意味と見なされ価値を持つかを検討することが、テクストからの意味構築に関わることが確認できた。
- テクスト中に描きこまれた矢印は、様々な動きや変化、処理過程について意味構築の手立てとなる。
- 上記のような構成要素の特徴に着目することによって、読み手の視線の走査される順序や軌跡は、「読みの道筋」として検討することができる。

　これらの検討によって確認できた上記の点により、1.2 で提示したヴィジュアル・リテラシーの層化における、第1段階の「言語を介した意味構築」の手立てや単位を、選択体系機能理論における過程構成の枠組みを用いて開発できることが明らかになった。また図像テクスト特有の、構成要素間の関係も整理ができたため、図像テクストと文章テクストとの関係から意味を構築するための、枠組み表の開発を行うことができた。

1.4.　**稠密性**という特徴をもった図像テクストからの意味構築の方法の確立

　これまでの検討を基盤として、稠密性という特徴をもった図像テクストか

ら、意味を構築する方法として、「過程構成」という節構造を基本単位とした枠組みを活用した方法を提案した。具体的には、過程構成とは、選択体系機能理論における以下のa～c三つの枠組みを用いて、内的外的に起きている事をすくい取り、その意味を解釈・構築(construe)する枠組みのことであった。その際に用いる三つの枠組みとは、以下の通りである。

 a.「過程中核部(process)」
 b.「参与要素(participant)」
 c.「状況要素(circumstance)」

　また、意味構築した各過程を、次の六つの過程型(process type)に分類する枠組みも提示した。このことによって、見えている物や事が、現象なのか、事物の属性なのか、行為なのかといった質の違いを分け、異なる種類の動詞を活用して意味構築を行う学習が可能となった。そしてそのことによって、各過程に参与している人や物、動物等が、各々その過程において、どういった役割や機能を担っているのかということも明確に意識・検討できるようになった。
　その過程の種類とは、以下の6種類であった。

 物質過程……物の発生、変化等に関わる過程。
 行動過程……心身活動に関わる過程。
 存在過程……物や人の存在に関わる過程。
 関係過程……物や人の同定、属性に関わる過程。
 心理過程……思考、感情等に関わる過程。
 発言過程……発言等に関わる過程。

1.5.「過程」と「過程」との関係を意味構築する枠組みの提案
　前項までの検討や提案を基に、各「過程」と「過程」との関係を意味構築する枠組みについて、先行研究を整理する形でその分類を提示した。その結果、以下のような2種類の「過程」をつなぐ構造が活用できることがわかった。
　その構造とは、次の二つであった。

・「語りや筋を構成する構造(narrative structures)」
・「概念的な構造(conceptual structures)」

さらに、「語りや筋を構成する構造」には、以下の下位構造があることも整理できた。

A.「物語的構造」
B.「転換構造」
C.「双方向構造」

そして、「概念的構造」にも、以下の下位構造があることが整理できた。

D.「分類構造」
E.「全体―部分構造」

さらに、こういった「過程」相互の「関係構造」を分析・整理する延長として、第1章の検討から課題として持ち越されていた図像テクストと文字テクストとの「相補関係、相乗関係を読む指導」の具体的な学習の枠組みも、先行研究を検討して整理・提案することができた。これは、早くから滑川によって、その必要性が提言されながらも、具体的な枠組みや方策が、長い間国語科研究における課題となっていた問題である。また、この整理によって、今後国語科教育において学習する必要のある図像テクストを、整理・選択できる道を開いた。

1.6. ヴィジュアル・リテラシーを育むための有効な学習材案や発問の方策

最後に、ヴィジュアル・リテラシーを育むために有効な学習材やその分析例を開発・提示した。また、そのための発問案といった、実際の学習への活用の展望を示すこともできた。

このことによって、図像テクストに編み込まれている社会・文化的な価値や態度を、クリティカルに吟味する方策の例を示すことができた。その方策の一つが、テクスト生成の過程における「選択」の意味を、「システム・ネットワーク」と呼ばれる図を用いて検討する方法である。

さらにこの中で、選択体系機能理論の枠組みを用いて、テクストを吟味・検討する研究法である批判的談話分析（critical discourse analysis、以下CDAと称す）の手法を援用して、文字で書かれたテクストを視覚的な側面から分析を行う方策も開発・提示した。

第2節　まとめと今後への課題

　以上のように、各章における検討の結果得られた本研究の成果を整理・提示することによって、本研究の課題である現代の国語科教育に求められるヴィジュアル・リテラシーの姿を、より明らかにすることができた。それは、以下のようなリテラシーであると言える。まず図像テクストにおいて表象されている行為や現象、状態を、語彙レベルに留まらず、節構造を有した一つの「過程」として、分析的に言語を介して意味構築できる力ということができる。そしてその各々の「過程」相互が、どういった種類のつながりの構造によって、テクストを構成しているのかを理解できる力でもある。

　また、こういった検討のプロセスで、自分が見ているテクストの形態素や形成素は、どういった選択肢の総体から選ばれた「選択肢」であるのかを考えることができる力も、このリテラシーには含まれる必要があるということもわかった。なぜなら、その「選択」の意味こそが、社会・文化的な価値や態度を示しているということが理解できる必要があるからである。そして、さらにこの過程では、第6章で提示した「インスタンス化」の枠組みを活用して、テクスト中の人物や対象が、何のインスタンス、つまり「自己指示的例示」として示されているのかを、検討することが重要である。この検討によって、まさに第3章で検討した、図像テクストの「自己指示的例示」性という特徴を理解することができる。

　本書で基盤としてきた選択体系機能理論は、同じテクストから、3種類の意味を構築できることを基本原理としている。したがって、以上提示してきた枠組みを活用して、観念構成的な意味だけでなく、対人的な意味、テクスト形成的な意味をも同時に構築できる力が重要である。そしてそのことによって、対人的な意味構築の中で、読み手の「思考や感情をより効果的に駆り立てる」仕組や構成を、意識化できるようになることが望まれる。

　本書では、こういったことを具体的に検討するために、必要な枠組みの整

理や検討・提示を行った。具体的には、図像テクストのどの部分から見始め、どこに向かってどのように視線を操作していったらいいのかという能動的な意味構築の方法も提示した。そして、そのポイントとなるのが、テクスト内で相対的に決めることのできる「際立ち」という概念であることも明らかにした。また、以上のような観点を使って、言葉との組み合わせによって、異なるモード間で意味を構築していく方法も、ヴィジュアル・リテラシーの重要な力として提示した。以上、本書における検討から得られたヴィジュアル・リテラシーの要素を、以下にモデル図として整理して示す。

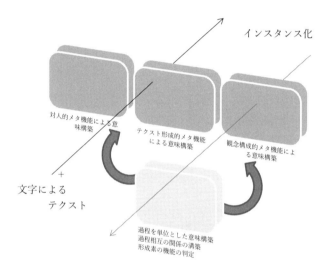

図1　国語科に必要なヴィジュアル・リテラシーのモデル図

　図像テクストは、一見わかりやすく、第3章の教科書の検討でも見たように、低学年の学習者から容易に活用されるテクストでもある。しかしそれだけに、その反面、文章テクストよりもある価値や態度が無自覚に編み込まれやすく、見る側にとっても意識しない限りは、そういった編み込まれた価値や態度に疑問をもたないまま、受容・再生産してしまいやすいテクストでもある。

　言葉の学習の導入や補助教材としてだけでなく、こういった観点から、本研究で整理・提示した選択や、インスタンス化といった枠組みを活用して、上述したような能動的に検討ができる力をつける必要がある。

　また、今回本書では充分に検討できなかった今後への課題もある。それ

は、言語と図像とを組み合わせた混成テクストの種類と、それらの統合的な意味構築の過程やその種類を、より具体的に整理して、学習材とそれを分析する枠組みのセットを提示することである。そういった探究を基に、理科や社会科といった他教科の学習内容との関係で、本研究で提示したヴィジュアル・リテラシーは、どういった学習の基盤を支えることができるのかを、さらに検討・探究していきたいと考えている。

あとがき

　本書は、2016年度に早稲田大学大学院教育学研究科に提出した学位請求論文「国語科教育に求められるヴィジュアル・リテラシーの探究―図像テクストにおける意味構築過程―」に、加除修正を施し刊行したものである。刊行に際しては、2017年度科学研究費補助金研究成果公開促進費（課題番号：17HP5234）の交付を受け、ご支援いただいた。

　本書の各章は、主に次頁に掲げた論文を基に再構成した。また、その各論文は、十数回に及ぶ海外での現地調査や授業観察に支えられている。勿論昨今は、様々な通信技術が発展しているため、海外の研究資料や教育課程は紙媒体でも電子媒体でも容易に入手して読むことができる。しかし、記されている学習内容や教育課程が、実際にどのような年間計画や時間割の中で、どのような学習材を使ってどのように教えられているのかや、新しく導入された学習内容がその国や地域で従来から行われてきた学習内容とどのように関連づけられ整理されようとしているのか、さらには学習者の反応や教師の疑問等は、それらからだけでは読み取ることが難しい。そこで、本書の内容を学位論文にまとめたいと考えた日から、時間が許す限り複数の対象地域を訪問し、できる限り関連する授業を観察させていただき、教師や学習者、教育省の担当者にお話しを伺った。また、一つの国や地域の教育課程やそれに基づく授業を観察・分析させていただく場合には、複数年に渡って経過を観察して検討した。さらに、その特徴を分析する場合には、同じテーマに絞って別の国や地域の状況も調査し、相対的に特徴を分析することを心がけた。

　こういった調査は、勿論訪問先の教師や研究者、教育省等の担当者のネットワークや善意、温かい応援に支えていただかなければ実現しなかった。この場をお借りして、訪問先の記しきれない教師や学習者、研究者、教育省等の担当者の方々に、心からの感謝を申し上げたい。また、これらの調査は、この間次の研究費の支援が無ければ、実現することは難しかった。併せて御

礼を申し上げる。

(1) 2009〜2012 年度　科学研究費補助金・基盤研究(C)
　　　　　　　　　　課題番号：21530999(研究代表者：奥泉香)
(2) 2012〜2015 年度　科学研究費補助金・基盤研究(C)
　　　　　　　　　　課題番号：24531163(研究代表者：奥泉香)
(3) 2015〜2018 年度　科学研究費補助金・基盤研究(C)
　　　　　　　　　　課題番号：16K04709(研究代表者：奥泉香)

上で述べてきたように、本書の各章の初出は、次の通りとなっている。

第 1 章
・「メディア教育、リテラシーにおける実践研究の成果と展望」(2013)『国語科教育学研究の成果と展望Ⅱ』、全国大学国語教育学会、401–408.
・「国語科教育に求められるヴィジュアル・リテラシー概念の検討」(2016)『国語教育史研究』第 16 号、国語教育史学会、20–29.
・「ヴィジュアル・リテラシーと国語科教育」(2017)『月刊国語教育研究』No. 538、日本国語教育学会、28–31.
・How Media Literacy Has Been Perceived by Teachers in Japanese Language Classes —How It Is Described in Research Papers— (2017) *Multidisciplinary Approach to Media Literacy*, International Media Literacy Association.

第 2 章
・「メディア教育における国語科を中心とした相関カリキュラムの意義―西オーストラリア州における教育的インフラストラクチャ―」(2003)『国語科教育』第 54 集、全国大学国語教育学会(奥泉香、中村敦雄、中村純子)、43–50.
・「メディア教育を支える『見ること(viewing)』領域の構造と系統性―西オーストラリア州の場合―」(2004)『千葉敬愛短期大学紀要』第 26 号、65–95.
・「国語科教育で扱うべきビジュアルリテラシーの検討と課題―初等教育段階を中心に―」(2005)『学習院女子大学紀要』第 7 号、83–94.

・「『見ること』の学習を、言語教育に組み込む可能性の検討」(2006)『リテラシーズ 2―ことば・文化・社会の日本語教育へ―』、くろしお出版、37–50.
・「マルチリテラシーズ育成への試み―オーストラリア連邦・Qld 州ニューベーシックスプロジェクトのとり組み―」(2008) 浜本純逸ほか編著『国語教育を国際社会へひらく』渓水社、109–121.

　特に、『国語科教育』第 54 集における論考では、現地調査・分析の段階から中村敦雄氏、中村純子氏、さらには芳野菊子氏に有意義な検討会を通して多くの学びをいただいた。心から感謝を申し上げる。

第 3 章・第 4 章・第 5 章
・「国語科における『絵を読み解く力』の育成―初等教育およびその教員養成課程を視座として―」(2004)『千葉敬愛短期大学紀要』第 26 号(奥泉香、内海紀子、岡田美也子)、33–63.
・「映像テクストの学習を国語科で行うための基礎理論の整理」(2010)『国語科教育』第 68 集、全国大学国語教育学会、11–18.
・「絵とことばの往還的読み直しで、異文化コミュニケーションを考える授業」(2013b)『異文化コミュニケーション能力を問う―超文化コミュニケーション力をめざして』ココ出版、99–122
・「絵本を活用したリテラシー実践へのマルチリテラシーズの影響―オーストラリア連邦 Nsw 州及び Qld 州の調査を例に」(2014)『学習院女子大学紀要』第 16 号、63–72.
・「バイモーダル・テクストとしての絵本研究の変遷―絵と言葉との関係の分析―」(2014)『国語教育史研究』第 14 号、国語教育史学会、41–48.
・「国語科における絵本を活用した意味構築の学習―登場人物の造型を検討する枠組みの整理と発問の開発―」(2015)『国語教育史研究』第 15 号、国語教育史学会、(奥泉香、山元隆春)、1–9.
・「小学校国語科教科書に採択された絵本において学習可能なバイモーダル・テクストの枠組み」(2017)『機能言語学研究』第 9 巻、日本機能言語学会、(奥泉香、水澤祐美子)

　特に、『千葉敬愛短期大学紀要』第 26 号の執筆過程では、内海紀子氏、岡田美也子氏と共に、国語科で活用可能な視覚的学習材について、有意義な

議論を経験させていただいた。また、『国語教育史研究』第15号の執筆過程では、山元隆春氏よりありがたいご示唆・ご助言をいただいた。さらに、『機能言語学研究』第8・9巻の執筆に際しては、水澤祐美子氏より対人的意味構築に関わるアプレイザル理論について、有益なご助言をいただいた。この場をお借りして、上掲の全ての方々に心からの感謝を申し上げる。

第6章
・「文化：文化人類学とことばの教育における文化概念の変遷と現状」（2013）『異文化コミュニケーション能力を問う―超文化コミュニケーション力をめざして』ココ出版，（佐藤慎司、奥泉香、仲潔、熊谷由理），3–31.
・「絵本における登場人物と読み手が織りなす三者関係による対人的な意味の様相」（2015）『機能言語学研究』第8巻，日本機能言語学会，（奥泉香，水澤祐美子），99–113.
・「絵本における見開きを単位とした多層的意味構築の様相」（2015）『PROCEEDINGS OF JASFL』vol. 9，日本機能言語学会，63–76.

　特に、「文化概念の変遷と現状」については、佐藤慎司氏、仲潔氏、熊谷由理氏から、文化人類学的視点に立った的確なご示唆をいただいた。ここに、心からの感謝を申し上げる。

第7章
・「視覚化する書記テクストの学習―批判的談話分析とデザイン概念を援用して―」（2012）『国語科教育』第72集，全国大学国語教育学会，25–32.
・The creation of new values in Japanese texts through the use of multimodal communication, (2013a) *Exploring Visual Literacy Inside, Outside and through the Frame*, Inter-Disciplinary Press Oxford, (Kaori Okuizumi, Noriko Okamoto), 59–66.
・「文字や表記システムと社会的実践としてかかわる」（2017d）『かかわることば―参加し対話する教育・研究へのいざない―』東京大学出版会，85–114.

　特に、オックスフォード大学における上記テーマの発表や、それを基に執筆・投稿を行う過程では、岡本能里子氏と有意義な議論を重ねることができた。改めて、心からの感謝を申し上げる。

さらに、これらの研究成果を学位論文にまとめる過程では、次の先生方に言葉ではお伝えし尽せない程のありがたいご指導と励ましを賜った。浜本純逸先生には、選択体系機能理論を核とした本研究の大きな方向性を拓くご指導を賜った。そして、その理論を読み続け翻訳をまとめていた時期には、金子守先生からわかりづらい箇所への温かいご指摘を度々いただき、麻柄啓一先生からは、心理学の観点からありがたいご助言を賜った。さらに、短い間ではあったが野村敏夫先生には、マルチリテラシーズについての拙論に、ご逝去される直前まで丁寧にご指導をいただいた。今でも先生に頂戴した貴重な本は、研究室の書棚の見やすい位置に置き、度々読み返している。この後なかなか気持ちを立て直すことが難しかった私たち大学院生を、常に温かく町田守弘先生が励まし、論文に向かって精進できるよう助けてくださった。殊に私は研究分野も近いことから、町田先生のご研究からは多くを学ばせていただいた。いよいよ近隣の小中学校に授業観察に通わせていただき、論文にまとめては修正し続けた５年間には、桑原隆先生から丁寧なご指導を賜った。そして、論文を仕上げ提出させていただく最終年度には、幸田国広先生が的確なご指導と論文提出に向けた様々な手続きを、主査としてご指導くださった。幸田先生からいただいた鋭くそして温かいご助言は、今も心にしっかりと残っている。さらにありがたかったことは、桑原先生、町田先生に加え、以前からそのご研究を尊敬申し上げ、多くを学ばせていただいてきた北澤裕先生、和田敦彦先生に、ご審査いただけたことである。このお一人お一人の先生に出逢わせていただけた幸運と、賜ったありがたいご指導に、改めて心から感謝申し上げる。

　最後に、本書の研究のために、オーストラリア連邦・クイーンズランド工科大学に訪問学者として１ヶ月間受け入れてくださり、研究環境や授業観察の機会、教育省の担当者等へのインタビューの機会をお与えくださったアラン・ルーク先生に、心からの感謝を申し上げる。また、同連邦・オーストラリアン・カソリック大学の訪問学者として、１ヶ月間の受け入れをしてくださり、研究環境や授業観察の機会、教育省の担当者等へのインタビューの機会をお与えくださったレン・アンズワース先生にも、改めて心から感謝を申し上げる。

　本書においてこだわり考え続けてきたのは、映像技法や美術的技法の単なる借用・学習ではない、言語教育に必要なヴィジュアル・リテラシーの学習

である。そして、その探究過程において、SF-MDA アプローチに出逢った。今後は、本書で整理・提示した SF-MDA の基盤的枠組みを発展的に活用し、多くの教室で役立つ国語科の学習材開発や、授業方法の提案を行っていきたい。

　最後になってしまったが、本書の刊行は、ひつじ書房の松本功氏、担当の海老澤絵莉氏のご尽力がなければ実現することはできなかった。ここに、改めて心からの感謝を申し上げる。

　2018 年 2 月吉日

奥泉　香

文献

〈邦文献〉

愛知県碧海郡視聴覚ライブラリー(1960)「碧海郡小中学校フィルムライブラリーの活動」『視聴覚教育ハンドブック』25．日本映画教育協会，pp.4–23．

愛知県碧海郡視聴覚ライブラリー(1961)『視聴覚教育ハンドブック』26．日本映画教育協会．

AERA with Kids(2009)秋号，朝日新聞社．

青山由紀(2003)「単元学習から年間計画を作る―単元『まんがをこえた小説』を事例として」『月刊国語教育研究』38．日本国語教育学会，pp.12–17．

青山由紀(2008)「メディアと言葉が行き来する単元の構想『アップとルーズで伝える』(光村四下)を土台として」『月刊国語教育研究』43．日本国語教育学会，pp.10–15．

足立幸子(2005)「マルチリテラシーズ」『月刊国語教育研究』40．日本国語教育学会，pp.46–51．

足立幸子(2007)「初等教育段階における国際読書力調査PIRLSの特徴―他の国際テスト・国内テストとの比較から―」『新潟大学教育人間科学部紀要人文・社会科学編』9–2．pp.171–189．

足立幸子(2008)「マルチリテラシーズ教育を実現するカリキュラムの構成」桑原隆(編)『新しい時代のリテラシー教育』．東洋館出版，pp.166–182．

足立淳(2010)「成城小学校におけるドルトン・プラン受容をめぐる対立の構造」『教育方法学研究』35．日本教育方法学会，pp.105–115．

安野光雅(1977)『旅の絵本』．福音館書店．

石附実，笹森健(2001)『オーストラリア・ニュージーランドの教育』．東信堂．

市川真文(2002)「メディアの利用と教育の研究史」『国語科教育学研究の成果と展望』．明治図書出版，pp.388–340．

井上尚美(編集代表)(2003)『国語科メディア教育への挑戦』第1巻～第4巻．明治図書出版．

井上尚美，中村敦雄(2001)『メディア・リテラシーを育てる国語の授業』．明治図書出版．

岩崎ゆう子，遠藤晴子(2005)「フランスにおける映画教育」『諸外国及びわが国における「映画教育」に関する調査―中間報告書―』．財団法人国際文化交流推進協会，pp.15–67．

入部明子(2005)「マルチリテラシー」『月刊国語教育研究』40．日本国語教育学会，pp.30–34．

岩永正史(2004)「メディアリテラシー、とくに学習者の実態に即した批判的思考の指導をどのように行うか」『月刊国語教育研究』39．日本国語教育学会，pp.4-9．

岩本憲児(2002)『幻灯の世紀―映画前夜の視覚文化史』．森話社．

イーザー，W.，轡田収(訳)(1982)『行為としての読書―美的作用の理論―』．岩波書店．

ウィズナー，D.(1993)『1999年6月29日』．BL出版．

ヴォダック，R.，マイヤー，M.，野呂香代子(監訳)(2010)『批判的談話分析入門』．三元社．

宇川勝美(1980)「映像教育の系譜」『映像と教育』．「映像と教育」研究集団(編)，日本放送教育協会，pp.59-89．

浮橋康彦(1988)「国語教育のための『映像』の基礎論」『国語科教育』35．全国大学国語教育学会，pp.3-11．

ウッドソン，J.(文)，E.B.ルイス(絵)，さくまゆみこ(訳)(2010)『むこうがわのあのこ』．光村教育図書．

ウッドフォード，S.，高橋裕子(訳)(2007)『絵画の見方』ミュージアム図書，pp.54-68．

有働玲子(2012)「教材『スイミー』の指導の一考察：挿絵の意義について」『解釈』58(5・6)．解釈学会，pp.53-60．

遠藤瑛子(2003)『人を育てることばの力』．溪水社．

エーコ，U.，池上嘉彦(訳)(2013)『記号論Ⅰ』．岩波書店．

エーコ，U.，池上嘉彦(訳)(2013)『記号論Ⅱ』．岩波書店．

大内茂男(1963)「欧米における映像教育の現状」『視聴覚教育研究集録』10．国際基督教大学視聴覚教育研究室，pp.39-47．

大内善一(2003)「国語科メディア教育の授業」井上尚美(編集代表)『国語科メディア教育への挑戦』第3巻．明治図書出版，pp.238-259．

大河原忠蔵(1970)『状況認識の文字教育』．明治図書出版．

大野連太郎(編著)(1960)『視聴覚教育ハンドブック』30．日本映画教育協会．

大野木裕明(2002)「メディアリテラシー関連教材(小学校国語科)の内容分析」『福井大学教育地域科学部紀要』第Ⅳ部，教育科学58, pp.21-55．

大森修(1994)『描写力を鍛える』．明治図書出版．

小笠原喜康(2003)『Peirce記号論によるVisual記号の概念再構成とその教育的意義』．紫峰図書．

岡田晋(1987)『映画学から映像学へ』．九州大学出版会．

岡部昌樹，村井万寿夫(2012)『メディアリテラシーの再考』科学研究費補助金(課題番号：21500961)成果冊子，pp.12-13．

岡本能里子(2004)「メディアが創るヒーロー―大リーガー松井秀喜」『メディアとことば

1』．ひつじ書房，pp.26–55.
岡本能里子（2008）「日本語のビジュアル・グラマーを読み解く」『メディアとことば3』．ひつじ書房，pp.26–55.
奥泉香（2004）「メディア教育を支える『見ること（Viewing）』領域の構造と系統性―西オーストラリア州の場合―」『千葉敬愛短期大学紀要』26, pp.65–95.
奥泉香，中村敦雄，中村純子（2004）「メディア教育における国語科を中心とした相関カリキュラムの意義―西オーストラリア（WA）州における教育的インフラストラクチャー―」『国語科教育』54. 全国大学国語教育学会，pp.43–50.
奥泉香，内海紀子，岡田美也子（2004）「国語科における『絵を読み解く力』の育成―初等教育およびその教員養成課程を視座として」『千葉敬愛短期大学紀要』26, pp.33–63.
奥泉香（2005）「国語科で扱うべきビジュアルリテラシーの検討と課題」『学習院女子大学紀要』7, pp.83–94.
奥泉香（2006）「『見ること』の学習を、言語教育に組み込む可能性の検討」『リテラシーズ2―ことば・文化・社会の日本語教育へ―』．リテラシーズ研究会編，くろしお出版，pp.37–49.
奥泉香（2010）「映像テクストの学習を国語科で行うための基礎理論の整理」『国語科教育』68. 全国大学国語教育学会，pp.11–18.
奥泉香（編著）（2015）『メディア・リテラシーの教育―理論と実践の歩み―』．溪水社.
小津安二郎（1989）「映画の文法」（初出『月刊スクリーン・ステージ』第一号．1947）田中真澄（編）『小津安二郎戦後語録集成』．フィルムアート社.
オールズバーグ，C., 村上春樹（訳）（1994）『まさ夢いちじく』．河出書房新社.
オング，W., 桜井直文ほか（訳）（1991）『声の文化と文字の文化』．藤原書店.
海後宗臣，仲新（1979/1990）『近代日本の教育』．東京書籍.
鏡澄夫（2003）「パンフレットで学校紹介」井上尚美（編集代表）『国語科メディア教育への挑戦』第4巻．明治図書出版，pp.205–218.
加賀美久男（2004）「批判力を育てるメディアリテラシー―ホームページの読みと資料の価値を探る―」『月刊国語教育研究』39. 日本国語教育学会，pp.10–15.
金子守（1999）『総合的学習に生きる広告の読み方・生かし方』．東洋館出版.
門倉正美（2007）「リテラシーズとしての〈視読解〉―『図解』を手始めとして」『リテラシーズ3―ことば・文化・社会の日本語教育へ―』．リテラシーズ研究会編，くろしお出版，pp.3–18.
上條晴夫（1990）『見たこと作文でふしぎ発見』．学事出版.
カメラ映像機器工業会（2017）『遊ぼう！写真はことば』．

川上春男(1968)『映像教育論』法政大学出版局, pp.48-51, pp.75-77, pp.114-123.
川瀬淳子(2002)「『ドラマ・映画』の戦略・レトリックと言語技術教育」佐藤洋一(編著)『実践・国語科から展開するメディア・リテラシー教育』. 明治図書出版, pp.118-139.
菊池久一(1995)『〈識字〉の構造』. 劉草書房.
北澤裕(2005)『視覚とヴァーチャルな世界』. 世界思想社.
京野真樹(2001)「卒業記念映画『6年C組ズッコケ一家』を制作する—キャラクターの構想やシナリオ作成における国語科的な学習(小6)」井上尚美, 中村敦雄(編)『メディア・リテラシーを育てる国語の授業』. 明治図書出版, pp.62-78.
草野十四朗(2002)「時事問題で批判的思考力を育てる」浜本純逸・由井はるみ(編著)『国語科でできるメディアリテラシー学習』. 明治図書出版.
草部典一(1970)『新しい状況のなかの国語教育:「言語と映像」の問題を中心に』『静岡大学教育学部研究報告』2, pp.97-103.
グッドマン, N., 海老根宏ほか(訳)(1987)「ねじ曲げられた話」ミッチェル, W.J.T.(編)『物語について』. 平凡社, pp.172-173.
グッドマン, E., エルギン, C.Z., 菅野盾樹(訳)(2001)『記号主義』. みすず書房.
工藤浩(2016)『副詞と文』. ひつじ書房.
クリステヴァ, J., 谷口勇, 枝川昌雄(訳)(1983)『ことば、この未知なるもの—記号論への招待』. 国文社.
栗原裕一(2003)「学校の『お隣さん』いらっしゃい—ポスターを使って自己評価能力を高める」. 井上尚美(編集代表)『国語科メディア教育への挑戦』第3巻. 明治図書出版, pp.21-42.
黒尾敏(2003)「どんな家を買おうかな?—不動産広告(新聞の折り込みチラシ)から時代を読み解く(中三)—」井上尚美(編集代表)『国語科メディア教育への挑戦』第4巻. 明治図書出版, pp.146-162.
桑原隆(1997)「言語環境の変化と国語教育の課題」『国語科教育』43. 全国大学国語教育学会, p4.
幸田国広(2003)「状況認識の文学教育における映像理論の特性—文学教育とメディア・リテラシーの交差—」『早稲田大学大学院教育学研究科紀要別冊』11-1. pp.33-44.
光野公司郎(2002)「国語科教育におけるメディア・リテラシー教育—説明的文章指導においての批判的思考力育成の実践を中心に—」『国語科教育』52. 全国大学国語教育, pp.56-63.
国立教育政策研究所(編)(2004)『生きるための知識と技能—OECD生徒の学習到達度調査(PISA)2』. ぎょうせい.

国立教育政策研究所(編)(2010)『生きるための知識と技能―OECD 生徒の学習到達度調査(PISA)4』. 明石書店, p.34.

国立教育政策研究所(2014)『PISA2013 年調査評価の枠組み OECD 生徒の学習到達度調査』. ぎょうせい.

輿水実(1962)「ことばの悲劇から解放されるために(特集・ことばの悲・喜劇)」『言語生活』131. 筑摩書房, pp.16–23.

財団法人国際文化交流推進協会(2003)『諸外国及びわが国における「映画教育」に関する調査中間報告』. コミュニティシネマ支援センター.

財団法人国際文化交流推進協会(2005)『諸外国及びわが国における「映画教育」に関する調査最終報告』. コミュニティシネマ支援センター.

坂口京子(2009)『戦後新教育における経験主義国語教育の研究―経験主義教育観の摂取と実践的理解の過程―』. 風間書房.

佐賀啓男(1984)「視覚リテラシーのカリキュラム」『視聴覚教育』3817. 日本視聴覚教育協会, pp.40–41.

佐賀啓男(編著)(2002)『視聴覚メディアと教育』. 樹村房, p.1, pp.12–16, 27–54, 63–75.

坂本まゆみ(2002)「批判的に『読む』力を育てる試み―中学 2 年単元　マスメディアを読み解く―」『月刊国語教育研究』37. 日本国語教育学会, pp.16–21.

左近妙子(2002)「『ジェンダー』と情報リテラシーの基礎・基本」佐藤洋一(編著)『実践・国語科から展開するメディア・リテラシー教育』. 明治図書出版, pp.197–218.

佐藤学(2003)「リテラシーの概念とその再定義」『教育学研究』70(3). 日本教育学会, pp.292–301.

佐藤洋一(2002)『実践：国語科から展開するメディア・リテラシー教育』. 明治図書出版.

佐野大樹(2012)『日本語アプレイザル評価表現辞書―態度評価編―』国立国語研究所コーパス開発センター.

三森ゆりか(1996)『言語技術教育の体系と指導内容』. 明治図書出版.

三森ゆりか(2002)『絵本で育てる情報分析力』. 一声社.

ジアネッティ, R., 堤和子, 増田珠子, 堤龍一郎(訳)(2003)『映画技法のリテラシー』. フィルムアート社.

鹿内信善(2003)『やる気をひきだす看図作文の授業』. 春風社.

鹿内信善(2007)『「創造的読み」の支援方法に関する研究』. 風間書房.

品川孝子(2003)「ヒット商品つくります」井上尚美(編集代表)『国語科メディア教育への挑戦』第 2 巻. 明治図書出版, pp.35–58.

ジョーダン, B., 藤本朝巳(訳)(2002)「いたずらかごほうびか、絵本と喜劇の形式」. ワトソン, V., スタイルズ, M.(編)『子どもはどのように絵本を読むのか』. 柏書房.

鈴木敬司 (1989)「『絵本』への問いかけ」『月刊国語教育研究』205．日本国語教育学会，pp.3–7．

鈴木みどり (編) (1997)『メディア・リテラシーを学ぶ人のために』．世界思想社．

鈴木雄一郎 (2003)「シナリオ教材でバーチャル・オーディション」井上尚美 (編集代表)『国語科メディア教育への挑戦』第3巻．明治図書出版，pp.66–84．

スタム，R. ほか，丸山修他 (訳) (2006)『映画記号論入門』．松柏社．

砂川誠司 (2009)「メディア・リテラシーの授業における感情を伴う〈振り返り〉の必要性―D. Buckingham の学習モデルの検討を通じて―」『国語科教育』66．全国大学国語教育学会，pp.35–42．

泉子・K・メイナード (2008)『マルチジャンル談話論』．くろしお出版．

全国 (韓国) 国語教師協会メディア研究部 (2009)『国語の時間におけるメディアの読み』．

ソシュール，F.，松澤和宏 (訳) (2013)『フェルディナン・ド・ソシュール「一般言語学」著作集1』．岩波書店．

瀧口美絵 (2009)「昭和戦前期における国語科と映画教育の問題：1930年代の映画教育史の議論に注目して」『国語科教育』6．全国大学国語教育学会，pp.19–26．

竹川慎哉 (2010)『批判的リテラシーの教育』．明石書店．

立川健二 (2007)「言語学名著再読：イェルムスレウ『言語理論の確立をめぐって』」『言語』36(6)．大修館書店，pp.86–91．

田中純 (2001)『アビ・ヴァールブルク記憶の迷宮』青土社．

田中潤一 (2011)「直観教授の意義と方法―コメニウス・ペスタロッチーからディルタイへ―」『佛教大学教育学部学会紀要』10．佛教大学教育学部学会．

田中純一郎 (1979)『日本映画発達史』．蝸牛社．

ダニエル，A.，岩本憲児，出口丈人 (訳) (1994)『映画の文法　実作品にみる撮影と編集の技報』．紀伊國屋書店．

谷本誠剛，灰島かり (2006)『絵本をひらく』．人文書院．

タン，S.，岸本佐知子 (訳) (2012)『ロスト・シング』．河出書房新社．

塚田泰彦 (1999)「学習者のテクスト表現過程を支える21世紀のパラダイム」『国語科教育』46．全国大学国語教育学会，pp.8–9．

筒井頼子 (文)，林明子 (絵) (1989)『とんことり』．福音館書店．

寺田守 (2006)「大学教養教育科目におけるメディアリテラシー教育の実践『父と娘 Father and Daughter』のナレーション作りの考察を中心に」『国語科教育』60．全国大学国語教育学会，pp.29–36．

デール，E.，有光成徳 (訳) (1950)『学習指導における聴視覚的方法』．政経タイムズ社出版部．

デール，E., 西本三十二(訳)(1957)『デールの視聴覚教育』. 日本放送教育協会, p.35.
登川直樹, 主原正夫(1961)「映画教育の現状と将来」『視聴覚教育ハンドブック』36. 日本映画教育協会, pp.42–50.
トドロフ，T., 及川馥ほか(訳)(1991)『批評の批評』. 法政大学出版局.
トドロフ，T., 三好郁朗(訳)(1999)『幻想文学論序説』(創元ライブラリ). 東京創元社.
ドミニク，S., ライチェン，L., サルガニク，H.(2006), 立田慶裕(監訳)『キー・コンピテンシー(国際標準の学力をめざして)』. 明石書店, p.202.
ドゥーナン，J., 正置友子, 灰島かり, 川端有子訳(2013)『絵本の絵を読む』. 玉川大学出版部.
中川素子ほか(編)(2011)『絵本の事典』. 朝倉書店.
中橋雄, 水越敏行(2003)「メディア・リテラシーの構成要素と実践事例分析」『日本教育工学雑誌』. 27(Suppl.). 日本教育工学会, pp.41–44.
中村敦雄(2004a)「メディア教育における到達点と課題：カナダオンタリオ州・11学年の事例を中心に」『学芸国語国文学』36. 東京学芸大学学芸国語国文学会, pp.1–13.
中村敦雄(2004b)「ポスト産業社会におけるリテラシー」『国語科教育』57. 全国大学国語教育学会, pp.44–51.
中村敦雄(2005)「メディアの学習(メディア教育／メディア・リテラシー)」『言語技術教育』14. 言語技術教育学会, pp.41–46.
中村敦雄(2009)「読解リテラシーの現代的位相 PISA2000/2003/2006の理論的根拠に関する一考察—」『国語科教育』64. 全国大学国語教育学会, pp.27–34.
中村純子(2002)「映像を読み解く」『日本語学』21(12). 明治書院, pp.38–47.
中村純子(2003)「君が報道カメラマン！ 取材カメラをかついでどこへ行くか？」井上尚美(編集代表)『国語科メディア教育への挑戦』第4巻. 明治図書出版, pp.62–78.
名取洋之助(1963/2006)『写真の読み方』岩波書店.
滑川道夫(1979)『映像時代の読書と教育』. 国土社.
滑川道夫(1989)「絵本を読む機能」『月刊国語教育研究』205. 日本国語教育学会, p.1.
鳴島甫(1989)「絵本をよむ」『月刊国語教育研究』205, 日本国語教育学会, p.2.
ニコラエヴァ，M., スコット，C., 川端有子, 南隆太(訳)(2011)『絵本の力学』. 玉川大学出版部.
西尾実(1938)「映画と国語教育」『教材映画』11月号. 十六ミリ映画普及の会, p.9.(『西尾実国語教育全集 第二巻』(1974)教育出版, pp.374–379. 所収).
日本映画教育協会(1961)『視聴覚教育ハンドブック』37. 日本映画教育協会.
野呂香代子, 山下仁(編著)(2001)『「正しさ」への問い 批判的社会言語学の試み』. 三元社.

橋本美保(2004)「近代日本におけるカリキュラムの二重性にみる日本型潜在的カリキュラム」『Forum on Modern Education』13, pp.123–133.

羽田潤(2003)「オックスフォード大学出版局刊のメディア・ミックス型国語教科書"Mixed Media"の考察」『国語科教育』53. 全国大学国語教育学会, pp.10–17.

羽田潤(2008)『国語科教育における動画リテラシー教授法の研究』. 溪水社.

波多野完治(1975)「映像メディアと文字メディアの相違」『波多野完治国語教育著作集 下』. 明治図書出版.

浜野保樹(1982)「映像リテラシー研究の動向」『国際基督教大学学報. I-A, 教育研究』24, 203–221.

浜本純逸(1987)『教科研究国語』88. 学校図書, p.23.

浜本純逸(1996)『国語科教育論』. 溪水社.

浜本純逸, 由井はるみ(2002)『国語科でできるメディアリテラシー学習』. 明治図書出版.

浜本純逸(2006)『国語科教育論改訂版』. 溪水社.

パノフスキー, E., 浅野徹ほか(訳)(1939)『イコノロジー研究―ルネサンス美術における人文主義の諸テーマ』. 美術出版社.

パノフスキー, E., 鈴木聡(訳)(2002)『イコノロジー研究〈上〉』. ちくま学芸文庫.

早川知江, 佐野大樹, 水澤祐美子, 伊藤紀子(2011)「機能文法における節境界の問題と認定基準の提案」『機能言語学研究』6. 日本機能言語学会, pp.17–58.

ハリデー, M. A. K., 山口登, 筧壽雄(訳)(2003)『機能文法概説―ハリデー理論への誘い―』. くろしお出版.

バルト, R., 篠沢秀夫(訳)(1967)『神話作用』. 現代思潮新社, pp.178–189.

バルト, R., 沢崎浩平(訳)(1984)『第三の意味 映像と演劇と音楽と』. みすず書房.

バルト, R., 花輪光訳(1985)『明るい部屋 写真についての覚書』. みすず書房.

バルト, R., 蓮實重彥, 杉本紀子(訳)(2005)『映像の修辞学』. ちくま学芸文庫.

バルト, R., 石川美子(訳)(2008)『零度のエクリチュール 新版』. みすず書房.

パース, C.S., 米盛裕二(訳)(1981)『パースの記号学』. 勁草書房.

比留間太白(2012)「マルチモーダル心理学の構想」『關西大學文學論集』62(3), pp.1–20.

フェアクロー, N., 貫井孝典(監訳)(2008)『言語とパワー』. 大阪教育図書.

府川源一郎(1990)「大河原忠蔵の文学・映像教育理論の検討―『惨憺たるあんこう』の場合(大河原忠蔵教授退官記念号)」『奈良教育大学国文』13. 奈良教育大学国文学会, pp.32–39.

府川源一郎(2016)「子ども読み物と国語教科書の交流史―明治期の『お話』をめぐる四人の仕事―」『児童文学研究』48. 日本児童文学学会.

藤岡忠信(1960)「視聴覚的方法による公民館活動の実態」『視聴覚教育ハンドブック』

24．日本映画教育協会，pp.20–73．

藤川大祐（2000）『メディアリテラシー教育の実践事例集：情報学習の新展開』．学事出版．

藤本朝巳（1999）『絵本はいかに描かれるか（表現の秘密）』．日本エディタースクール出版社．

藤本朝巳（2007）『絵本のしくみを考える』．日本エディタースクール出版部．

藤森裕治（1998）「国語科学習材の概念規定に関する一考察」『国語科教育』45．全国大学国語教育学会，pp.102–99．

藤森裕治（2003）「国語科教育における映像メディアの教育内容―メディア・リテラシーの視点から」『国語科教育』53．全国大学国語教育学会，pp.18–25．

藤森裕治，奥泉香（2007）「国語科における見ることの整理」『科学研究費補助金成果報告書：高度情報化社会を志向したメディア・リテラシー教育』（代表：中村敦雄），pp.19–41．

ブラウン，A.，山下明生（訳）（1985）『すきですゴリラ』．あかね書房．

ブラウン，A.，藤本朝巳（訳）（2003）『ZOO』．平凡社．

フルッサー，V.，深川雅文（訳），室井尚（解説）（1999）『写真の哲学のために』．勁草書房．

前田愛（1988）『文学テクスト入門』．筑摩書房，pp.179–182．

マクラウド，S.，岡田斗司夫（訳）（1998）『マンガ学』．美術出版社．

マクルーハン，M.，栗原裕，河本仲聖（訳）（1987）『メディア論』．みすず書房．

マルティネ，A.，泉井久之助（監訳）（1971）『近代言語学体系1　言語の本質』．紀伊国屋書店．

増田三良（1950）『国語カリキュラムの基本問題』．誠文堂新光社．

町田守弘（1990）『授業を開く―【出会い】の国語教育』．三省堂．

町田守弘（1995）『授業を創る―【挑発】する国語教育』．三省堂．

町田守弘（1999）「国語教育の戦略―『境界線上の教材』による授業改革論」『月刊国語教育研究』34．日本国語教育学会．

町田守弘（2001）「漫画を用いた授業の戦略―ストーリー漫画教材化の試み」『国語教育の戦略』．東洋館出版社．

町田守弘（2004）「言語と映像の接点を探る―国語科メディア・リテラシー教育の一環として」『月刊国語教育研究』39．日本国語教育学会．

松山雅子（1996）「現代の言語環境と国語教育」『国語科教育』43．全国大学国語教育学会，pp.9–14．

松山雅子（2004）「"The National Literacy Strategy"の基礎研究：文学テクストを軸としたリテラシー指導法略指針を中心に」『国語科教育研究』107．全国大学国語教育学会，pp.125–128．

松山雅子(2005a)『自己認識としてのメディア・リテラシーⅠ』．教育出版．
松山雅子(2005b)「読み手が自己決定を迫られる瞬間」『月刊国語教育研究』40．日本国語教育学会，pp.4-9．
松山雅子(2008a)『自己認識としてのメディア・リテラシーⅡ』．教育出版．
松山雅子(2008b)「読む書き言葉と見る書き言葉」『月刊国語教育研究』437．日本国語教育学会，pp4-9．
水越敏行(1979)『授業改善の視点と方法』．明治図書，pp.21-64．
水野美鈴(2001)「広告を題材にして意見文を書く」井上尚美，中村敦雄(編著)『メディア・リテラシーを育てる国語の授業』．明治図書出版，pp.79-91．
ミッチェル，W，J，T．，藤巻明，鈴木聡(訳)(1992)『イコノロジー』．勁草書房．
三宅正太郎，小寺英雄，神月宏(1984)「映像視聴能力の評価に関する実証的研究―『説明文』的映像と『物語文』的映像を利用して―」『視聴覚教育研究』13・14(合併号)，pp.17-34．
村田夏子(1999)『読書の心理学』．サイエンス社．
村山匡一郎(2006)「日本の映画教育の歴史『視覚』と『触覚』をめぐる言説とメディアのインターフェースに関する研究」国際文化交流推進協会(学術振興会科学研究費基盤研究C　2007-2009)．
モナコ，J．，岩本憲児(訳)(1983)『映画の教科書―どのように映画を読むか』．フィルムアート社．
柳澤浩哉(2008)「映画の文法から映画を読み解く―『花とアリス』を事例に―」桑原隆(編)『新しい時代のリテラシー教育』．東洋館出版，pp.234-244．
山内祐平(2003)『デジタル社会のリテラシー』．岩波書店．
山室和也(2004)「就学前児童の文法意識形成と絵本との関わり」『月刊国語教育研究』387．日本国語教育学会，pp.48-53．
山元隆春ほか(2003)「小・中国語における基礎・基本の指導と総合単元づくりとのかかわりに関する研究(4)メディアリテラシーの育成を想定した中高一貫の国語科単元づくりの試み」『広島大学学部・附属学校共同研究紀要』32．広島大学教育学部，pp.143-150．
山元隆春(2005)『文学教育基礎論の構築』．溪水社．
山元隆春(2011)「ポストモダン絵本論からみた文学教育の可能性」『国語教育研究』52．全国大学国語教育学会，pp.72-93．
山本忠敬(1988)『ブルドーザとなかまたち』．福音館書店．
余郷裕次(2004)「絵本とその読み聞かせによる国語学習の改革」『月刊国語教育研究』387．日本国語教育学会，pp.4-9．

余郷裕次(2006)「絵本モンタージュの研究」『月刊国語教育研究』410．日本国語教育学会，pp.46–53．
余郷裕次(2009)「島田ゆか絵本作品バムケロシリーズの研究Ⅲ」『全国大学国語教育学会発表資料集』．全国大学国語教育学会，pp.254–257．
余郷裕次(2010)『絵本のひみつ』．徳島新聞社編集局情報出版部．
余郷裕次(2011)「ことばの力を育てる絵本と国語教育」『全国大学国語教育学会発表資料集』．pp.3–4．
横田経一郎(2000)「ホームページ『馬来田のよさ再発見』をつくろう」『月刊国語教育研究』35．日本国語教育学会，pp.40–45．
吉田貞介(編著)(1985a)『映像時代の教育』．日本放送教育協会．
吉田貞介(編著)(1985b)『映像を生かした環境教育』．日本放送教育協会．
吉野秀幸(2003)「『感情の教育』から『ヴィジョンの教育』へ―S. K. ランガーが言い残したこと―」『大阪教育大学紀要』第Ⅰ部門人文科学 52(1)，pp.39–51．
ランガー，S.K., 大久保直幹ほか(訳)(1987)『感情と形式』．太陽社．
ランビリー，E.L., 大澤千加(訳)(2011)『名画で遊ぶ あそびじゅつ！』．長崎出版．
リチャードソン，J., 岩坂彰(訳)(1999)『美術館へようこそ―ロンドンナショナル・ギャラリーの名画に学ぶ絵の見方・楽しみ方12のポイント』．BL出版．
リン・レイ，M(文)，クーニー，B.(絵)，掛川恭子(訳)(2000)『満月をまって』．あすなろ書房．
若桑みどり(1993)『絵画を読む イコノロジー入門』．日本放送出版協会．
和田敦彦(1997)『読むということ』．ひつじ書房．
和田敦彦(2002)『メディアの中の読者―読書論の現在』．ひつじ書房．

『新しい国語』1(721)東京書籍，2015．
『新しい国語』2(821)東京書籍，2015．
『新しい国語』3(921)東京書籍，2015．
『こくご一下』(140)光村図書，2015．
『国語四下』(440)光村図書，2015．
『みんなとまなぶ しょうがっこうこくご 一ねん下』(134)学校図書．
『みんなと学ぶ 小学校国語 四年上』(433)学校図書，2015．
『みんなと学ぶ 小学校国語 四年下』(434)学校図書，2015．
『みんなと学ぶ 小学校国語 五年下』(534)学校図書，2015．
『みんなと学ぶ 小学校国語 六年下』(634)学校図書，2015．

〈欧文献〉

Amey, L. J. (1972) *Visual Literacy: Implications for the Production of Children's Television Programmes*. Georgia: Vine press.

Anstey, M. & Bull, G. (2000) *The Literacy Labyrinth*, Sydney: Pearson Education Australia.

Anstey, M. (2002) It'not all black and white, *Journal of Adolescent and adult Literacy*, 6–45.

Anstey, M. & Bull, G. (2004) *Language and Literacy education*, Oxford: Polity Press.

Arnheim, R. (1969) *Visual thinking*. Berkyley. CA: University of California Press.

Beauchamp, D. G. (1994) *Visual Literacy in the Digital Age*, New York: Intl Visual Literacy Assn.

BFI (2001). *Story Shorts a resource for Key Stage 2 Literacy*, London: bfi Education, 12.

BFI (2005, 2007) Teaching Analysis of Film Language, London: bfi Education, 32–33.

Braden, R. A. & Hortin, J. A. (1981) *Identifying the theoretical foundations of visual literacy*. Paper presented at 13th Annual Conference on Visual Literacy, October 31-November 3, Lexington, Kentucky. (ERIC Document Reproduction Service No. ED 214 519), 7.

Browne, A. (2008) *The Tunnel*, London: Walker Books.

Callow, J., & Unsworth, L. (1997) *Equity in the videosphere*, Southern Review, 30(3), 68–86.

Cassidy, M. F. & Knowlton, J. Q. (1983) Visual Literacy: A failed metaphor. *Educational Communications and thecnology Journal*, 31(2), 67–90.

Chan, E. (2011) Integrating Visual and Verbal Meaning in Multimodal Text Comprehension, in Shoshana Dreyfus et al. (eds.) *Semiotic Margins: Meaning in Multimodalities*, London: Continuum, 114–168.

Cianciolo, P. (1970) *Illustrations in Children's Books*. Dubuque, IA: Wm. C. Browne.

Common Core State Standards Initiative K-12 Standards Development Teams (http://www.nga.org/les/live/sites/NGA/les/pdf/2010COMMONCOREK12TEAM. PDF, 2014.12.3 参照).

Cope, B., Kalantzis, M. & New London Group (eds.) (2000) *Multiliteracies: Literacy Learning and the Design of Social Futures*. London: Routledge.

Curtiss, D. (1986) *Introduction to Visual Literacy: A Guide to the Visual Arts and Communication*, New Jersy: Prentice Hall College Div.

Dale, E. (1973) Things to come: The new Literacy. in Tyler, I. K. & McWilliams, C. M. (eds.) *Educational Communication in a revolutionary age*. Worthington, OH: Charles A. Jones, 84–100.

Davies, M. (1989) *Get the Picture!: Developing Visual Literacy in the Infant Classroom*. Birmingham: Teachers in development education.

Debes, J. L. (1968) Some foundations for visual literacy. *Audiovisual Instruction*, 13(9), 961–964.

Debes. J. L. (1969a) Some hows and whys of visual literacy. *Educational Screen and Audiovisual Guide*, 14–15/34.

Debes, J. L. (1969b) The loom of visual literacy: An overview. *Audiovisual Instruction*, 14, 25–27.

Department for Education and Skills (2002) *Modern Foreign Languages: The National Curriculum for England*.

Department of Education and Training, Westen Australia (1998) Outcome and standard frame work, Perth: Department of Education and Training.

DfEs (2002) *National Curriculum for England*.

Donnelly, V., & Peters, V. (2006) *Media Key Terms & Concepts*, Stage Page, 7.

Dreyfus, S., Hood, S. & Stenglin, M. (2011) *Semiotic Margins*. New York: Continuum.

Doonan, J. (1993) *Looking at Pictures in Picture Books*. London: Thimble Press.

Eco, U. (1976) *A Theory of Semiotics*. Bloomington: Indiana University Press.

Elkins, J. (2007) *Visual Literacy*. New York: Routledge.

Fairclough, N. (2001) *Language and Power*. 2nd ed. London: Longman.

Fairclough, N. (2010) *Critical Discourse Analysis: The Critical Study of Language* 2 ed. London: Pearson PTR Interactive.

Gill, T. (2002) *Visual and verbal playmates: An exploration of visual and verbal modalities in children' spicture books*. Unpublished B. A. (Honours), University of Sydney.

Goodman, N. (1976) *Language of Art*. New York: Hackett Publishing.

Hall, S. (1996) Encoding/Decoding: Culture, Media, Language: Working Papers in Cultural Studies, London: Routledge.

Halliday, M. A. K. (1978) *Language as Social Semiotic: The Social Interpretation of Language and Meaning*, London: Arnold.

Halliday, M. A. K. & Matthiessen, C. M. I. M. (2004) *An Introduction to Functional Grammar 3rd ed*. London: Arnold.

Halliday, M. A. K. (revised by Matthiessen, C. M. I. M.) (2014) *Halliday's Introduction to Functional Grammar 4th ed.*. London: Routledge.

Hamaguchi, T. (2002) Comparative Front Page Analysis: What Did Newspaper Layouts Tell us about the Terrorist Attacks? *Oral Presentation* at Georgetown University Round Table.

Horarik, M. M., *et al.* (2011) A Grammatics 'good enough' for School English in the 21st Century: Four Challenges in Realising the Potential, *Australian Journal of Language and Literacy*. Vol. 34, No. 1, 9–23.

Jewitt, C. (2002) The Move from Page to Screen: The Multimodal Reshaping of School English. *Visual Communication*, 1(2), 171–196.

Jewitt, C. & Kress, G. (2008) *Multimodal Literacy*, London: Peter Lang.

Jewitt, C. (ed.) (2009) *The Routledge Handbook of Multimodal Analysis*. London: Routledge.

Jewitt, C. & Oyama, R., (2001) Visual Meaning: a Social Semiotic Approach, in van Leeuwen, T., Jewitt, C. (ed.) *Handbook of Visual Analysis*, London: SAGE Publications, 134–156.

Keane, J. & McMahon, J. (2008) *Media Production and Analysis*, Pearth: Impact Publishing.

Kern, R. (2000) *Literacy and Language Teaching*, Oxford: Oxford University Press.

Klemin, D. (1966/1982) The Art of Art for Children's Books. NY: Murton Pr.

Kress, G. (2000) Multimodality. in Cope, B., Kalantzis, M. & New London Group (eds.) (2000) *Multiliteracies: Literacy Learning and the Design of Social Futures*. London: Routledge. 182–202.

Kress, G. (2003) *Literacy in the New Media Age*, London: Routledge.

Kress, G., & van Leeuwen, T. (1996, 2006). *Reading Images: The Grammar of Visual Design*, London: Routledge.

Kress, G. (2010) *Multimodality: A Social Semiotic Approach to Contemporary Communication*, London: Routledge.

Kubey, R. (1997) *Media Literacy in the Information Age*, NY: Transaction Publishers.

Kuno Susumu & Takami Ken-Ichi (1993) *Grammar and Discourse Principles: Functional Syntax and GB Theory*. Chicago & London: University of Chicago Press.

Lemke, J. (1998a) Metamedia literacy: transforming meanings and media, in D. Reinking, M. McKenna, L. Labbo and R. Kieffer (eds.) *Handbook of Literacy and Technology: Transformations in a Post-typographic World*. Hillsdale, NJ: Erlbaum.

Lemke, J. (1998b) Multiplying meaning. *In Reinking*, D. *et al.* (eds.) *Reading Science*, London: Routledge. 87–113.

Lewis, D. in Dombey, H. (ed.) (1992) *Literacy for the Twenty-First Century*. Brighton: University of Brighton Press, 4–81.

Luke, A. & Freebody, P. (1997) *The Social Practice of reading*. in Muspratt, I., Luke, A. & Freebody, P. (eds.), *Constructing critical literacies: Teaching and learning textual practice*, New Jersey: Hampton press. 184–226.

Macken-Horarik, M., Love, K., & Unsworth, L. (2011) A grammatics 'good enough' for school English in the 21st century: Four challenges in realising the potential, *AUSTRALIAN JOURNAL OF LANGUAGE AND LITERACY*, 34, 1, 9–23.

Martine, J. R. & Rose, D. (2003) Working with Discourse: Meaning beyond the Clause. London: Continuum.

Martin, J. R., & Rose, D. (2008) *Genre relations: Mapping culture*. London: Equinox.

Martin, J. R. (2011) Multimodal Semiotics: Theoretical Challenges, in Dreyfus, S. (eds.), Semiotic Margins, London: continuum.

Messaris, P. (1994) *Visual "literacy": Image, Mind, and Reality*. Boulder: Westview Press.

Ministry of Education, New Zealand (1994) *English in the New Zealand curriculum*. Wellington, NZ: Learning Media.

Ministry of Education, Ontario (1997) *The Ontario Curriculum, Grades1–8: Language.* Tronto: Ministry of Education.

Mid-continent Research for Education and Learning (2001) List of Benchmarks for Language Arts. from A Compendium of Standards and Benchmarks for K-12 Education, 4th ed. (http://www.mcrel.org/standards-benchmarks/, 1/2/2015 参照。ただし本文中で言及しているのは、2001 年版プラン。)

National Council of Teachers of English & International Reading Association (1996) *Standards for the English Language Arts. Urbana*, IL: NCTE.

NCTE & IRA (1996) *Standards for the English Language Arts*. Illinois: National Council of Teachers of English.

New London Group. (1996) A Pedagogy of Multiliteracies: Designing Social Futures. *Harvard Educational review,* 66, 60–92.

Nicolajeba, M., & Scott, C. (2001) *How Picturebooks Work*. London: Routledge.

Nodelman, P. (1988) *Words About Pictures*. NY: University of Georgia Press.

O'Toole, M. (1994) *The Language of Displayed Art*. London: Leicester University Press.

Painter, C. *et al.* (2013) *Reading Visual Narratives*. Sydney: Equinox.

Quin, R., & McMahon, B. (1995) *Teaching Viewing and Visual Texts*, Carlton: Curriculum Corporation, 20–26.

Quin, R. (2005) *Reading the Visuals*. Carlton: Curriculum corporation.

Reisigl, M. & Wodak, R. (2001) *Discourse and Discrimination*. London: Routledge.

Royce, T. (2002) Multimodality in the tesol classroom, *TESOL Quarterly*, 36(2), 191–205.

Russel, J. & Chorn, R. (2012) *Visual literacy in Education*. New York: Bookvika publishing.

Rychen, D. S. & Salganik, L. H. (2003) *Key Competencies for a Successful Life and a Well-Functioning Society,* London: Hogrefe and Huber.

Silverblatt, A., Ferry, J. & Finan, B. (1999) *Approachs To Medialiteracy*, NY: M. E. Sharpe.

Sinatra, R. (1986) *Visual Literacy Connections to Thinking, Reading and Writing*, Illinois: Charles C Thomas Publisher, pp.45, 55, 57–59.

Stam, R. *et al.* (1992). *New Vocabularies in Film Semiotics: Structuralism, post-structuralism and beyond*. London: Routledge.

Teruya, K. (2006) *A Systemic Functional Grammar Japanese*. Vol. 2. London: Continuum.

Trifonas, P. P. (1998) Cross-mediality and Narrative Textual Form: A Semiotic Analysis of the Lexical and Visual Signs and Codes of the Picture Book. *Semiotica*, Vol. 118(1/2), 1–70.

Turner, G. (1992) *Introduction In British Cultural Studies*, London: Routledge.

UNESCO (1982.1) The GRUNWALD DECLARATION ON MEDIA EDUCATION. (Grunwald, Federal Republic of Germany) http://www.unesco.org/education/pdf/MEDIA_E.PDF. 2015.8.26 参照.

UNESCO (2005) Statement for the United Nations Literacy Decade, 2003–2012, 129.

Unsworth, L. (2004) *Teaching Multiliteracies Across the Curriculum*. New York: Open University Press.

Unsworth, L. (2008) *Multiliteracies and Metalanguage: Describing image/text relations as a resource for negotiating multimodal texts. in* Leu, D. *et al.* (ed.) Handbook of Research on New Literacies, Erlbaum. 2–34.

Unsworth, L. and C. Cleirigh (2009) Multimodality and Reading: The Construction of Meaning Through Image-Text Interaction, in C. Jewitt (ed.) *The Routledge Handbook of Multimodal Analysis*, 151–163, London: Routledge.

Unsworth, L. & Thomas, A. (eds.) (2014) *English Teaching and New Literacies Pedagogy*. New York: PETER LANG.

van Leeuwen, T. (1999) *Speech, Music, Sound*. London: New York: Macmillan.

van Leeuwen, T. & Jewitt, C. (2001) *Handbook of Visual Analysis,* California: Sage Publications.

van Zile, S., Napoli, N. & Ritholz, E. (2012) *Using Picture Books to Teach 8 Essential Literary Elements*, New York: Scholastic.

Vincent, D. & Vanessa, P. (2006) *Media Key Terms & Concepts*. Subiaco: Stage Page.

Wharton, D. & Grant, J. (2007) *Teaching Analysis of Film Language*, London: bfi Education, 8–9.

Wilde, R. (1991) *Visual Literacy: A Conceptual Approach to Solving Graphic Problems*. New York: Watson-Guptill.

Yoshida Ausburn, L. J. & Ausburn, F. B. (1978) Visual Literacy: *Background, theory and practice. Programmed Learning and Educational Technology*, 15–29.

巻末資料

　第2章において整理・提示したオーストラリア連邦西オーストラリア州（WA州）の「見ること」領域（1998）の記述内容の詳細を、以下に示す。

WA州の「見ること」領域（1998）の資料

　本文中のF・1〜8の内容を、各レベル毎のポイントを押さえながら、もう少し詳しくレベル別にその記述を示す。またその際、各レベル毎に、同資料で後述されている具体例を要約して併せて記載する。

　まず、**レベルF**では、「視覚的テクストを注意深く見て、そこに描かれている共通に確認し合える構成要素を認識」できるという目安が書かれている。

〈具体的記述の要約〉

　このレベルの学習者は、一般的に、よく知るテレビ番組のキャラクターを識別したり、個別の挿話に反応して、絵の中の特定の対象を見つけたりする。

　学習者は、一般的にテレビCMソングを歌ったり、馴染みの番組のオープニング映像、音楽、グラフィックに反応したりする。また、よく知る企業ロゴなど日常的な視覚的テクストの中に、幾つかの重要な要素を認識する。

　学習者は、一般的に自分の持てる感覚を使って視覚的世界にアクセスしようとする。そして、テレビのスイッチやコンピュータのマウスなどをクリックすると、そこに視覚的イメージが広がったり、自分に応答してくれたりするということがわかる。

　そして**レベル1**では、視覚テクストに「表現されていることを言語化」したり、「簡単な解釈をすること」が目安として記述されている。そして、このレベルで大切なのが、学習者なりの解釈を、各人の「経験と関連づけることができる」という点である。

〈具体的記述の要約〉

　このレベルの学習者は一般的に、映画やTシャツなどに表象されるキャラクターを識別したり、原因と結果のつながりなどが理解できる。

学習者は一般的に、自身の経験と見聞きしたことを関連付ける。例えば、「人が水着を着て帽子を被っているから、これは夏に違いない」などと説明できる。また、映画やビデオの好きな点を理解し、好ましく思う特徴を述べ、家で見る視覚的テクストについて、なぜそれが他より好きなのかを説明できる。

　学習者は一般的に、視覚的テクストから意味を読み取る際、シンボルや映像の約束事が使われることがある程度わかる。例えば、馴染みのビデオや広告を使い、「クローズアップ」機能や、それが使われる理由、いかに音楽や声のスタイルが理解において影響をもたらすかを論じることができる。

　学習者は、一般的に広告ロゴなど、日常的なイメージや周囲のシンボルと、ある特定のメッセージや意味を結びつける。また、キャラクターのアクションやプロットを予測するために、以前見たテレビシリーズの体験を用いる。

　次に**レベル2**をみてみよう。視覚テクストをある程度「分類」したり、そのテクストが、誰かの「実際あるいは、想像上の体験」を基に「作られている」ということの理解が入っている。

〈具体的記述の要約〉

　このレベルの学習者は、一般的に視覚テクストには、機能や内容、オーディエンスによって分類され得る様々な形式があることを理解する。例えば、人気テレビ番組の形態や特徴を論じることや、アニメーションと実写を区別すること、雑誌と新聞の機能、形態、構造を比較することができる。

　学習者は一般的に、メディアの作品が、現実や空想を描くため多くの人々により一連の技術を用いて作られたものであると理解する。簡単な象徴的意味を識別し、その使用目的を説明する。例えば、特定の性別に訴えかけるよう作られた玩具広告における色の重要性を理解し、漫画などのステレオタイプ的な「善玉」と「悪玉」の特徴を見分け、映画において特定の意味を持たせる音楽の使用を認識することができる。

　学習者は一般的に、視覚的テクストで使われる幾つかの基本的な仕掛けを理解する。例えば、クローズアップ、ミディアム・ロングショットなどを識別し、それぞれの働きを考えることができる。また、物語としてのつながりを想定して、そのために用いる連続したスチール写真を選んだり、それに用

いるテレビ番組などのそれぞれの司会者の様子や行動を説明する事ができる。

　学習者は一般的に、視覚的テクストを解釈する際、例えばメディアの物語構造についての知識を使い、漫画や童話の結末を予想したり、馴染みのあるキャラクターのその後のアクションを、そのシリーズの中で予想したりすることができる。

　レベル3では、テクストの「内容やその目的」が、テクストの「形式を規定する方法」について話し合ったり、「簡単な象徴的表象やステレオタイプ」を見つけたり解釈したりする内容が記述されている。
〈具体的記述の要約〉
　このレベルの学習者は一般的に、視覚的テクストの形式とその内容の結びつきを理解し、考えることができる。例えば、テレビニュースの形式の予測可能なパターンに気づいたり、広告における共通の特徴を理解するなどである。

　学習者は一般的に、ある特定の文脈において特定のオーディエンスにアピールする方法を説明することができる。また、ステレオタイプの構築のされ方や、それが特定の社会・文化的価値にアピール、または促進、軽視される方法を説明することができる。例えば、母の日と父の日の典型的なカタログを比較したり、テレビCMの内容を子どもの視聴する時間と大人の視聴する時間とで比較したりするなどである。

　学習者は一般的に、意味を構築するためのコードや映像の約束事の幾つかを用いる。例えば、実写、漫画にかかわらず、状況コメディ（sit-com）の一般的な約束事を理解することができる。視覚的テクストが表象する、時間の経過や、車の広告の明るい色使い、撮影技術についても理解している。

　学習者は、視覚テクストを解釈するのに、視聴覚的コードに関する知識を動員する。例えば、衣装のスタイルや配置されている物などに着目して、その視聴覚的テクストの文脈を構築するなどである。

　レベル4では、テクストというものは、「ある目的や受け手のために構成されているものである」ということへの理解が明示され、それまでの内容をさらに深めた内容になっている。視覚テクストの「コードや約束事が、受け

手の解釈を形作っていく仕組み」にまで、学習者の意識が向いているかどうかをみていることがわかる。

〈具体的記述の要約〉

　このレベルの学習者は一般的に、視覚的テクストのジャンルを認識し、意味の構築において語りのもつ役割を理解する。

　学習者は一般的に、それぞれのテクストは、特定の目的のために構築され、特定のグループに訴えるよう作られることを認識する。例えば、ある視覚的テクストがターゲットとしているであろう年齢層を理解したり、テレビ番組内容とCMとの関連を認識したりする。また、テクスト解釈が社会・文化的背景や見る者の知識により変わる事を理解している。イメージも、特定のオーディエンスに向けて作られていることを知っている。

　学習者は一般的に、映画製作者があるムードを演出するために、照明や音響技術を使うことを考察することができる。またドキュメンタリーにおいて、見る者がどこに、なぜ位置付けられるかを説明し、道路を走っている子どもとタイヤのキーっという音が組み合わさって子どもが車に轢かれたことを暗示するといったような、視覚的な要素を理解することができる。

　学習者は一般的に、見ることの目的を考慮して、テクスト解釈のための方略を選択し、使用する。例えば、富裕な印象をもたらす高級車と宝石といった、シンボルの知識を統合したり、別の観点からの意味を模索し、背景からプロットを予想することもできる。

　レベル5では、「物語の構造」や「文脈やテクストの形式、コードや約束事」といった知識を用いて、視覚テクストが「ある特定の見え方で見えるようにするためには、どのように構成されているのか」を吟味したり、話し合ったりすることが問題にされている。またその際、様々な解釈に対する根拠を説明できることも求められている。

〈具体的記述の要約〉

　このレベルの学習者は一般的に、自身のテクスト解釈を正当化し、一連のジャンルやコンテクストの特性理解を用いて、テクストの印象を説明できる。例えば、あるテレビジャンルが物語的構造であると理解したり、同様な製品の広告でも、別のターゲット層を持つ雑誌同士の比較対照を行ったり、ミュージック・ビデオクリップに現れる象徴的イメージの解釈を具体化した

り、ニュース解説者の服装といったコードや約束事の使用を吟味して、メディアテクスト解釈の正当化を図る。

学習者は一般的に、視覚的テクストにおける異なる解釈の理由を説明する。その際、学習者はサブカルチャーの姿勢や価値体系を参考にできる。例えば、ステレオタイプの形成のされ方、それがいかにあるグループの関心には応えても、別のグループについてはそうでないかを理解する。広告がいかにして、なぜ特定のオーディエンスに的を絞るかを考察する。テレビ番組やメディアに登場する有名人、商品のイメージを促進するために使われる視覚的テクストの効果について考察する。

学習者は一般的に、見る者の解釈を形成するコードや約束事の使われ方を理解し、説明する。例えば、シンボルや言葉の使用を論評して映画や政治的漫画のプロパガンダ的要素を識別し、テレビドラマに対する視聴者の反応をコントロールする音楽や声の使用を説明する。またテレビドラマなどの音響など技術的コードの使用を説明する。

学習者は一般的に、視覚的テクストが特定の見方がされるよういかに作成されるかを考察するため、形式や文脈に関する知識を応用する。例えば、テレビニュースや時事問題番組が同じニュース情報でも異なった扱いをする理由がわかる。また、一つのテクストの特徴や効果が、別のテクスト解釈に影響を与える方法も理解する。例えば、ジーンズの宣伝のために西部劇のワンシーンをポスターに使用することは、その商品に親しみやすいイメージを生み出すのに一役買うといったようなことを理解する。

レベル6からは、対象としているテクストに留まらず、「複合的な発信形態」における様々な観点を、興味のあるテクストと出逢った際に利用してみたり、自分をとりまく世界の理解に適用してみることが重視されるようになっている。

〈**具体的記述の要約**〉

このレベルの学習者は一般的に、視覚テクストの形式と意味における類似性と差異を指摘することができる。また、より多くの難しいテクストを見る際に、知る限りの方略やアプローチを引き出して使うことができる。

学習者は一般的に、テクストを見る中で、複雑な問題群における様々な視点を探り、これらの視点を世の中の理解と関連付ける。複雑な社会問題を提

起するテクストを見たり、またこれらのテクストに潜在する傾向、関心、テーマ、問題を考察したりする。ある事柄についてのテクストを見て、異なった観点や強調に気づき、個人的かつ幅広い見地から意見や情報を評価しようとする。学習者はジャンルについて深い理解を示し、テクストを別のジャンルに変換させるのにこうした理解を活かすことができる。

学習者は一般的に、テクストはある特定の社会的・文化的な文脈において作られ、流通していることを正しく認識している。そしてある時代の社会的価値がテクストの構築に反映されていることを理解し、メディアテクストの中で描かれ支持されている支配的な文化の価値を識別することができる。

学習者は一般的に、視覚的テクストのコードと特徴を比較する際、形式（form）が意味にどう影響を与えているかに気づいている。それぞれの形式の要求、限界、利点といった点における類似性や差異に焦点化する。例えば、ある筋の小説、漫画、映画版を解釈し、キャラクターや状況、プロット理解に及ぼすそれぞれの形式の効果を論評する。

学習者は一般的に、一連の方略を用いて複雑なテクストの理解をする。例えば、テクストにおける複雑な考えや情報を解釈するために、社会・文化的な文脈やジャンル、コードなどの知識を用いる。

そして**レベル7**では、「テクストとそれが作られた文脈、受け手、発信者との相互関係を考えることができる」という記述が出てくる。またこのレベルから、「クリティカル」な「批評」という記述も見られるようになる。

〈具体的記述の要約〉

このレベルの学習者は一般的に、複雑なテクストの意味レベルを、漫画などのいかにも単純なテクストにも同様な厳密さで適用しながら意味を構築する。また、視覚的テクストにおいて、マイノリティのグループや問題がどう表象されているかを探究し、こうした表象についての支配的な解釈を打ち壊すことができる。

学習者は一般的に、テクスト、文脈、見る者、作成者の間における複雑な相互関係を理解し、これらの相互関係がいかに視覚的テクストの解釈に影響を与えるかを考慮する。ステレオタイプの影響、社会変化がいかに視覚的テクストの作成や受容に反映されるか、なぜ支配的文化が過剰に表象されるかの理由や、マスメディアテクストの経済的な強制力について探求する。

学習者は一般的に、視覚的テクストの選択、強調、省略などについて論じ、見る者を位置付ける技術的なコードの使用を詳細に説明する。例えば、非現実的な死の表象が暴力性を取り去ってしまうやり方や、見る者を覗き魔の目線に位置付ける方法などについてである。

学習者は、自身が広範囲な視覚的テクストに適用する見るための方略を批判的に評価する。テクストに対する自身の反応が、個人的価値観について何を露呈しているのかを省察する。視覚的テクストが、多種多様な解釈を持ち得ることや、視覚的テクストによっては、ある完全なものとして知覚されることを拒むであろうことを認める。また、ジャンルの知識や、間テクスト的（intertextual）理解を適用し、視覚的テクストの理解について考えを明らかにすることができる。

最後の**レベル8**では、「より広範な複雑なテクスト」をも視野に入れて、それらの「批評」ができることが期待されている。そして、そこではテクストに反映されている「社会・文化的価値、態度、そこにおいて前提とされていること」を分析して、「受け手の立場や解釈」がどのように形作られるのかまでの分析が想定されている。

〈具体的記述の要約〉

このレベルの学習者は一般的に、パターンに基づいて一般化を行いながら視覚的な素材を総合的に扱う。そして異なる観方を評価しながら、視覚的テクストを吟味し、視覚的テクストにおいて反映、投影される文化的価値を分析する。また、別の解釈も提供する。

学習者は一般的に、視覚的テクストにおいて反映、投影される社会文化的な価値、姿勢、仮定を分析する。一般的な解釈に疑いをさしはさみ、社会的及び政治的な含意を分析し、相互テクスト的参照を行い、特定のコードや約束事を使ったり使わなかったりした場合の、オーディエンスへの影響を分析する。

学習者は一般的に、使用される約束事や慣例によって、見る者がどう位置付けられ、またその人達の視覚的テクストの解釈がどう形成されるかを分析する。例えば、社会的な世評を形成したり、伝統的な見解を説得したり、あるいはそれに反対するために使われる技術の効果などを分析する。

学習者は一般的に、視覚的テクストを脱構築するためや、現行に反したあ

るいは新たな解釈をするため、また、テクストの形成され方を批判的に評価するために、幅広い方略を用いる。異なる様々な批判的アプローチを使い、視覚的テクストの様々な解釈と幅広い社会・文化的世界をつなぐことができる。

　以上見てきたように、「見ること」の学習の系統性は、各レベル毎に学習者の具体的な学習到達の目安を用いることによって策定されている。
〈下位要素に着目したレベル別の学習到達度〉
　最後に、「見ること」の学習の大きな流れがつかめたところで、さらに今みてきた内容を、四つの下位要素ごとに記述した内容を見ておこう。V F.1 から V8.4 まで、四つの下位要素と、それに対応するレベルとの組み合わせによって、詳しく記述されている。
　再度、下位要素を確認しておく。

　　〈四つの下位要素(Substrand)〉
　　・テクストの活用(Uses of Texts)
　　・文脈の理解(Contextual Understanding)
　　・(表現・理解における)コードと約束事(Code and Conventions)
　　・過程と方略(Processes and Strategies)

　それでは、各レベル毎に見ていく。具体的な例等を併せて読むとよりわかりやすいので、各下位要素とレベルとの組み合わせによる記述に加え、後に記述されているそれらについての Viewing: Pointers の中から、幾つかの記述を併せた形で紹介する。また、上述の内容と重なる部分も出てくるが、それらの内容を、どの下位要素に分類して扱っているのかを見るため、そのまま示すことにする。

V F.1　学習者は、テクストに傾注する行為を示し、視覚的テクストにおける共通項目を認識する(学習者が以下のことができると、当レベルであることが明らかとなる)。
　動く像を目で追う(例 TV、コンピュータ・グラフィックス)。
　視覚的テクストを見るときに焦点を維持する。
　視覚的テクストに顔を向ける。

テクストのキャラクター、場所、対象に反応する(例:ピエロを見て笑う)。
馴染みのある図像を名指し識別する(例:絵の中の犬を指差す)。
明示的な視覚的知覚スキルを示す(例:絵の中から特定の対象を探す)。
馴染みのテレビ番組から、個別の挿話を思い出す。

V F.2 　学習者は、視覚的テクストから幾つか馴染みのある内容を認識する。
馴染みの環境の特徴を識別する(例:浜辺、店、学校)。
写真の中に自分を確認する。
視覚的像の中で知っている人や場所を識別する。
環境に在る手がかりに、的確に反応する(例:交差点の赤信号など)。

V F.3 　学習者は、視覚的テクストの中の幾つかの要素を認識する。
視覚的な刺激を与えられ、テレビCMの歌を歌う。
好きなTV番組のテーマ曲に反応する(例:好きな連続ドラマの音楽を聞くとはしゃぐ)。
自身の経験に関連する日常的な視覚的テクストに重要性を付与する(例:よく目にする企業ロゴに反応する)。
タイトル場面で好きなTV番組を認識する(例:オープニング映像、音楽、グラフィック)。

V F.4 　学習者は、視覚的テクストにアクセスする方略を示す。
TVにスイッチを入れると画像が現れることを理解する。
絵を見るために本を開くということを知っている。
マウスをクリックすると、希望する応答をするよう作動する(例:クマのアイコンをクリックするとクマが唸る)。
教師に対し、好きなビデオまたはコンピュータ・プログラムの中で、見たいものを指差すか手に取る。
視覚的世界にアクセスするため、自分の持てる感覚を使う(例:視覚障害のある学習者は、視覚的像を認識するために接触を用いる)。

V 1.1 　学習者は、視覚的テクストから意味を語り、簡単な解釈を行う。
好きなテレビ番組の筋をおおまかにつかみ、原因と結果を連想する。
物語るためにテクストの中の絵を用いる。
一貫して馴染みのある環境と教室のシンボルを結びつける(例:障害者用のパーキングスペースや禁煙のシンボルを理解する)。
漫画のシリーズから主役を明らかにし、その主役に起こった過去の経験に

基づき、出来事のありえそうな結果について予想を立てる。

特定のキャラクターやアクションに付随する音楽を確認する。

アクションや外見、特別なパワーに関して、スーパーヒーローのキャラクターを叙述する。

V 1.2 学習者は、自分自身の知識や経験と、見るテクストにおける考え、出来事、情報とを結びつける。

絵についてのありうる解釈を論じるために、クラスでのディスカッションに参加する(例：新聞写真から推測される筋や物語)。

家で見るTV番組を論じる(例：ある番組を好む理由を述べたり、キャラクターのとる行為について幾つかの理由を述べる)。

自身の経験に基づいて、視覚的テクストの構成要素を明らかにする。

誕生日カードなどを創るのに、適切とされるシンボルを識別する(例：笑顔、風船)。

TV番組と広告を区別する。

好きなTV番組またはCMで演じる人の身振りについて論じる。

TV番組やCMなどにおけるキャラクターの顔の表情、姿勢、ジェスチャーを論じる。

V 1.3 学習者は、テクストから意味を読み取る際、シンボルや慣例的な決まり事を意識して使用する。

服装における特定のアイテムから予測可能な行為を連想する(例：スーパーヒーローのための仮面とキャップ。)

繰り返される音楽や音響効果や、タイトルやグラフィックの使用により、TV番組の始まりや終わりを確認する。

映画やTV番組の解釈に、音楽や音響効果、音声スタイルがいかに影響するか考える(例：「その音楽を聞くと怖くなる」)。

適切な形、色、そして活字にまつわる慣例を用いて、馴染みの記号を描く。

特定の機能を表すコンピュータ・プログラム上のアイコンを認識する(例：テクストを編集することを意味するハサミ印のアイコン)。

V 1.4 学習者は、背景知識などの手がかりを使って、視覚的テクストから意味を予測したりくみとる。

テクストにおける原因と結果の関係を基に、プロットの展開を予測する

(例:「銀行強盗が金を盗んだので、警察は強盗を捕まえなくてはならない」)。

出来事を予測するために個人的な経験を引き出し、また視覚的テクストを見て情報を解釈する。

馴染みのTV番組におけるキャラクター、設定、コマや場面構成(segments)についての知識を使い、誰が登場して次に何が起こるかを予測する。

ビデオのカバーケースやちらしから、映画の内容を明らかにする。

説明書に書かれた意味や指示を知るために、コンピュータソフトの視覚的テクストの図等を使う。

コンピュータのアイコンをクリックすることで、特定の機能を生むことを認識する。

V 2.1　学習者は、馴染みのある構造に基づき視覚的テクストを明らかにし、分類し、推測を行う。

内容とオーディエンスに応じて、メディアにおける語り(narrative)が分類できることを理解する(例:子ども番組では子ども向けの語りで、ニュースは大人向けであるといったようなこと)。

人気TV番組の通例の構成を認識する(例:クイズ番組の基本的構成―司会者、出場者、賞品をかけた競争)。

なじみのTV番組の構成における違いに気づく。

物語的な情報提供をするテクストにある、イラストや絵から情報を解釈する。

V 2.2　学習者は、視覚的テクストが現実または架空の経験を表象するために、人が構築したものだと理解し、簡単なシンボルの意味の使用を確認する。

広告やポスターにおける色の重要性を理解する(例:スピードや興奮、危険のシンボルとして使用される赤いクルマ)。

身振り、表現、意味を関連付ける(例:菓子の広告では、幸せそうな表情とワクワク感を使用)。

映画での象徴的な効果の使用を識別する(例:アクション映画では早く音の大きな音楽の使用で興奮を際立たせる)。

メディア作品はある種の技術を使い、多くの人により製作されることを認

識する(例：映画は、監督、俳優、映写技師、プロデューサー、脚本家により作られる)。

アニメ漫画キャラクターと俳優による実写映像を区別し、両者が構築されたものであると認識する。

映画などのメディア作品と関連商品を関連付ける(例：映画と関連おもちゃ、本、Tシャツ)。

キャラクターの役目、振る舞い、慣習により、テレビCMの中でいかにステレオタイプが形成されるかを理解する。

構成についての知識を使い、誰が登場して次に何が起こるかを予測する。

ビデオのカバーケースやちらしから、映画の内容を明らかにする。

説明書に書かれた意味や指示を知るために、コンピュータソフトの視覚的テクストの図等を使う。

コンピュータのアイコンをクリックすることで、特定の機能を生むことを認識する。

V 2.3　学習者は、視覚的テクストにおけるいくつかの約束事を認識し解釈する。

クローズアップ、ミディアム、ロングショットを区別し、それぞれの例を雑誌や漫画本の例を指し示すことができる。

連作短編ビデオのショットの連続が、意味を成すことを理解する(例：テレビCMのショットの連続が一つの物語を形成する)。

TV司会者の様々な役割の違いを論じる(例：朝の子ども向け番組の司会者は、夜のニュース司会者に比べ、服装、話し方、振舞い方が異なることを認識する)。

物語の連続性や視覚的像の一般的な慣例を考慮に入れ、静止写真を集めて意味を述べる(例：複数の連続した写真を、左から右へ順番に並べることができる)。

カメラアングルの効果を確認する(例：低いカメラアングルは像をより大きく見せる)。

V 2.4　学習者は、視覚的テクストを解釈し、理解の連続性を支持するための、基本的な方略を用いる。

ありえそうなエンディングを予測するために、物語構造の知識を用いる

(例：馴染みの漫画では、主役は困難を乗り越え、次回に戻って来るだろうことを知っている)。

馴染みのTV番組で見るストーリーの筋書きのギャップを埋めるために、設定や表象についての知識を活用する。

TVのクイズ番組での予測可能な要素を認識する。

特定のカメラショットのインパクトを解釈する(例：登場人物の顔へのクローズアップ、ドキュメンタリーやニュース速報におけるパニング(パンとは、カメラを上下もしくは左右にゆっくり振って撮影すること)。

視覚的テクストのなかでの時間の経過をあらわす技術を認識する(例：ドキュメンタリーでの雲の流れは時間の経過を示すことがあると認識する)。

見知らぬテクストを解釈するのに、馴染みのテクストの知識を引き出す

TVのニュース速報の全要素を用いて、ニュースの出来事を語る(例：映像、脚本、カメラアングルなど)。

V 3.1 学習者は、視覚的テクストにおける形式と内容との相互関係を理解する。

意味を作り出すのにおける、新聞写真とそこに付随する見だしとの関係を論じる。

夜のニュース番組は、地方や全国版において、スポーツ、天気といった予測しやすいコーナーを有していることに気がつく。

映画のジャンルを明らかにして、多数の映画ポスターを解釈し、またオーディエンスの期待との関連をつける(例：ホラー映画と怖がること)。

一揃いの写真を並べ、適切な音響効果を提案する。

視覚的テクストの形式と内容における、プロデューサー、脚本家、音楽監督、照明監督の役割を明らかにする。

様々な視覚的形式を通して、情報源にアクセスしうることを認識する(例：図表、グラフ、ドキュメンタリー、絵で表した表象)。

V 3.2 学習者は、目的と意味を明らかにしつつ、簡単な象徴的表象を含めた、内容と形式との相互関係を認識する。

予想を生みだす手がかりを論じながら、映画における、答えやプロットの展開を、確信をもって予測する。

意味を構築するためにシンボルを統合する(例：ロゴにみる強さや勇敢さといった象徴的な表示を理解する)。

写真や色、レイアウトや形式を考慮しながら一定範囲の雑誌のターゲット読者層を明らかにする。

コマーシャルをターゲット層に結びつける（例：一連のテレビCMを見て広告されている商品を識別し、その商品と特定のターゲット層とを結びつける）。

広告と、番組スポンサーを関連付ける。

生放送番組との違いを認識する（例：サッカー放送と映画館上映される映画）。

V 3.3　学習者は、意味を構築するために、一定範囲のテクストの約束事や慣例的特性を明らかにし使用する。

テクストタイプにまたがる特徴の類似性を明らかにする（例：西部映画と漫画）

ステレオタイプが、共有された慣例に依存することを認識する。

音楽や音響効果、音声スタイルの象徴的な使用を明らかにする（例：映画ではドラマティックな音楽などにより、精神的な緊張が高まる）。

状況と時間を関連付けて過去や現在、未来の表象を認識し、またイメージやサウンドを通じて時間の長さを明らかにする（例：映画の技術的な質や、人々の着る洋服などにより、作品がオーストラリアの過去のドキュメンタリー映像であることがわかるなど）

撮影技術を認識する（例：ロングショット、クローズアップ、フラッシュバックなど）。

V 3.4　学習者は、馴染みのある視覚的テクストを解釈するため、多様な方略を統合する。

いつ、どこで行為が起こっているかを判断するために、対象やシンボル、服装、音響効果や対話についての経験を引き出す。

セッティングや雰囲気を関連付けるため視覚的テクストの慣例に関する知識を引き出す（例：婚約指輪を宣伝する広告会社はロマンスや幸福の概念を作りだすイメージを選択する）。

人気を予測するためにオーストラリア映画評価システムについての知識を用いる。

意味を作り出すシンボルについての知識を統合する（例：贅沢のイメージを、家具や照明などを用いて確立する）。

プロットの展開を予測するために視覚的かつ聴覚的な約束事を統合する（例：クライマックスが近づくと音楽が強まる）。

テクストを別の角度から見るために、撮影技術や内容、話題についての知識を活用する。

内容を予測するために、映画の印刷されている広告やプロモーション撮影に関する知識を活用する。

V 4.1　学習者は、意味を構築するのに視覚的テクストにおける主要な特徴についての知識を使用する。

テクストのジャンル特性を認識する（例：まずはセッティング、衣装、音楽からジャンルを明らかにする）。

映画やTVドラマにおけるプロット展開やセッティングと、キャラクターや対立葛藤を結びつける。

音楽ビデオクリップでいかに意味が構築されるかを探求する。

映画のジャンルを決めるうえでタイトルシークエンスの重要性を認識する。

メッセージを伝えるために写真で使われる技術的、象徴的規約を認識する。

ほとんどのメディアテクストにおいてナラティブが主要な構成要素であることを認識する（例：ニュース、ゲーム番組、広告）。

V 4.2　学習者は、視覚的テクストが特定の目的やあるグループにアピールするために構築されていることを認識する。

社会的人口統計と特定の映画のオーディエンスの関係を明らかにする（例：特定の年齢層や性別の観客をターゲットとする）。

番組内容とちりばめられたCMを関連付ける。

ターゲットとする視聴者が、テレビの時間や、広告主にとっての印刷スペースと結びついていることを明らかにする（例：子ども番組は午後早い時間の放映）。

視聴者に向けたテレビ番組分類と、番組内容、放映時間を関連付ける。

視覚的像と適切なサブカルチャーを結びつける（例：金髪、日焼け、サーフボード、ボードショーツを「サーフィン狂」的サブカルチャーと結びつける）。

写真に対する自身の解釈が他人とどう違いうるか論じたり理由を述べる

(例：以前の経験、文化的背景)。

商品を呈示するよりは概念を築くことに重きをおいたテレビCMを説明する。

異なるオーディエンスを惹き付けるテクストにおける、対立の異なる形式を解釈する(ロマンス vs サイバーパンクのコミック)。

V 4.3 学習者は、見る者の、視覚的テクストに対する理解を形作るのに、コードや約束事がどう作用するかを明らかにして論じる。

ミステリーやホラーを暗示する照明や、様々な感情を伝える音楽や音響効果など、映画の雰囲気を設定するいくつかの技術について論じる。

写真や広告においては、視点人物はそこに位置付けられていることを明らかにする(例：印刷された広告では、読者はよく、シーンの一部となるよう位置付けられている)。

新聞写真が、否定的イメージから肯定的イメージまたはその逆というふうに変化するために、いかにリテイクされるかを認識し、論じる(例：要素を含む、または排除することにより)。

ショットのコンビネーションにより、いかに意味が構築されるかを説明する(例：ボールと戯れる子どもと、ブレーキをかける車)。

キャプション、見出し、サブタイトルが視覚的テクストから意味を構築するのに果す役割を明らかにする。

V 4.4 学習者は、多様な視覚的テクストから意味を読み解くストラテジーを考え話し合う。

ジャンルの特性は手っ取り早い方法として使えることを認識する(例：ジーンズ広告のポスターにおける西部劇ジャンルのセッティング、キャラクター、言葉の使用)。

写真家がいかにしてムードや意味を作り出すかを説明する技術的な規約の知識を活用する(例：霞んだ背景、フィルターをかけられた照明)。

視覚的テクストにおけるキャラクターの役割を説明するような衣装や身ぶりなどのシンボルについての知識を活用する。

映画やTVジャンルの要素がいかに脚本に組みこまれているかを説明する。

視覚的テクストの新しい解釈を探求する(例：異なる社会・文化的グループの人といった見方など)。

V 5.1 学習者は、物語としての特徴を備えた、あるいはノン・ナラティブなテクストの知識を用いながら、視覚的テクストに潜在する考え方について自身の解釈を明示する。

何か抽象的あるいは象徴的な図像を使った、ミュージックビデオや印刷された広告の解釈を正当化するため、技術的規約や文脈的な手がかりを参照する。

映画の主題解釈を正当化する。

広告における象徴的規約の使用についての解釈を正当化する。

TVドラマにおける物語構造の問題解決部（narrative resolution）において、文化的正当化を説明する（例：警察ドラマでは犯罪者は必ず捕まる）。

特定の規約や慣例を論じながらメディアテクストの解釈を正当化する（例：ニュースキャスターの服装）。

ミュージックビデオが他人にどう見られるかを説明しながら、さらなるビデオ分析を書記する。

V 5.2 学習者は、視覚的テクストが他の解釈をされうる理由を説明する。

社会にサブカルチャーが存在することや、特定の映画ジャンルが提供している娯楽が、特定の関心や特性を有していることを認識する（例：サーフ映画とサーフィン・サブカルチャー）。

グループによりその関心の程度が異なる社会的グループについて、ステレオタイプがいかにその見解を暗示しているか示す。

広告がいかにして、なぜ、選択的に特定のオーディエンスをターゲットにするのかを論じる。

ステレオタイプの表れる伝統的な文脈を変えることの衝撃を考慮する（例：政治家のパロディー）。

テレビショーが、広告、関連おもちゃや商品、ファン雑誌を通じていかにマーケティングされているかを論じる。

俳優のイメージについてのタブロイドや雑誌の批評欄やゴシップ欄のインパクトと、これらがオーディエンスの期待をどう形成するかについて論じる。

V 5.3 学習者は、受け手の視覚的テクストに対する解釈を、コードや約束事がどう形作るかについての知識を思い起こす。

語りをコントロールする仕掛けを認識し説明する（例：音楽やボイスオー

バーの使用)。

象徴的な規約は感情レベルのメッセージを伝えるためにあることを認識する(例:伝統的な花嫁への反応は、全身皮ずくめのロック歌手への反応とは異なる)。

図像の組み合わせが感情的な効果を生み出しうることを理解する(例:商品よりも感覚を押し出すテレビCM)。

オーディエンスにとって映画作りの技術的コードがいかに意味を創出しうるかを説明する(例:カメラアングルの使用)。

広告における図像、音楽、音響効果、ダイアログ、書かれた文字の操作が、いかに商品の魅力を生み出すかを認識する。

象徴的、技術的な書かれたコードの使用を評しながら、映画や政治漫画にあるプロパガンダの要素を明らかにする。

V 5.4 学習者は、視覚的テクストがある特定の見方をされるようにいかに構築されるかを考えるために、文脈や決まり事についての知識を応用する。

多くのTVジャンルにおける語り方の約束事を認識する(例:ニュースや広告、自然ドキュメンタリーなどのキャラクター、セッティング)。

フィーチャー映画における時間の操作を探求し、それの理由を思案する(例:望まないアクションをカットするなど)。

フィーチャー映画における時間の操作が、いかにオーディエンスの反応を形成するか理解する(例:フラッシュバックの使用)。

TVニュースストーリーは、情報を伝え、楽しませ、影響を与えることを認識する(ニュースキャスターは信頼できるキャラクターで構成される)。

時事問題番組とニュース番組がなぜ同じ話を異なって伝えることがあるのかを理解する。

TV番組における広告の位置付けを思案する。

視覚的テクストへの起こりうる反応を説明する際、サブカルチャーのあり方と価値について思案する。

V 6.1 学習者は、一定範囲のテクストを見て複雑な問題に関する様々な見地を探求し、またこれらの見地を、現代の世界に対する自分なりの理解に関連付ける。

複雑な社会問題を提起するテクストを眺め、これらのテクストに潜む、姿

勢、関心、テーマに関する議論に参加する。

ある問題に関して、様々なテクストを見て、一連の視点に気づきながら、編集を通してどのような選択、省略、強調があるのかを検討し、議論の一部について評価してみようとする。

ナラティブを別の一般的な形式に変容させる（例：ストーリーボードを作ってみたり、良く知られた物語の短い筋をホラーなどの形式にするなど）。

V 6.2　学習者は、テクストが創られる、もしくは創られた文脈が、いかに視覚的テクストにおいて反映されているかを考慮する。

制作と流通のプロセスを社会問題と関連付ける。

テクストの構築には特定の時代の社会的価値が反映されていることを認識する（例：映画は過去のある時に設定されて作られる一方、その映画の価値体系は作られた時の社会問題や関心を反映するなど）。

同じまたは類似した題材について、異なった時代のドキュメンタリーなどを見る。また社会的価値観や信条の違いの概略を述べる。

メディアテクストにおいて表象され、また支持されている、支配的な文化の価値観を明らかにする。

大衆オーディエンスの要求は、テクストにおける主題に制限を課すことがわかる。

ある俳優のイメージを維持しようとする必要性が、テクストの内容に影響を及ぼすことを認識する。

V 6.3　学習者は、形式や意味における類似性と差異を際立たせるために、視覚的テクストの慣例と特性を比較する。

意味や効果の違いに気づきながら、各形式のもつ要求、制限、利点について、テレビ、ラジオ、新聞に掲載される広告を比較する。

良く知られた話の一部を別ジャンルに変容させるために、確立された慣例を使う（例：マクベスからの一場面を、コメディーやホラーの脚本に変える）。

象徴的、技術的、明文化されたコード間の相互関係についての理解を適用して、視覚的テクストを生み出してみる（例：広告）。

V 6.4　学習者は、広範囲のあるいは難解な視覚的テクストの理解を支持するために、ストラテジーとアプローチのレパートリーを思い起こす。

複雑なテクストを見るとき、理解を支持するために、ジャンルの慣例についてや、特定のメディアにおける連続する技術の知識を活用する。

視覚的テクストへの反応を説明するため、コードや約束事の知識を統合する。

視覚的テクストは構築されており、それが価値観や姿勢を描き出しているということを理解して、その意識を持ち続ける。視覚的テクストについての推論を行うために、社会・文化的な文脈の知識を活用する。

V 7.1 学習者は、構造や主題が複雑なテクストから意味を構築し、テクストから詳細かつ厳選された証拠を挙げて自分なりの解釈を正当化する。

簡単なナラティブがいかに政治的、社会的価値を論評しているかを論評しながら、多種レベルのテクストを探求する。

フィーチャーフィルム（未来映画）の支配的な解釈を崩壊させ、マイノリティーグループの視線に基づく新たな解釈を提案する。

運動を促進するメディアの役割を考察する（例：安全を促進するために、道路におけるトラウマをグラフィックであらわす）。

テクストがいかに構築されオーディエンスの反応に影響を与えるかに関して、視覚的テクストのひとつの解釈を支持する。

テクストにおいて問題がどう構築され表象されているかを論じながら、同様な複雑な問題が、一定範囲の視覚的テクストの中でいかに取り扱われるかを探索する。

表象のパターンを明らかにし、問題やグループの表象され方を明らかにしながら、あるグループにまつわる問題のメディア取材を考察する（例：スポーツにおける女性）

特定のセリフの演技の言外の意味を判断しながら、ある演劇について、二つ以上の解釈を生み出す。

V 7.2 学習者は、視覚的テクストにおける、テクスト、文脈、見る者、制作者の様々な相互関係を考慮する。

制作の文脈と、特定のテクストの受容が、いかにその解釈に影響を及ぼすかを考慮する（例：映画を映画館で見るか、家でビデオでみるか）。

ステレオタイプの使用が、いかにして社会的に否定的な結果を生み出すかを考察する（例：女性の描写が与える男性の女性への態度、女性の自尊心）。

社会の変化と、それがテクストにどう反映されるかを考慮する（例：子ど

もに対する態度)。

なぜ支配的文化の価値が、サブカルチャーのそれにもまして視覚的テクストに表象されるのかを熟考する。

情報及び娯楽としての、ニュースストーリーの構築における、経済的な義務を論じる(例：ニュースや次の番組編制は視聴率次第)。

V 7.3　学習者は、ターゲットとするオーディエンスの見方が作られる過程で効果を持つ技術について理解し、論評する。

特定の視点を提示するために視覚的テクストが用いる、選択、強調、省略の仕方を論評する。

日々起きている問題を扱った番組は、ある問題や人について、視聴者に特定の見方をさせようとするように、コーナーを構成している。

語りの見解を構築するのに使われる技術を理解する。

視覚的テクストの構築において使われる技術的規約の使用について詳細に説明する。

見る者を広告の参加者として構成する技術を明らかにする。

ドキュメンタリーなどのテクストが特定の視点を提示するために構築される方法を論評し、異なる視点を支持するのにいかに同様の選択と強調が行われるかを説明する。

V 7.4　学習者は、一定範囲の視覚的テクストについての詳細で批評的な評価を可能にするような、見ることの方略を用いる。

テクストに対する自身の反応が、その人なりの価値や姿勢について何を明らかにするかを思案する。

オーディエンス操作を見抜くために、誘因技術の知識を活用し、偏見の解釈について論じる。

テクストは多様な解釈がされ、自身の解釈とは異なる場合すらあることを認識する。

V 8.1　学習者は、一定範囲の目的やオーディエンス向けに作られたテクストを、明快なやりかたで、分析し批評する。テクストには、一般的なテクストや、さまざまなナラティブの見地や難解なサブテクストを擁するような集中力を要するテクストも含まれる。

視覚的テクストの、特定のオーディエンスや文化に応じて、ありうるあらたな解釈を提案する。

完成したメディア作品を、それが反映し投影している文化的価値と、慣例や規約を通じてオーディエンスの期待にいかに沿っているかに関して分析する。

制作者や評論家、一般の視聴者の反応など、様々な解釈を考慮に入れて、ある視覚的テクストをよく検討して、これらを自身の見解と関連付けて評価する。

V 8.2 　学習者は、視覚的テクストを分析して、テクストが投影し反映している、社会・文化的な価値、姿勢、前定としていること等を読み解く。

テクストからの徴候を示したり、批評家の見解や論評といったほかの関連性ある要因を引きながら、視覚的テクストの一般的な理解に異論を唱える。

コメディショーを、その社会的政治的論評の観点から分析し、問題やステレオタイプの使用、オーディエンスの認知についての知識に基づき解釈を提示する。

別のテクストの類似した話題やテーマを相互テクスト的アプローチを用いて視覚的テクストに反応する。

テクストと社会の相互関係を考慮に入れながら、テクストのもちうる社会文化的なインパクトを分析する(例：連続ドラマ、暴力映画)。

視覚的テクストが文化的に特定のものであり、文化によりメッセージの読まれ方が異なることを認識しながら、視覚的テクストの約束事を分析する。

その社会が省略することによって示唆する、文化的価値について、視覚的テクストを分析する。

V 8.3 　学習者は、見る者を位置付け、受け手のテクスト解釈を形成するように意図された技術の効果を分析する。

特徴づけ、カメラアングルなどの各要素を考察しながら、政治的パロディーを分析する。

テクストのまったく別の解釈をわざと作り出すために、別の新しいボイスオーバーやサウンドトラックを用いて、ドキュメンタリー映画からの映像を使う。権威あるニュースキャスターなどといった慣例が、いかにして客観性や真実を暗示しているかを分析する。

V 8.4 　学習者は、視覚的テクストの細部までも批評的に評価できるような、

見ることの方略を用い、そのことによって、社会・文化的な世界とをつなぐことができる。

特定の社会的文脈内で価値を意味付けられた視覚的テクストを、幅広いレパートリーの方略を活用することによって、その価値から脱構築化する。

役割を逆転したり、テクスト作成者の意図を批判的に考えてみたりすることにより、視覚的テクストについて新たに別の解釈を生み出す。

テクストの形成され方を評価するために、大衆マーケットテクストの形式や中身に影響を及ぼす諸要因に関する知識を使ってみる。

異なる批評的アプローチや、視覚的テクストの新たな解釈を生み出す可能性のある方法を理解し、こうした理解をテクストを分析する際に応用する。

以上、「見ること」の各レベルに応じた、四つの下位要素ごとの学習到達度を、具体的に翻訳して要約・紹介した。

索引

A-Z
PISA　120
SF-MDA　99

あ
アナログ　115
アプレイザル分析　227
アンズワース，L.　191

い
イコノロジー　86
一致性　208
意味構築　100
意味生成モード　96
意味層　102
インスタンス化　225

う
ヴィジュアル・リテラシー　4
宇川勝美　18

え
映画教育　16, 24
映像技法　14, 75
映像教育　17, 26
映像言語　41
映像視聴能力　30
映像テクスト　3
エーコ，U.　117

お
オーディエンス　43

か
概念的な構造　190
学習指導要領　33, 36
画像テクスト　3
語りや筋を構成する構造　184
過程構成　137
過程中核部　140
観念構成的メタ機能　101

き
機能的リテラシー　94
共有資源(MR)　239
際立ち　129, 245
近接性　154

く
具現(realization)　102
グッドマン，N.　118–120

け
経験の円錐　26
形成素　122
形態素　122
言語化能力　44, 45

こ
語彙・文法層　102
コード　43
コノテーション　82
コンテクスト層　102
コンベンション　43

さ
参与要素　140

し
視覚化　2, 234
自己指示的例示　118
システム・ネットワーク　229
主体位置　239
状況要素　142
シンボル構造　197
シンボル的構造　190

す
図像テクスト　1
図像の強度　153

せ
「全体─部分」構造　195
選択体系機能理論　7, 100

そ
創案　117
「相同性」の仮説　82
双方向構造　200
相補性　209
ソシュール，F.　116

た
対峙関係　155
対人的メタ機能　101
多モード化　1

ち
稠密性　120

て
ディジタル　115
テクスト形成的メタ機能　101
デザイン（Design）　104
デノテーション　82
転換構造　199

と
動画テクスト　3
投射　225
同調の度合い　156

に
二重分節　122
ニューロンドン・グループ　95

は
パース，C.S.　116
バイモーダル・テクスト　204
ハリデー，M.A.K.　100

ひ
批判的談話分析　233
批判的リテラシー　94
表現層　102
表象　76

ふ
分析的構造　190, 194
分類構造　190, 190

へ
ベクトル　184
ペスタロッチ主義　19

ま
マルチモーダル・テクスト　3
マルチリテラシーズ　5

み
三つのメタ機能　101
見ること（viewing）領域　52, 55

め
メタ言語　98
メディア・リテラシー　32, 37

も
モード　204

ら
ランガー，S.K.　117

り
リニアー（線型的）　58

【著者紹介】

奥泉 香（おくいずみ　かおり）

早稲田大学大学院教育学研究科博士課程満期修了。博士（教育学）。日本体育大学・教授。専門は国語科教育。

〈主な著書・論文〉

「文字や表記システムと社会的実践としてかかわる」『かかわることば』東京大学出版会、2017年

『参加型文化の時代におけるメディア・リテラシー――言葉・映像・文化の学習』（編訳）アンドリュー・バーン著、くろしお出版、2017年

『メディア・リテラシーの教育―理論と実践の歩み』（編著）渓水社、2015年

国語科教育に求められるヴィジュアル・リテラシーの探究
Visual Literacy Foundational for Japanese Education
Kaori OKUIZUMI

発行	2018年2月16日　初版1刷
定価	5300円＋税
著者	ⓒ 奥泉香
発行者	松本功
印刷所	三美印刷株式会社
製本所	株式会社 星共社
発行所	株式会社 ひつじ書房
	〒112-0011 東京都文京区千石2-1-2 大和ビル2階
	Tel.03-5319-4916　Fax.03-5319-4917
	郵便振替 00120-8-142852
	toiawase@hituzi.co.jp　http://www.hituzi.co.jp/

ISBN978-4-89476-908-3

造本には充分注意しておりますが、落丁・乱丁などがございましたら、小社かお買上げ書店にておとりかえいたします。ご意見、ご感想など、小社までお寄せ下されば幸いです。

[刊行書籍のご案内]

声で思考する国語教育　〈教室〉の音読・朗読実践構想
中村佳文著　　定価 2,200 円＋税

本書は、自らの音声表現のあり方に疑問を抱き検証を続けてきた著者が、教育現場での実践を踏まえてその理論と効用をまとめたものである。音声表現とは常に〈解釈〉との関連を考慮しつつ、「理解」と「表現」という目的をもって行なうべきであるとし、その具体的な方法論を提唱している。文学作品冒頭文・韻文(和歌・漢詩・近現代詩)・『平家物語』・『走れメロス』などを教材にした「声で思考する〈国語教育〉」の実践を理論化した一書である。

「語り論」がひらく文学の授業
中村龍一著　　定価 2,400 円＋税

国語科教育における文学作品の受容論は、読解論、視点論、読者論から、読書行為論、語り論へとひらかれてきた。「語り論」は、これまでの受容論を抱え込み新たな〈読み〉の世界を切りひらいた。物語と語り手の相克からの〈読み〉の世界である。この「語り論」を国語科教育の基礎的な実践理論とするため、著者のこれまでの考察と提案、実践報告をまとめた。一人で読む以上に、教室でみんなで文学作品を読むのは面白い。そのような授業を目指して。

[刊行書籍のご案内]

日本語・国語の話題ネタ　実は知りたかった日本語のあれこれ
森山卓郎編　　定価 1,600 円＋税

「蔵人」はなぜ「くろうど」と読む？「ピアノをひく」と「風邪をひく」は関係がある？　ちょっとした小話が国語(日本語)の学びを楽しくする。文字表記、語彙、文法、方言、国語の教育など様々なトピック群に分け、「授業で使える小ネタ」、「実はちょっぴり聞きたかった疑問点」、「どうでもいいけどやっぱり知りたい言葉の豆知識」などを楽しく読める。国語に関わる全ての先生、日本語の先生、大学生の参考図書などに役立つ一冊。

国語科教師の学び合いによる実践的力量形成の研究
協働学習的アクション・リサーチの提案

細川太輔著　　定価 4,600 円＋税

著者は、教師が研究者から正しいとされる指導法を押し付けられ、人間性を否定されてきた場面を多く見てきた。本書では「協働学習的アクション・リサーチ」という教師の学び合いを提案する。教師が互いに実践を見せ合い、ライフストーリー(生の語り)を語り合うことにより、実践の根本的な枠組みであるフレームを分析する。実践の違いを違いとして受け止め、個性的な教師として成長していくプロセスを明らかにした。

[刊行書籍のご案内]

国語教育における文学の居場所　言葉の芸術として文学を捉える教育の可能性
鈴木愛理著　　定価 7,800 円＋税

文学が「教材として」読まれることによって、読み落とされることがあるのではないか——言葉の芸術として文学を捉える教育を探ることは、文学という芸術がひとの生にどのような役割を果たすのかを考えながら文学教育を考えるということである。これまでの文学教育の理論と実践を跡づけながら、言葉の芸術として文学を捉える文学教育の独自性、および現代における文学教育の存在意義を理論的に考察するとともに、国語科教育における文学の居場所を探る一冊。